JN312426

やわらかアカデミズム・〈わかる〉シリーズ

よくわかる
経営管理

高橋伸夫 編著

ミネルヴァ書房

はしがき

■よくわかる経営管理

　その夜，私は東京発仙台行きの高速バスに乗っていた。東北新幹線もJR在来線も復旧の目途すら立っていない。東日本大震災後，ようやく通行可能になった東北自動車道を，地震でできたという路面の凸凹でバウンドしながら高速バスは走っていく。その脇を大型トラックが同じようにバウンドしながら併走している。そして，前も後ろも果てしなくつながっているトラックのライト，ライト，ライト……。正直，震災後間もない高速道路をあんなに多くのトラックが被災地めざして走っているとは想像していなかった。

　もちろん，救援物資を運んでいるトラックもあるだろうが，トラックの車体に書いてあるマークや会社名を見ていると，日常の生活に必要な物資だけではなく，部品や原材料を運んでいるトラックも数多く走っていることがわかる。その1台1台のトラック（と運転手）には所属する会社があり，それぞれの荷物を待っている人がいて，待っている商店があって，待っている工場がある。震災で，東北地方の部品工場の生産が止まっただけで，西日本の工場が，それどころか海外の工場が，部品不足で生産がストップしたとニュースになるほどだから。

　夜が明けた仙台市内では，止まっているガスや水道を復旧させるために，あるいは給水をするために，日本中から集まったガス会社や水道局の人と車が，忙しそうに街中を走り回っていた。制服も車もバラバラだが，きちんとマネージされて，整然と復旧活動に当っている。それは，日本中から見知らぬ被災地に集まってきたボランティアについても同様である。彼らを交通整理して，マネージしてくれる人がいなければ，いくらでもすることはあるはずなのに，廃墟と化した街並みを前にして，無為に時を過ごすことになる。

　普段，私たちは，何不自由なく生活し，働き，そして遊んでいる。その安穏とした日々を支えているものが一体何なのかをほとんど意識することもなく。それゆえ，ちょっとしたトラブルでも，目くじらを立てて怒り，クレームをつけるような輩まで出てくる始末である。それは取りも直さず，自分がいかに大きな恩恵を被っているのかを自覚していない証拠でもある。大震災でも起きなければ意識することもないほどに，私たちの日常は，企業活動やマネジメントによって効率的に支えられている。この世は，くまなく張り巡らされた企業活動のネットワークであり，それぞれの企業活動が適切にマネージされていることで，このネットワーク全体が機能している。

　では，どうやって？

そのことを考えるのが「経営管理」という学問なのである。経営者や会社員のためだけにある学問ではない。いまや、この世の中がどのように動いているのかを理解するためには、経営管理の知識は不可欠なのだ。たとえば、新聞記事にしても、インターネットのニュースにしても、注意して読めば、それらが企業活動に関する記述ばかりであることに気がつくはずだ。一見関係もないようなニュースであっても、ちょっと裏話を聞けば、そこには必ず企業や組織が登場する。そして経営管理も。

しかし、全体を理解しなければ、全く役に立たない……というのでは、経営管理を学ぶ根気が続かないという人も多いことだろう。そこで、本書では、各項目見開きで平易に解説している。知らない用語や概念が出てきたら、まずは、とりあえず関係する項目だけでも読んでみる……というつまみ食い的な使い方もできる。そして、部分、部分に興味のあるものが出てきたら、あるいは、つまみ食いだとちょっと難しいなと感じたら、ぜひ一度は全体をコース料理だと思って読み通して欲しい。順番に積み上げて読んでいけば、理解するのが難しい分野ではないからだ。というより、全体を体系的に学んだ方が、理解するには効率的だろう。それはちょうど、初めての場所を観光するときのように、有名な名所旧跡を見ておきたいと思ったら、とりあえず観光ツアーに参加した方が、効率的にくまなく見て回ることができるのと同じ理屈なのである。そして、もっと短い時間で一周したい人のためには、テーマを絞って何分の一かで短く自己完結的に回れる、いわば、一日コース、半日コースも、「モデル対応表」（→p.234）で案内している。

いずれにせよ、まずは序章から。すぐに読み終わるツアー・ガイダンスを読んでから、その後の回り方を考えればいい。

高橋　伸夫

もくじ

■よくわかる経営管理

はしがき

序　経営管理を学ぶ人のために

1　経営管理の役割 …………………… 2
2　託す仕組みとしての会社 ………… 4
3　システムとしての組織，境界としての企業 …………………………… 6
4　託されし者の責務 ………………… 8

I　経営戦略論の基礎

1　戦略計画 …………………………… 12
2　戦略の階層性 ……………………… 14
3　アンゾフの成長ベクトル ………… 16
4　シナジー効果（相乗効果）……… 18
5　ルメルトの多角化戦略 …………… 20
6　ドミナント・ロジック …………… 22
7　コア・コンピタンス ……………… 24
8　創発的戦略 ………………………… 26
9　戦略の形成プロセス ……………… 28
10　組織能力 …………………………… 30
コラム　知的財産マネジメント …… 32

II　全社戦略論

1　PPM（Product Portfolio Management）……………………………… 34
2　企業ドメイン ……………………… 36
3　バリューチェーン（価値連鎖）… 38
4　垂直的な事業範囲の選択/make or buy ………………………………… 40
5　事業システム戦略 ………………… 42
6　統合化の優位 ……………………… 44
7　オープン・モジュラー化の優位 … 46
8　デファクト・スタンダード獲得における協調の戦略 ………………… 48
9　プラットフォーム戦略 …………… 50
10　戦略的提携 ………………………… 52
コラム　サプライヤーとの長期的取引関係 …………………………… 54

III　国際経営論

1　国際戦略 …………………………… 56
2　グローバル市場での競争 ………… 58
3　海外直接投資論 …………………… 60
4　プロダクトサイクル仮説と本国優位性の移転 ………………………… 62
5　海外進出企業の組織形態 ………… 64

6　国際的な活動の配置と調整 ……… 66

7　海外子会社の役割 ………………… 68

8　グローバル・イノベーション・マネジメント ……………………………… 70

9　国際人的資源管理①：
　　海外駐在員の問題 ………………… 72

10　国際人的資源管理②：
　　現地人材の活用 …………………… 74

コラム　ダイバーシティ・マネジメント
　　………………………………………… 76

IV　事業戦略論

1　SWOT分析 ………………………… 78

2　ポジショニング戦略／ファイブ・フォース分析 ………………………… 80

3　RBV（Resource Based View）…… 82

4　VRIOフレームワーク …………… 84

5　競争戦略の基本型 ………………… 86

6　基本型①：
　　コスト・リーダーシップ戦略 …… 88

7　基本型②：
　　差別化戦略 ………………………… 90

8　業界標準の獲得競争 ……………… 92

9　製品ライフサイクルに応じた戦略
　　………………………………………… 94

10　後発企業の戦略 …………………… 96

コラム　普及理論（イノベーションの普及）…………………………………… 98

V　マーケティング論

1　STPマーケティング …………… 100

2　マーケティング・ミックス …… 102

3　製品 ……………………………… 104

4　製品の価格設定 ………………… 106

5　流通チャネル …………………… 108

6　マーケティング・コミュニケーション戦略 ………………………… 110

7　消費者行動モデル ……………… 112

8　CRM（Customer Relationship Management）…………………… 114

9　インターネット・マーケティング
　　……………………………………… 116

10　ブランド ………………………… 118

コラム　マーケティング・リサーチ
　　……………………………………… 120

VI　製品開発論

1　製品開発とは …………………… 122

2　コンカレント・エンジニアリング
　　……………………………………… 124

3　フロント・ローディング ……… 126

4　研究と開発のベクトル合わせ … 128

5　製品アーキテクチャ …………… 130

6　アーキテクチャと組織能力 …… 132

7　製品開発組織の構造 …………… 134

8　アーキテクチャの位置取り戦略 … 136

9　アーキテクチャのダイナミズム… 138
　　10　業界標準とコンセンサス標準 … 140
　　コラム　深層の競争力／競争力の階層性
　　　　　………………………………… 142

VII　イノベーション論

　　1　イノベーションとそのタイプ … 144
　　2　ドミナント・デザイン ………… 146
　　3　生産性のジレンマ ……………… 148
　　4　イノベーションの誘因と源泉 … 150
　　5　ゲートキーパー ………………… 152
　　6　NIH症候群 ……………………… 154
　　7　イノベーターのジレンマ ……… 156
　　8　イノベーションと企業間分業 … 158
　　9　オープン・イノベーション …… 160
　　10　技術の社会的構成（SCOT）…… 162
　　コラム　機能的価値と意味的価値 … 164

VIII　経営組織論の基礎

　　1　テイラーの科学的管理法 ……… 166
　　2　ファヨールと管理過程論 ……… 168
　　3　官僚制とその逆機能 …………… 170
　　4　組織の定義 ……………………… 172
　　5　組織均衡 ………………………… 174
　　6　限定された合理性と組織 ……… 176
　　7　一体化と権威 …………………… 178

　　8　組織ルーチン …………………… 180
　　9　組織学習 ………………………… 182
　　10　ゴミ箱モデル …………………… 184
　　コラム　囚人のジレンマと未来傾斜原理
　　　　　………………………………… 186

IX　マクロ組織論

　　1　組織デザイン …………………… 188
　　2　コンティンジェンシー理論① … 190
　　3　コンティンジェンシー理論② … 192
　　4　不確実性に対応する組織の理論… 194
　　5　資源依存理論 …………………… 196
　　6　取引コスト理論 ………………… 198
　　7　組織の個体群生態学 …………… 200
　　8　社会ネットワーク理論 ………… 202
　　9　新制度派組織論 ………………… 204
　　10　組織文化論 ……………………… 206
　　コラム　組織アイデンティティ・組織
　　　　　　イメージ ………………… 208

X　ミクロ組織論

　　1　ホーソン実験と人間関係論 …… 210
　　2　人間資源アプローチ …………… 212
　　3　外発的動機づけ ………………… 214
　　4　内発的動機づけ ………………… 216
　　5　リーダーシップの二つの次元 … 218

6 リーダーシップのコンティンジェンシー理論 …………… 220

7 グループダイナミクス ………… 222

8 集団の意思決定 ……………… 224

9 組織化とセンスメーキング …… 226

10 管理者行動論 ……………… 228

コラム　アリソンの決定の本質 …… 230

あとがき ……………………………… 231
モデル対応表 ……………………… 234
さくいん …………………………… 236

序章

経営管理を学ぶ人のために

序　経営管理を学ぶ人のために

1　経営管理の役割

1　昔の日本人は貧しかった

　テレビで，江戸時代〜明治・大正〜昭和の戦前くらいまでに時代設定した時代劇やドラマを見ていると，文化的には華やかだったりする時代でも，そこに描かれる庶民の生活が，あまりにも貧しくて驚かされる。なぜわれわれの祖先は，あれほどまでに貧しかったのだろうか？　働いていなかったわけではない。農民も漁民も町民も，働いても，働いても，それでも食うのに精一杯だったのである。つまり，今と比べて，生産性が比べ物にならないくらい低かったのだ。

　では，なぜそれほどまでに生産性が低かったのか？　資本が不足していたのか？　しかし，仮に当時たくさん資金があったとしても，生産性を向上させるような投資ができたとはとても思えない。生産性向上を可能にするような技術革新，すなわち**イノベーション**がなければ，投資する対象すら存在しない。

▷1　イノベーション
イノベーションについてはⅦを参照のこと。

　では，最先端の科学技術さえあればなんとかなるのか？　いや，それでも無理だろう。仮に最新鋭の産業用ロボットがタイムスリップして江戸時代に運ばれたとしても，当時の人々には，とても使いこなすことはできなかったはずだ。使いこなすには，それに必要な知識やスキルが当然要求されるからである。それゆえ，江戸時代の庶民が受けていた「読み書き算盤（そろばん）」程度の寺子屋教育と比べると，現代の日本人は，はるかに長時間かつ長期間を，高度な水準までの教育に充てる必要がある。いまや小学校・中学校の義務教育を終えた後，ほとんどの人が高校に進学し，7割以上の人が，大学，短大，高専，専門学校といった高等教育機関に進学しているのは，その現れなのである。

　それどころか，教育には，学校教育だけでは終わらない奥深さがある。社会人になってからも，社内・社外での研修を受ける必要があり，職場内でも上司や先輩が仕事を通じて指導していくOJT（on-the-job training）を受けながら，日々，経験し，学んでいかなければ，生産性は向上しない。そして，社会人を続けながら，大学院に入学し直して，さらに学びを続ける人も珍しくない。

2　社会的な基盤，社会的な制度

　しかし，知識やスキルがあっても，それだけでは生産性は向上しない。実際，産業用ロボットは，電力の安定供給がなければ，使いこなす以前に，そもそも動かないのだ。かつて映画化もされた半村良のSF小説『戦国自衛隊』は，近

代兵器を装備した自衛隊員30名余が，演習中に，戦国時代にタイムスリップして，否応なく合戦三昧の世の中に組み込まれていくという物語だった。しかし，近代兵器でも，圧倒的な強さで戦えるのは，ほんの数日であろう。すぐに弾薬も燃料も尽きてしまう。そのため小説では大量の補給物資もろともタイムスリップする苦肉の設定にして延命を図るのだが，要するに，どんな最先端テクノロジーも，それを支える**ロジスティクス**なしには機能しない。

実際，送電網，通信網，道路，鉄道，上下水道，ガスをはじめとしたいわゆる社会的な基盤（**インフラストラクチャー**，略して「インフラ」）が失われたときの無力な状態を，震災は教えてくれた。それまで当たり前のように，夜中でも明るいオフィスで仕事ができ，工場も24時間操業が可能だった。しかし，電気がなければ，仕事は日の出ている明るい時間帯にしかできないし，そもそも工場は動かない。電車も止まるので，会社まで通勤することすらできない。

生産活動だけではない。家庭生活でも同様である。水道が止まった地域では，水を確保することがいかに重労働なのかを思い知らされた。われわれの祖先が，そのかなりの時間を割いていた炊事，洗濯，掃除といった家事労働のほとんどが，機械化され，短時間で済むようになったおかげで，われわれは，はるかに長時間を生産活動に投入できるようになったのだ。それが豊かさにつながった。

3 経営管理の必要性

そして，震災後，インフラの復旧だけではなく，生産活動の再開に向けて，企業が，人材をかき集め，資源をかき集め，資金を調達しながら，復興に向けて取り組む姿をわれわれは目の当たりにした。それまでまるで空気のように存在を当たり前に感じていたインフラ自体が，実は多くの企業や人々によって支えられてきた事実を実感するのである。

こうした社会を支えている本当の意味での基盤，企業という現場を舞台にして，全体的に管理，調整し，より生産性を向上させるようなやり方，仕組みを考えていく学問が「経営管理」なのである。したがって，経営管理を学ぶということは，現代のわれわれの暮らしが，先人たちのどのような工夫，努力，仕組みで維持，達成されているのかを学ぶことであり，同時に，われわれが，これからより豊かな暮らしをできるためのヒントをもらうことでもある。なぜなら，われわれは敷かれたレールの上を，何も考えずに走り続けていればいいわけではないからである。不幸にして大災害や大事故に遭遇したとき，われわれは何度でも繰り返して，やり方や仕組みを再構築しなくてはならない。

祖先と比較して，われわれが豊かな生活を享受していられるのは，昔と比べれば，圧倒的に高い生産性のおかげである。それを可能にしているさまざまな仕組みを，学べるものは学び，足りないものは自ら創造しなければ，豊かな未来にはたどり着けない。まずは会社の仕組みから。

（高橋伸夫）

▶2 **ロジスティクス**（logistics）
もともとは兵站（へいたん）とも訳される軍事用語で，部隊の移動・支援活動を意味している。その中には前線の部隊への物資の補給も含まれ，今日，ビジネスの分野で用いる場合には，物流に特化して，その計画やコントロールを指して用いられることが多い。

▶3 **インフラストラクチャー**（infrastructure）
略称インフラ。広く公共的な施設全般を指す用語。民間の施設でもインフラである。特に，電気，ガス，上下水道などの生活に必要な施設は，ライフライン（lifeline）とも呼ばれる。通常，社会資本といえばインフラのことを指すが，社会学では，社会的ネットワークにおける人間関係のことを指すこともあり，その場合にはカタカナでソーシャル・キャピタルと表記することが多い。

序　経営管理を学ぶ人のために

2 託す仕組みとしての会社

1　自己資本を可能にしてくれる会社制度

　起業するときを考えてみよう。自己資金だけで資金が足りなければ，他人から借金するしかない。しかし，借金は期限内に元利合わせて返済しなくてはならない。事業の将来は本質的に不確実で不安定そのもの。借金をきちんと返せるかどうか……。こうした起業家・企業家のリスクを軽減する仕組みが会社である。会社であれば，出資者——株式会社なら株主——から託された資金を使える。借金を他人資本と呼ぶのに対し，こうした出資金は自己資本と呼ばれる。

　自己資本は，借金のように返済や利子支払いの必要はない。ただし利益が出たら，出資者にも利益を分配する必要がある。それが株式会社で株主が受け取る配当である。しかし借金の利子とは異なり，赤字のときには配当を支払わなくてもいいのでリスクは軽減される。その分のリスクは株主が分担するわけだが，とはいえ，事業が失敗しても，株主は，自己の全財産を投じてでも債務等の弁済・弁償を行う責任がある（＝無限責任）と債権者から迫られることはない。株式の購入代金は戻ってこないが，株主にそれ以上の義務はない。つまり，出資額を限度として弁済・弁償の責任を負えばよい（＝有限責任）だけである。

2　株式会社の仕組み

　日本では，2006年に新しく会社法が施行された。その際，既存の有限会社まで株式会社にしたので，いまや日本の会社の99％が株式会社である。そのかわり会社法では，株式会社の機関（株主総会，取締役会，監査役等）の設計を自由化した。ただし**大きな株式会社**に許されている選択肢は二つのみである。一つは，図のような従来から日本では一般的な監査役会設置会社，もう一つは，ごく少数なので説明を省略するが，米国モデルの委員会設置会社である。

　株式会社では，株主は所有する株式数に比例して議決権をもつ。株主総会は議決権の過半数を有する株主の出席で成立し，出席株主の議決権の過半数で決する。そして，株主総会で選出した取締役が業務執行を行う。ただし，日本の大企業の多くでは，従業員として入社して，係長，課長，部長と昇進した後，退職し，取締役になって経営に当る生え抜きの経営者が一般的である。

　実は，おなじみの会長，社長（銀行なら頭取），専務，常務などは，法律上では規定のない慣習名称である。会社法上は代表取締役と取締役の区別しかない。

▷1　それまでは，一般に会社について定めた商法「第二編　会社」，有限会社法，株式会社の監査等に関する商法の特例に関する法律（商法特例法）などを総称して「会社法」と呼んでいたが，これら三つの法律に取って代わる形で，新しい会社法が施行された。

▷2　有限会社法は廃止され，新しく有限会社を設立することはもうできない。既存の有限会社は，商号中に「有限会社」という文字を用いる限りは特例有限会社として扱われるが，会社法の株式会社として存続することとなった。

▷3　**大きな株式会社**
会社法でいう公開会社でかつ大会社のことを指す。会社法では，「公開会社」とは，その発行する全部又は一部の株式の内容として譲渡による当該株式の取得について株式会社の承認を要する旨の定款の定めを設けていない株式会社。「大会社」とは，最終事業年度に係る貸借対照表で，（a）資本金として計上した額が5億円以上，（b）負債の部に計上した額の合計額が200億円以上の要件のいずれかに該当する株式会社とされている。

▷4　単元株制度の下では，1単元の株式につき1個の議決権を有する。

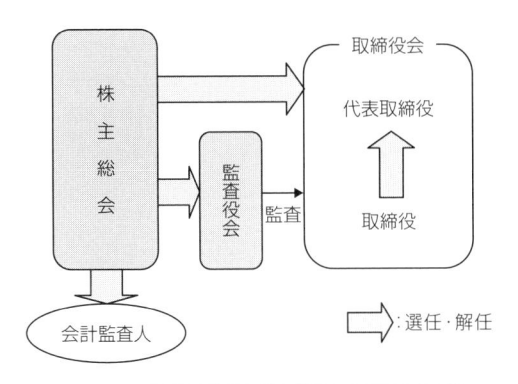

[図序-1 監査役会設置会社の必要的機関]

さらに、執行役員も慣習名称である。執行役員は取締役である必要はない（もちろん兼ねていてもいい）。会社によっては、取締役会をより株主の代表らしく見せるために社外取締役を入れて、その代わり、経営者機能を果たしている常務クラスを取締役ではない執行役員として位置づけているところもある。大きな会社は、社長や取締役だけではなく、多くの経営者によって経営されている。

3 「託す」から始まった会社の源流

他方、大きな株式会社以外の会社は、もちろんフルスペックで監査役会設置会社や委員会設置会社にしてもかまわないのだが、より簡略な機関設計も可能であり、極端な場合には、取締役会も監査役も会計監査人・会計参与も置かず、取締役一人で会社を名乗るような設計も可能である。そして、そこまで簡略化した会社のメリットを考えれば、会社法の世界での会社の根源的な本質が、「託す」仕組みそのものにあることがわかる。投資家が起業家・企業家に何かを託すというスタイルこそが、実は会社の原型そのものなのである。

大塚（1938）によれば、10世紀、海上商業が発達していた地中海沿岸のイタリアの商業都市ジェノバ、ベネチアで、会社の原型が発生した。ジェノバで、「委託する」（commendare）から派生してコンメンダ（commenda）と呼ばれていたのがそれである。コンメンダは、最初、地中海沿岸及びハンザ領域（北ドイツからバルト海沿岸）で、海の渡り鳥的海商取引を行う資力なき貧しき商人に対して、貸主が業主となって、1航海ごとに現物の商品を委託して営ませていたという。やがて、貸主が委託するものは、現物の商品から現金へと代わり、借主も出資をするようになり、借主自身がむしろ業主の地位に立つことが一般的になって、契約も1航海ごとから年期へと変わっていった。こうして、投資家と起業家・企業家との分業関係が確立され、このイタリアの制度の影響の下で、15～16世紀にはヨーロッパ各地に同じような会社形態が確立されていったといわれる。

（高橋伸夫）

▷5 1990年代後半には執行役員制を導入する企業が増えた。ただし、こうした流行は、従来型の監査役会設置会社で起きていることである。執行役員と似て非なるものとして、委員会設置会社には会社法上の「執行役」がいるが、これは委員会設置会社において業務の執行を行うもので、取締役を兼ねることができ、その任期は1年となっている。

▷6 ベネチアではコレガンティアと呼ばれた。狭義のコンメンダとそれから派生したソキエタス・マリスを併せて広義にコンメンダと呼ぶこともある。コンメンダは今でも会社法で規定されている合資会社の源といわれる。

(参考文献)
大塚久雄（1938）『株式会社発生史論』有斐閣.
高橋伸夫（2006）『経営の再生：戦略の時代・組織の時代（第3版）』有斐閣.

序　経営管理を学ぶ人のために

3　システムとしての組織，境界としての企業

1　超企業・組織

　「託す仕組み」として生まれた会社制度は，大きな副次効果をもっていた。それが境界としての機能である。ここでは，会社を含むより一般的な概念としての企業について考えてみよう。

　たとえば，企業の本社ビルの受付は会社の顔みたいなものだが，受付に座っているいわゆる「受付嬢」の多くは人材派遣会社からの派遣社員である。セキュリティー管理が最も厳しいコンピュータ・ルームで働いている「オペレーター」の多くも，コンピュータ会社からの常駐が多い。工場でも，下請企業数社から来ている人たちが正社員に混じって「工員」として生産ラインに張り付いている。小売業はもともとパートやアルバイトの比率が高いが，系列の販売店では，さらにメーカーから派遣されてきた「店員」までが加わることがある。

　実態として，本社も工場も販売店も，さらには部品メーカーまで含めて，全体が一つの組織として動いている。たとえば，自動車販売店の端末から本社のコンピュータに発注すると，工場の生産計画にすぐに反映される。しかしすでにおわかりのように，本当は，いくつもの企業に分かれているのである。つまり，企業と組織は違う概念なのだ。「組織」は実態として機能しているシステムやネットワークの概念なのだが，「企業」はもともと制度であり，境界，あるいは仕切りの概念なのである。そして，複数の企業が一つの組織として機能している光景は，いまやまったく当たり前の光景なのである。

　これを組織のネットワークが企業の境界を超えて活動の範囲を広げていると見ることもできるし，あるいは，いくつもの企業を束ねるシステムとして組織を見ることもできる。しかし，どちらにしても重要なのは，企業の内部外部にかかわらず，私たちの関心が，組織としての活動にあるということなのである。つまり，『経営管理』の対象は，常に，企業の境界を超えた組織，つまり「超企業・組織」なのであり，そのパフォーマンスにこそ関心があるのだ。

2　境界としての企業

　考えてみれば，組織，あるいは組織的活動は，有史以前，おそらく人類が誕生する以前から存在していたはずである。しかし会社という制度は，高々千年程度の歴史しかない。組織と企業が同じ概念であるはずもないのである。そし

て会社制度は、たとえば有限責任制の会社ならば、出資者をある程度、事業上の危険性から隔離できるというように、企業という境界を設定する機能も併せもっている。この機能は、企業が法人格をもつ場合、よりいっそう強化される。

株式会社のように、法人格をもっていれば、法律上は、生身の自然人と同様に権利・義務の主体になれ、法人の名で契約、訴訟、不動産登記を行うことができる。もし法人格がなければ、たとえば、企業の不動産をその構成員Aの名で登記する必要があるが、そうするとAが個人的に負った債務のために、債権者によってこの不動産が差し押さえられ、売却されて人手に渡ってしまうことも起こりかねない。これでは企業が安定的に活動することは難しい。しかし法人ならば、構成員の個人財産から分別された団体財産を作ることができる。

さらに、自然人としての生身の人間には、当然、生物の定めとして寿命があるが、法人であれば、たとえ出資者が死んで、出資者の持分について分割相続や相続税の問題が発生したとしても、会社の資産自体は法人のものであり、会社の資産についての分割相続や相続税の問題は発生しない。つまり、構成員の生死の危険からも隔離される。

このように、会社制度は、構成員や出資者との間に境界を引き、複雑かつ多様な外部環境（正確には、企業の外部は市場として定義される）から、内部環境を隔離し、単純化・安定化するという機能を果たしている。◁1

3 システムとしての組織

それに対して、「組織」は要素間のシステム（またはネットワーク）の概念である。ここでいうシステムとは、その要素の行動がシステム内部での関係に依存しているために、たとえ同じ要素でも、置かれたシステム内の位置関係が異なれば行動も異なり、ばらばらにされたときの要素の性質からだけではその行動が説明のできない特性をもった複合体のことである。

システムとしての組織は、企業という境界にはおかまいなしに、ネットワークを広げていくことができる。それは「市場の組織化」と表現してもいい。組織と企業を独立に定義すれば、企業の境界の外側（＝市場）に組織のネットワークを張り巡らすことが市場の組織化であると簡単に説明することができる。

そして、市場の組織化という現実を踏まえれば、バーナード（1938＝1968）のように、従業員に加えて、投資家、供給業者、顧客などの一部を組織の参加者に含めて考えることはきわめて現実的かつ妥当なことなのである。実際、派遣社員や契約社員が常態化し、第三者からは正社員と見分けがつかなくなっている現状を踏まえれば、企業内組織しか考えないことは、もはや虚構でしかない。投資家に対する安定株主工作、部品供給業者の系列化、顧客のリピーター化などの組織化も進行している。このテキストで扱われているトピックスも、そうした世界観の中での組織の経営管理なのである。

（高橋伸夫）

▷1 サイモン（1960＝1979）によれば、そもそも多細胞有機体の発達は、有機体を取り巻く複雑かつ多様な外部環境から内部細胞を隔離することによって、内部細胞の環境を単純化し、安定化させるものと解釈することができるという。すなわち実際的には、内部環境を内部細胞に合わせるのであり、それによって本来であれば外部環境に合わせて個々の内部細胞が複雑化しなくてはならないような必要性を有機体全体で回避する。これが進化におけるホメオスタシス（恒常性維持）の意義なのである。

参考文献

C.I. バーナード（1938＝1968）『新訳 経営者の役割』山本安次郎他訳、ダイヤモンド社.

H.A. サイモン（1960＝1979）『意思決定の科学』稲葉元吉・倉井武夫訳、産業能率大学出版部.

序　経営管理を学ぶ人のために

4 託されし者の責務

1 所有者には責任がある

　これから経営管理について学ぶにあたり，知識を身につける前に，まずは，最低限の当たり前のことを，いくつかのメッセージとして伝えておきたい。とくに，将来，経営者，経営幹部になるかもしれない若い読者諸君に向けて。

　たとえば，あなたがペットショップで子犬を買ってきたとしよう。その子犬はあなたの所有物である。しかし，だからといって，その子犬を煮て食おうが，焼いて食おうが，あなたの自由というわけではない。食べなくても，なぶり殺しにしたり，いじめたりすることも，あなたの自由ではない。少なくとも，それは明らかに犯罪であり，「動物の愛護及び管理に関する法律」により処罰される。**愛護動物**を遺棄した場合には，50万円以下の罰金，殺傷（虐待）した場合には，1年以下の懲役または100万円以下の罰金となる。

　しかし，それ以前の問題として，「所有物であれば何をしても自由である」と考える「所有」観は，あまりにも稚拙で幼稚である。これは，所有の対象が，動物であれ，会社であれ，モノであれ，まったく同じなのである。たとえば，バブル期の1990年，大昭和製紙の斉藤了英・代表取締役名誉会長は，ゴッホの「医師ガシェの肖像」を約125億円，ルノワールの「ムーラン・ド・ラ・ギャレット」も約119億円で買って有名になった。そして記者会見で「まわりには（自分が死んだらゴッホとルノアールの二点の絵画は）おれの棺桶で焼いてくれと言っている」と放談調に発言し，英仏などの美術界から「文化遺産を灰にする気か」と非難された。その非難は当然であろう。所有の対象が，動物でも，モノでも，そして会社でも，自分が所有者だと名乗る以上，所有者には責任がある。会社の場合であれば，「所有物であれば何をしても自由である」と考えるような幼稚な人間には，経営者や株主をやる資格がない。

2 経営者の役割

　近代組織論の創始者バーナードは，ニュージャージー・ベル電話会社の社長在任中に『経営者の役割』を出版している。近代組織論を確立したこの主著の実質的な最終章（第17章）で，バーナードはリーダーシップの質が組織の存続を左右するとして，「それは行動の質を決定するものであり，人がどんなことを**しないか**，すなわちどんなことをさし控えるかという事実から，最もよく推

▷1　愛護動物
「動物の愛護及び管理に関する法律」第44条第4項によれば，「愛護動物」とは，牛，馬，豚，めん羊，やぎ，犬，ねこ，いえうさぎ，鶏，いえばと及びあひる，人が占有している動物で哺乳類，鳥類又は爬虫類に属するもの。

▷2　その後，斉藤は，1993年11月に本間俊太郎・宮城県知事への1億円贈賄容疑で逮捕され，1995年10月の東京地裁の懲役3年執行猶予5年の判決が確定し，執行猶予中の1996年3月に亡くなった。あわや……という事態だったが，絵の購入資金は全額，銀行からの融資だったらしく，銀行が絵を担保として差し押さえたために難を逃れた。

察されるものであり，尊敬と崇敬をあつめるものである。われわれが普通に「責任」という言葉に含めるリーダーシップの側面であり，人の行動に信頼性と決断力を与え，目的に先見性と理想性を与える性質である」と述べている。

要するに，経営者に求められているものは，「たとえ法は犯していなくても，うちの会社ではやらないのだ」といったような良識，責任ある態度，姿勢なのであって，そこが尊敬と崇拝を集め，下の者がついてくるとバーナードはいっているのである。そして，そんな人間を経営者にもつことで，従業員の行動にも信頼性と決断力が生まれ，目的に先見性と理想性が生じるのだと。

それとは対照的に，「まあいいだろう」「やったことは仕方がない」などと受けられては，下の者が不安になる。リーダー自ら「目的のためには手段を選ばず。何でもやるぞ」などと率先するようでは，「誰かあいつ（社長）を止めてくれ！」と叫びたくもなる。法律や規則に違反さえしなければ，あるいは，違反しても逮捕されたり起訴されたりしなければ，たとえ犯罪でもやってかまわないという発想の人間には，経営者をやる資格はない。経営者は特別なのだ。

3 資本主義の精神

ウェーバー（1920＝1988）によれば，まず中世では，世俗を離れ，修道院にこもって神に仕える世俗外的禁欲の倫理なるものが生まれたという。そこに宗教改革が起きて，むしろ世俗そのもののただ中における聖潔な職業生活こそが聖意にかなう大切な営みであり，世俗の職業そのものが神からの召命，天職というピュウリタニズムの世俗内的禁欲倫理が生まれた。そして，それが当時興隆しつつあった中産的生産者層の人々に受け入れられていったという。

たとえば，熟練労働，高価な破損しやすい機械の取り扱い，高度な注意力や創意を必要とする製品の製造といったものには，高度な責任感が必要である。それだけではない。少なくとも勤務時間の間は，「どうすればできるだけ楽に，できるだけ働かないで，しかもふだんと同じ賃金がとれるか」などということを絶えず考えたりするのではなくて，あたかも仕事が絶対的な自己目的「天職」であるかのように励むという心情が一般に必要となる。ウェーバーは，こうした心情は，賃金の操作で作り出せるものではなく，長年の教育の結果としてはじめて生まれてくるものだとし，こういうエートス（社会の倫理的雰囲気）や行動様式を身につけた労働者が大量に存在して，はじめて資本主義的な産業経営の一般的成立が可能になったと説く。このエートスを身につけていなければ，当然，経営者としての機能を果たしえないとウェーバーはいっている。

こうして，禁欲的プロテスタント（ピュウリタン）たちが営利を敵視していたヨーロッパで，資本主義の精神は生まれたのである。「託されし者の責務」をきちんと果たそうと一生懸命に努力する精神，すなわち資本主義の精神を宿した人間にしか経営者になる資格はない。

（高橋伸夫）

参考文献

M. ウェーバー（1920＝1988）『プロテスタンティズムの倫理と資本主義の精神』大塚久雄訳, 岩波書店.
高橋伸夫（2010）『ダメになる会社：企業はなぜ転落するのか？』ちくま新書.

第 I 章

経営戦略論の基礎

I　経営戦略論の基礎

1　戦略計画

1　経営計画の策定

　多くの企業には，四月には入社式やお花見，六月には株主総会，三月には決算…といったような，いわゆる「年中行事」がある。企業の経営陣はこれらを実行するためにはどのような準備を行わなければならないのか事前にわかっているので，会社の中で誰がその対応に適任かを考えながら，さまざまな活動を行っている。だいたいどの時期にどのようなことが行われるのか，事前にある程度予測がついているので，企業はこのような**ルーチンワーク**に対して，実際にいくら費用がかかるのか，どれくらいの人員を割かなければならないのか，どのような準備が必要なのか，といったことについて，事前に考え，実行しているのである。

　これは何も年中行事的なものだけにとどまらない。多くの企業では，1年間ならば1年間，3〜5年間ならば3〜5年間という期限を定め，その間の自社の経営目標や経営戦略，活動計画，利益計画，あるいは部門の方針といったものを定め，それに基づいて活動を行っている。これらをまとめたものを総称して経営計画という。この際，1年間の経営計画を短期経営計画，3年〜5年間のものを**中期経営計画**，5年〜10年間のものを長期経営計画と呼ぶことが多い。

　このような計画は，基本的にはどのようにその企業が利益を出していくのか，これを具体的に落とし込む作業に他ならないものである。

2　中期経営計画

　前述したように，短期経営計画とは1年間の経営計画を指す。これは，主に損益計画などを立てることによって，具体的にどのように事業を行っていくのかを計画に落とし込んでいくものである。長期経営計画もあるが，これは漠然としたものにあるので，今日立てられることは少ない。

　これらのうち，特に日本の企業で多く策定されているのが中期経営計画である。企業の今後の計画の策定なので，経営計画は企業のトップ・マネジメントが責任を負わなければならないものであるが，規模の大きい日本企業の中にはいわゆる経営戦略室や経営企画室といった組織で，主に少数の若手〜中堅のメンバーが策定することも少なくない。

　しかし，現実に中長期にわたって継続して取り組まなければならない仕事の

▷1　ルーチンワーク
日常的に決められている業務や作業のことを指す。

▷2　中期経営計画
現在では企業のみにとどまらず，たとえば大学や独立行政法人のような組織でも中期目標・中期計画を立てており，その一部は公表されている。たとえば東京大学の中期目標・中期計画 http://www.u-tokyo.ac.jp/gen02/b05_j.html（2011年4月1日閲覧）。

I-1 戦略計画

全体像を設計・調整するのは難しいだろう。実際，同じ会社の同じフロアにいたとしても，隣の部屋で何が行われているかを知っている方は少ない。ましてやその全体像を総合する広い視点をもち，多くの人の仕事が互いに調和するように標準を設定し，計画を策定していくことは簡単ではない。実際，中期経営計画に従って事業が行われているといわれているものの，企業によっては毎年改定しながら動かしているところもある。

3　戦略論の萌芽

戦略論の議論は，実は会社の中期・長期計画の策定のように，経営者が今後数年間の行動指針としての戦略を事前に考えるということからスタートしている。これらは1950～60年代，**アンゾフ**やスタイナーといった学者によって主張されてきた。

アンゾフは，まず企業とはヒト・モノ・カネという経営資源を財・サービスに転換して利潤を追求する社会組織だと定義した。その上で，この転換プロセスと環境との関係を規定するのが戦略的意思決定であるとし，その意思決定フローを提示した。つまり，彼は**製品―市場ポートフォリオ**の変更のように，環境との関わりを変更するものが，企業全体を方向づける意思決定であると考えたのである。

彼はまた，目標と戦略の相違を明確化した。まず企業の目標を「経済的な目標」と「非経済的な目標」に分けた。経済的な目標も，長期に目指すべき財務的な目標と，不確実性に対処するための柔軟性目標に分類している。さらに，彼はこのような目標の階層と戦略とを別のものとして考えた。彼は目標がパフォーマンスの水準を設定するものであって，これを設定したからといって戦略が決まるわけではないと述べている。

またアンゾフをはじめとした戦略計画学派は，戦略計画策定の手法と手順を提示した。アンゾフは，まず企業の目的を達成するために内部で可能かどうかを評価する内部評価を行い，次に現在の製品―市場ポートフォリオ以外に当該企業が利用できるものがあるかどうかについて検討する外部評価を行って，可能な選択肢のなかから異なる事業の何らかの経営資源を組み合わせて活用する**シナジー効果**を考慮した上で，上記の評価から導き出された選択肢を選ぶことになるのである。

また，この時代の研究の特徴は，これらの戦略を立てるのはトップ・マネジメントである経営者の役割であると指摘している点にある。これら戦略的意思決定は通常の機能における意思決定とは役割を異にしているので，これを事前にうまく立てられるかどうかが，企業として業績を上げられるかどうかの差につながると指摘している。その意味で，戦略計画の策定は経営者の役割が非常に問われるものなのである。

（中野剛治）

▷3　アンゾフ
H. イゴール・アンゾフ(1918-2002)。「戦略経営の父」と称せられる。アンゾフの成長ベクトルについて詳しくは I-3 を参照。

▷4　製品―市場ポートフォリオ
特定の製品と自社の直面する市場との組み合わせのことである。市場セグメントがそれぞれの製品に結びつけられて製品―市場が定義される。製品―市場ポートフォリオの決定とは，この結びつきのうちどこまでを自社の対象とするのかを決めることである。

▷5　シナジー効果
アンゾフによれば，「企業の資源から，その部分的なものの総和よりも大きな一種の結合利益を生み出すことのできる効果」とされる。（→ I-4 ）

（参考文献）
河野豊弘（1975）『長期経営計画の探求』ダイヤモンド社.

I 経営戦略論の基礎

2 戦略の階層性

組織やさまざまな活動のレベルで考えた場合,それぞれのレベルで経営戦略を考えることができる。経営戦略には,組織の階層に対応して三つのレベルがある。

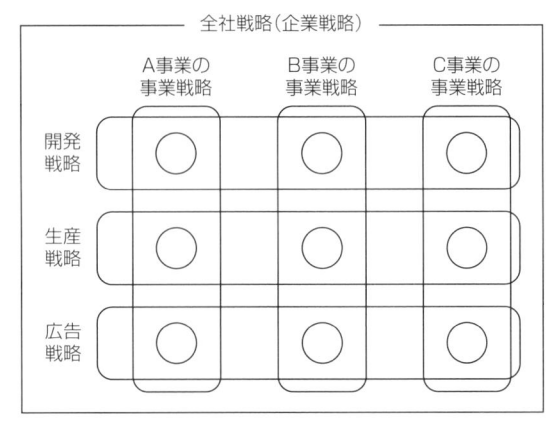

図I-1 経営戦略のレベル

1 全社戦略

まず,企業全体にかかわる戦略のことを,全社戦略または企業戦略(corporate strategy)という。これは,競争を展開していく産業・市場,つまり企業が取り組む事業の範囲(**事業ドメイン**と呼ぶ)を定義し,自社の経営資源をどの事業に配分していくかを定めるものである。

企業は生存するためあるいは成長するために,他の産業に進出し,既存事業の成熟から逃れようとしてきた(これを多角化と呼ぶ)。この際,その企業全体の事業構成をどうするか,たとえば当該企業がどの事業を展開するのか,どのように多角化を行っていくのか,どのように企業買収を行うか,あるいはどの事業から撤退するか,といったことを意思決定することによって,最終的にその企業がどこで儲けるのかということが決定される。従って,この全社戦略を決定するのは基本的にトップ・マネジメントの役割である。

2 事業戦略

これに対し,多角化している企業であれば,通常では複数の事業を事業部に分けて経営しているだろう(事業部制組織)。その個別事業毎の戦略のことを事業戦略(business strategy)と呼ぶ。個々の事業分野において蓄積・配分された

▷1 **事業ドメイン**
ドメインとは,組織が自ら選び出した直接相互作用の対象となる環境の中のある特定領域のことを呼ぶ。

経営資源をもとに、いかにしてその分野で競争優位性を確立するか、ということを考えなければならない。従って、事業戦略の最も重要な構成要素は競争戦略（competitive strategy）だとされている。この戦略を策定するのは、基本的に事業部長のレベルである。

なお、立ち上げ時期のベンチャー企業といった単一事業で構成される企業の場合、全社戦略と事業戦略は同一のものと混同されることもあるが、実はベンチャー企業はさまざまな事業計画を試行錯誤で行っていくことが多いので、全社戦略と事業戦略が同一のものにならない場合も多いことに注意しなければならない。また、多角化を行う複数の事業を抱えた企業の場合には、その領域の数だけ事業戦略があり得ることになる。

❸ 機能別戦略

さらに、各事業の戦略を達成するためには具体的な諸活動、研究開発、生産、人事、マーケティング、財務といった各機能（職能）分野がある。この機能分野別の戦略のことを、機能別戦略（functional strategy）と呼ぶ。実務ではしばしば機能別戦略それぞれの重要性が強調されている。しかし、機能分野別の活動は、その事業に置いて利益を上げるという目的のために必要な活動ではあるものの、これら機能別の戦略は全社戦略を無視して立てられるものではないことに十分注意しなければならない。たとえば、全社戦略に合わない財務戦略を立てたとしてもそれはナンセンスである。

❹ 戦略の階層性

これら三つのレベルの戦略は独立に策定されるものではない。事業だけでも、例えば東芝には発送電などの電力・社会インフラ事業、スマートコミュニティなどのコミュニティ・ソリューション事業、医療機器などのヘルスケア事業、メモリなどの電子デバイス事業、テレビや生活家電などのライフスタイル事業がある。企業では、各事業のシナジーなどを考慮しつつ全社戦略が策定されると、それぞれの事業についての事業戦略が策定される。そして、これらの全社戦略や事業戦略を実現するため、広告などの機能別戦略が組み立てられる。

実際の企業戦略としては、全社戦略の下で、縦に「事業戦略」、横に「機能別戦略」というマトリックス構造をとっている。この際、上記のように必ずしもトップダウンで決まるとは限らない。各部門の相互調整や相互作用の中で策定、実行されるのが通常である。個別の事業部や機能部門において、どの国に進出すべきかといった問題が重要な課題として挙げられることがある。また、場合によっては事業部間で同種の製品を開発してしまうこともある。このような問題を回避するため、企業全体への影響や効率を考え、事業戦略や機能別戦略であっても全社レベルで意思決定しなければならないのである。（中野剛治）

▷2 本文中の事業グループは、2013年10月1日に組織再編を行った際のものである。http://www.toshiba.co.jp/about/company/index_j.htm（2013年12月10日閲覧）。なお、不正会計問題や原子力事業における損失の発生に伴って、東芝は事業形態を大きく変えることとなった。そして今後は「社会インフラ」を核に、エネルギー、社会インフラ、電子デバイス、デジタルソリューションの四つの事業領域に注力することが発表されている（『東芝アニュアルレポート2017事業編』http://www.toshiba.co.jp/about/ir/jp/library/ar/ar2017/tar2017.pdf（2017年12月31日閲覧））。

I 経営戦略論の基礎

3 アンゾフの成長ベクトル

1 環境変化へ対応するための管理

　経営学では、企業をとりまく様々な外的要因、たとえば技術やインフラ、消費者の要求、ライバル企業の動向、法規制などを「環境」と呼ぶ。環境は、時とともに変化し、自然環境の変化によって適応できない生物が淘汰されるように、企業も環境に対応できないと生き残ることはできない。企業が持続的に成長するためには、ビジネス環境の変化に対応し、新たなビジネス機会を求める多角化のマネジメントが求められる。

　たとえば、音楽のメディアプレーヤーを例に考えてみよう。レコード以外のメディアが登場せず、1社独占でライバルとの競争がない世界を考えたならば、レコード事業において従来の活動を繰り返すだけで企業が生き残ることができるだろう。しかし、現実には技術の進歩に伴い、レコード、カセットテープ、CDと新たなメディアが登場し、さらにはメディアを伴わないインターネット配信が可能となるという、大きな環境変化が起こり、レコードプレーヤー市場は大きく衰退した。そして、新たなメディアへの切り替え、配信ビジネスへの参入というように、環境の変化に応じて新ビジネスへの転換をすすめた企業が成長しているのである。

2 環境の変化を予測し、乗り越えるための戦略論の登場

　環境の変化を予測し、対応するための経営管理手法として登場したのが、アンゾフ（1957＝2010；1965＝1985）の戦略論である。1950年代になると、技術の目覚ましい進歩、経済のグローバル化と競争の激化により、欧米企業をとりまく環境の変化の影響が強まった。企業は今までと同じ事業を継続するだけでは成長が難しくなり、既存の事業内容の修正や別の事業を手掛ける多角化などの対応が不可欠となる。しかし、当時の企業経営の理論は、時間研究や人間関係論（→ Ⅷ-1, Ⅹ-1）のような現在の事業における効率的な管理、組織構造の適切な選択と管理といったものが主流で、成長のための事業拡大プロセスについてどう管理するかの議論がなかった。

　既存事業と非連続的な事業活動への展開パターンを、どう管理したらよいのか。アンゾフは、サイモンの組織の意思決定プロセスの議論をベースとして（→ Ⅷ-6）、事業展開の可能な代替案を考え、それぞれのリスクとリターンを

▷1　垂直統合
垂直統合とは、ある製品における原材料生産、製造、販売という一連の活動において、企業の事業活動の範囲を広げること。たとえば、パソコンメーカーが製造だけではなく、インターネットで直接販売をてがける事業展開パターンを指す。
▷2　アンゾフは、垂直統合を多角化のひとつのパターンと位置づけている。しかし、垂直統合も事業の効率化のひとつの手段と考えられるため、アーカーのモデルを併せて掲載することとする。

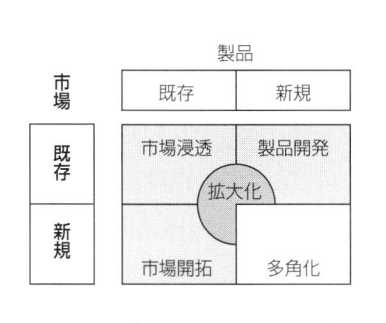

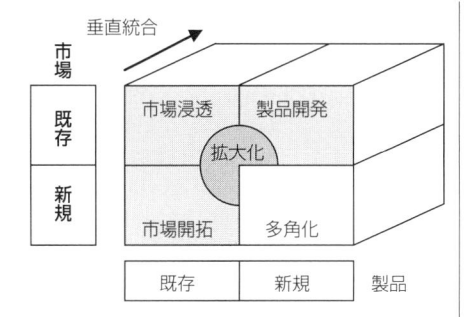

図 I-2　アンゾフの成長ベクトル（製品・市場マトリックス）

（出所）　アンゾフ（1957＝2010），高橋（2006），アーカー（1984＝1986）

予測し，望ましい成長の方向を選択する「戦略的意思決定」プロセスを提唱し，環境変動への対応理論として，企業戦略の概念を確立した。

3　アンゾフの成長ベクトルの概要

　企業の成長の方向性の代替案を考え，比較・評価し，成長戦略を導くための分析ツールが，アンゾフの成長ベクトル（製品・市場マトリックス）である。これは，既存事業に対し，上図（左）のようなマトリックス上の四つの成長の方向について，それぞれの実現可能性，リスクを検討し，成長の方向性を選択・決定する，という意思決定支援ツールである。上図（右）は，市場，製品に加えて**垂直統合**の軸を加えたアーカー（1984＝1986）による修正モデルである。

①市場浸透（Market penetration）：現在の製品の使用頻度や量を増やす，新しい顧客に購入を促す，市場シェアを拡大することで，事業の成長を維持する。

②市場開拓（Market Development）：現在の製品を，今までターゲットとしていなかった新しい市場に展開することで，事業の成長を維持する。

③製品開発（Product Development）：現在の市場に，新技術の活用や，デザインを変更した新製品を導入することで，新たな需要を呼び起こし，成長を維持する。

④多角化（Diversification）

　A．関連多角化：顧客や技術の面で既存事業と関連する事業に展開し，企業を成長させることを考える。ノウハウ活用によるスムーズな事業展開，シナジー（→ I-4 ）による高い収益性が期待されるが，強みと同時に弱点も共有してしまうリスクを抱える。

　B．非関連多角化：既存事業と関連の薄い事業に展開し，企業を成長させることを考える。ノウハウがない事業に展開することは収益性を低める恐れがあるが，関連性のない多様な事業を抱えることで，事業が同時に衰退するリスクを軽減し，予測外の変化に対応する能力を高める。

（和田剛明）

▷3　オペレーションの効率化によるコスト・リーダーシップ戦略（マクドナルドなど），垂直統合・製販統合による効率化（ユニクロなど）がこれに含まれる。

▷4　新たな市場に展開する際に，若干の製品のカスタマイズを加えるなど，顧客へのアピール方法を変える。たとえば，自動車の既存モデルを修正して新興国市場に低価格モデルとして展開する，移動の手段として販売していた自転車を健康維持・増進のための器具として販売するなどがこれに含まれる。

▷5　携帯電話市場にスマートフォンを投入する，自動車市場にハイブリッド車，電気自動車を投入するなどがこれに含まれる。しかし，たとえばガソリン自動車と電気自動車を別の技術体系の製品とみなせば，関連多角化に分類される。他のセルも同様であるが，企業の成長の方向性のマトリックス上の位置づけは，企業自身の成長に対する認識が反映されたものになる。

参考文献

H.I. アンゾフ（1957＝2010）「多角化戦略の本質」DIAMOND ハーバード・ビジネス・レビュー編集部『戦略論1957-1993』ダイヤモンド社．

H.I. アンゾフ（1965＝1985）『企業戦略論』広田寿亮訳，産業能率短期大学出版部．

D.A. アーカー（1984＝1986）『戦略市場経営：戦略をどう開発し評価し実行するか』野中郁次郎・石井淳蔵・北洞忠宏・嶋口充輝訳，ダイヤモンド社．

高橋伸夫（2006）『経営の再生：戦略の時代・組織の時代（第3版）』有斐閣．

I 経営戦略論の基礎

4 シナジー効果（相乗効果）

1 範囲の経済

多くの企業では，単一の事業のみを行っているわけではない。一例としてトヨタ自動車は，主要事業である自動車事業のみならず，住宅事業や金融事業を行っている。これらは，たとえば住宅事業は自動車製造のノウハウを住宅にも適応することから始まった事業であり，また自動車は高額な商品であり割賦で購入する消費者が多かったところから金融事業を展開してきたという意味で，自動車の製造販売にプラスにつながる事業といえるだろう。しかし，展開する複数の事業がお互い全く関係ないものであれば，わざわざ事業を行う価値があるといえるのであろうか。

このように全社戦略を考えていく上で，範囲の経済という考え方が重要になる。範囲の経済とは，企業が複数の事業活動を同時に営むことによって，それぞれの事業を独立に行っているときよりもコストが割安になる現象である。範囲の経済が存在しないならば，複数の事業を1社が営む経済的理由はなくなってしまう。言い換えれば，企業が複数の事業を営むことによって何らかのコスト削減や売り上げの増加が可能な場合，つまり事業の範囲を広げていくと節約ができるという場合に「経済的」といえるのである。これは，既存事業の生産活動から出てきた副産物や，既存事業で蓄積された情報的経営資源（見えざる資産）の転用，**資源スラック**[1]の活用といったものから生まれる。

実際，全ての資源を単一の事業に集中して投入しているときには，その事業の環境が変化していくリスクが企業のリスクそのものになる。これでは成長に問題が出るため，多角化してリスクを分散できることがある。既存事業の最大のリスクは産業自体が成熟から衰退に向かうというものであるが，多角化によってその影響は和らげられることになる。

成長の経済とは，一般には成長することそのものがもたらす経済的なメリットのことを指す。そのメリットが新事業での成長の追加を狙った多角化を意義あるものにしていくが，その源泉はコスト構造の変化と組織の成長である。

2 シナジー効果とコンプリメント効果

多角化の論理の中で最も重要なのは範囲の経済である（伊丹，1984）。範囲の経済とは典型的な資源利用についての「組み合わせの妙」といえるが，この経

▶1 **資源スラック**
スラックとは「緩み」のこと。従って，資源スラックとは経営資源の余裕（余剰資源）を意味する。

済効果には二種類がある。それがシナジー効果（相乗効果）とコンプリメント効果（相補効果）である。

シナジー効果とは，単一の企業が複数の事業活動を行うことによって，異なる企業が別個にそれらを行う場合よりも大きな成果が得られるという結合効果のことである。たとえば味の素は，調味料のブランドイメージを他の食品でも用いており，調味料のアミノ酸技術は医薬品でも利用している。このように一方が他方の生み出す技術や評判といった情報的資源を使っているため，使用の物な限界はないが，直接的な相互影響がある。多角化の論理の核となるのが，このシナジー効果である。

一方，コンプリメント効果とは，複数の製品市場分野が，他の足らない所を補って，全体としてはじめてうまくいくものであり，いわば足し算的な組み合わせの効果である。たとえばスキーリゾートにあるホテルがあいている夏にテニスコートやゴルフ場を開場するような場合を指す。つまり，一つの資源についての制約条件あるいは必要条件を，二つの市場分野の合計で満たしている状態のことである。これは土地のような目に見える資産のみに起こり，情報のようなものには起こらない。従って，使用量には限界があり，それぞれには直接的な相互作用は無いのである。

3 ダイナミック・シナジー

さらに伊丹（1984）は，静的な相乗効果だけでなく，ダイナミックな相乗効果が作り出せるような事業の組み合わせであれば望ましいと主張した。これをダイナミック・シナジーと呼んでいる。ダイナミック・シナジーとは，一つの情報的資源をある事業がある時点に作り出し，それを別の事業が将来の時点で利用していく，という時間差を持った相乗効果のことである。

たとえばセイコーエプソンの現在の代表的な製品はインクジェットプリンタだが，元々はセイコーグループの時計メーカーであった。その生産のために蓄積した金属の精密微細加工技術がインクジェットプリンタの生産に利用され，他社製品よりも画質のすぐれたプリンターの開発に成功したのである。ここに，金属精密微細加工技術という情報的経営資源（＝見えざる資産）についてのダイナミック・シナジーが働いたといえるだろう。

ここでのポイントは情報的資源である。モノ，カネといった目に見える資産は戦略実行に必要不可欠なため，それらについては資源の裏付けを欠くことはできない。しかし情報的資源は，戦略を「うまく」実行するのに必要な資源であるため，これを多少欠いた戦略を選んでも実行は可能といえる。このような場合，当初は苦しい競争を強いられるかもしれないが，競争相手や顧客に鍛えられていき，当初は欠けていた情報的資源が徐々に蓄積されていくことによって相乗効果が生まれるのである。

（中野剛治）

▷2　エプソンによるインクジェットプリンタの開発については，たとえば宮崎正也（2002）「インクジェット・プリンタ業界の発展過程1977-1997：キヤノンとセイコーエプソンの20年」『赤門マネジメント・レビュー』1（2），pp.159-198.に詳述されている。

参考文献

伊丹敬之（1984）『新・経営戦略の論理：見えざる資産のダイナミズム』日本経済新聞社.

I 経営戦略論の基礎

5 ルメルトの多角化戦略

1 成功する成長パターンの模索

1960年代後半になると，アメリカにおいて企業のM&A（合併・買収）ブームが到来し，企業の多角化と事業領域の拡大が進む。アンゾフは計画的に成長することの重要性を示し，関連多角化と非関連多角化の両者のメリットを挙げたが，では，どちらを選択したほうが企業の業績は高まるのか。成功する多角化パターンはどのようなものかが，企業経営者が知りたいことであろう。この問いに，どのような多角化パターンが多く，パターンごとの業績はどうなのか。大量データを用いた実証分析から，多角化の方向性の示唆を導き出したのが，ルメルト（1974＝1977）による多角化戦略研究である。

2 ルメルトの多角化戦略分類

ルメルトの研究において，企業の多角化戦略のパターンの判定方法は次のようなものである。まず，企業の所有している事業を，活動の実態にもとづき，単位事業に切り分ける[1]。その上で，以下の指標を算出し，フローチャートにしたがってカテゴライズする。

①事業の構成比・事業間の関連に関する指標

　A．専門比率（Specialization Ratio：SR）：単位事業の中で最大の売上のものが，企業全体の売上に対してどれだけの比率を占めるかがSRである。

　B．垂直比率（Vertical Ratio：VR）：単位事業の中で最大の売上のものが垂直統合をしている場合，SRでなくVRを算出する[2]。製品の製造と販売のように垂直統合関係にある事業グループの売上をそれぞれ合計し，その中で最大のものが企業全体の売上に対してどれだけの比率を占めるかがVRである。

　C．関連比率（Related Ratio：RR）：技術や市場において，何らかの関連がある関連事業グループの売上をそれぞれ合計し，その中で最大のものが企業全体の売上に対してどれだけの比率を占めるかが，RRである。

②多角化の事業展開パターンに関する分類

　A．抑制型：中核となる事業や技術をもとに事業展開しているパターン。

　B．連鎖型：ある事業で得た技術や開拓した市場をもとに，さらに新たな事

◁1　紙コップ製造は製紙業に属し，プラスチックコップ製造は石油化学産業に属するから別の事業としてあつかうのではなく，同じ使い捨てコップをあつかう事業として管理されていればひとつの事業とみなす，という考え方である。

◁2　たとえば，製鉄業で100％の売上を上げている企業があったとする。そしてこの企業が，必要な鉄鉱石を外部購入していたのを，自社で採掘するように川上統合したとする。この時，採掘した鉄鉱石を全量内部で消費していたならば，鉄鉱石採掘事業は売上として立たないので，製鉄業で100％の売上を上げる企業であることは変化しない。また，パソコンを量販店に販売していたのを，インターネットでの直販に切り替え川下統合した企業があったとして，この企業はパソコンを販売して売上を上げていることに変化はない。このような企業がSRの指標によって単一事業に分類されることを避けないとならない。

◁3　抑制型の例としては，たとえば液晶技術を中核として事業展開していくシャープが挙げられる。連鎖型の例としては，機械式ウオッチ事業から始まり，クオーツ式ウオッチ事業，さらにプリンター事業へと事業展開した，セイコーエプソンが挙げられる。

I-5 ルメルトの多角化戦略

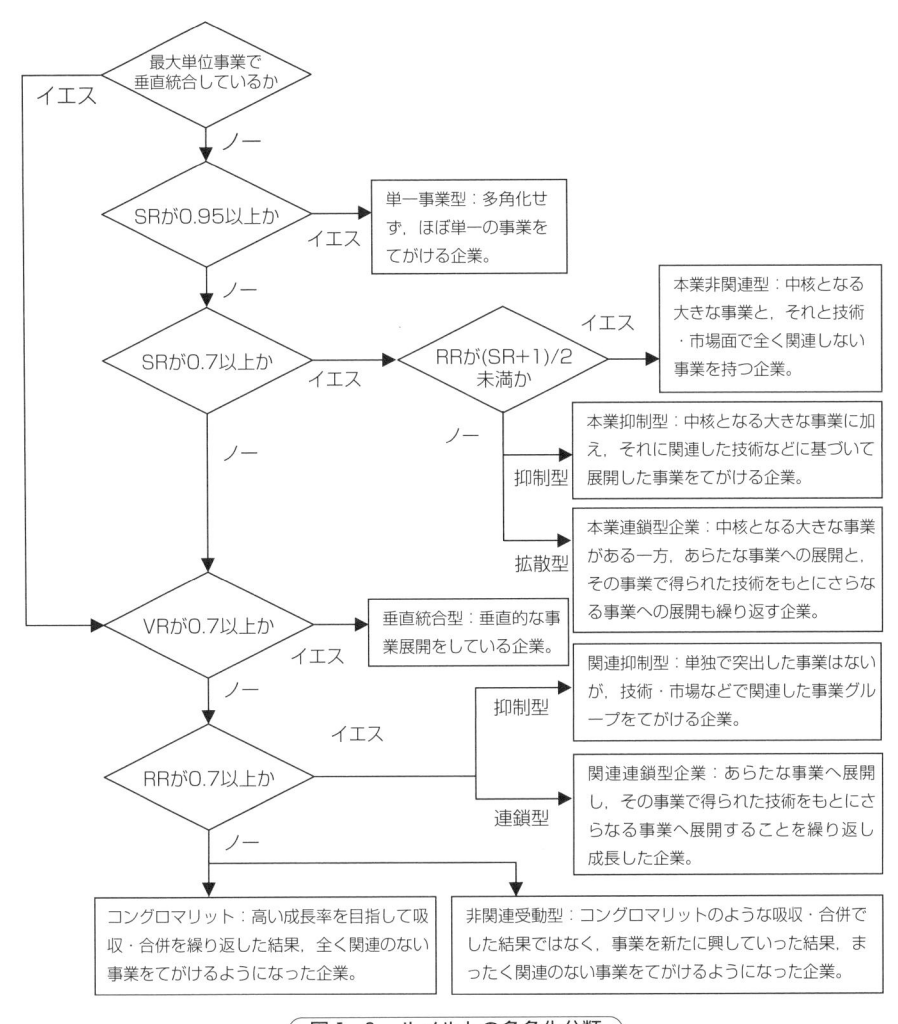

```
                     最大単位事業で
                     垂直統合しているか
    イエス              │
    ┌────────────────ノー
    │                  ▼
    │              ┌──────────┐         ┌──────────────────────┐
    │              │SRが0.95以上か├─イエス→│単一事業型：多角化せ  │
    │              └──────────┘          │ず、ほぼ単一の事業を  │
    │                  │                │てがける企業。        │
    │                 ノー                └──────────────────────┘
    │                  ▼                                    ┌──────────────────────┐
    │              ┌──────────┐         ┌──────────────┐ イエス│本業非関連型：中核となる│
    │              │SRが0.7以上か├─イエス→│RRが(SR+1)/2  ├────→│大きな事業と、それと技術│
    │              └──────────┘          │未満か        │     │・市場面で全く関連しない│
    │                  │                 └──────────────┘     │事業を持つ企業。       │
    │                 ノー                    │               └──────────────────────┘
    │                  │                    ノー              ┌──────────────────────┐
    │                  │               抑制型│               │本業抑制型：中核となる大│
    │                  │                    ├─────────────→│きな事業に加え、それに関│
    │                  │               拡散型│               │連した技術などに基づいて│
    │                  │                    │               │展開した事業をてがける企│
    │                  │                    │               │業。                   │
    │                  │                    │               └──────────────────────┘
    │                  │                    │               ┌──────────────────────┐
    │                  │                    └─────────────→│本業連鎖型企業：中核とな│
    │                  │                                    │る大きな事業がある一方、│
    │                  │                                    │あらたな事業への展開と、│
    │                  │                                    │その事業で得られた技術を│
    │                  ▼                                    │もとにさらなる事業への展│
    │              ┌──────────┐         ┌──────────────────┐│開も繰り返す企業。     │
    └─────────────→│VRが0.7以上か├─イエス→│垂直統合型：垂直的な│└──────────────────────┘
                   └──────────┘          │事業展開をしている│
                       │                 │企業。            │
                      ノー               └──────────────────┘
                       ▼                                    ┌──────────────────────┐
                   ┌──────────┐              抑制型          │関連抑制型：単独で突出し│
                   │RRが0.7以上か├─イエス────┬──────────────→│た事業はないが、技術・市│
                   └──────────┘             │               │場などで関連した事業グル│
                       │                    │               │ープをてがける企業。    │
                      ノー               連鎖型│              └──────────────────────┘
                       │                    │               ┌──────────────────────┐
                       │                    └──────────────→│関連連鎖型企業：あらたな│
                       │                                    │事業へ展開し、その事業で│
                       ▼                                    │得られた技術をもとにさら│
    ┌──────────────────────┐  ┌──────────────────────────┐  │なる事業へ展開することを│
    │コングロマリット：高い成│  │非関連受動型：コングロマリ│  │繰り返し成長した企業。  │
    │長率を目指して吸収・合併│  │ットのような吸収・合併でし│  └──────────────────────┘
    │を繰り返した結果、全く関│  │た結果ではなく、事業を新た│
    │連のない事業をてがけるよ│  │に興していった結果、まった│
    │うになった企業。        │  │く関連のない事業をてがける│
    └──────────────────────┘  │ようになった企業。        │
                              └──────────────────────────┘
```

図 I-3　ルメルトの多角化分類

（出所）　髙橋（2006），大木（2010）をもとにルメルト（1974＝1977）を修正

業に進出することを繰り返すパターン。◁3

3　ルメルトの多角化研究からの示唆

　ルメルトは，1949年から1969年のあいだに『フォーチュン』の上位500社ランキングに載った米国企業から，製造業企業246社を選んで多角化戦略の分類をおこない，戦略の変化，戦略ごとの業績との関係を分析した。その結果は，1949年から1969年にかけ，企業の多角化が進展した。このなかで業績の成長性が高かった企業は，本業抑制型企業と，関連抑制型企業であり，業績の成長性が低かった企業は，非関連受動型企業であったというものであった。この研究の結果からは，企業の成長には多角化が重要であること。そして，多角化する際には関連のない事業分野に進出するよりも，中核となる技術を持ち，関連した事業へと展開していくべきという示唆が得られる。

（和田剛明）

参考文献

R.P. ルメルト（1974＝1977）『多角化戦略と経済成果』鳥羽欽一郎訳，東洋経済新報社．
髙橋伸夫（2006）『経営の再生：戦略の時代・組織の時代（第3版）』有斐閣．
大木清弘（2010）「目指すべき多角化戦略とは何だったのか？：Rumelt 研究再考―経営学輪講 Rumelt（1974, 1982）」『赤門マネジメント・レビュー』9（4），pp.243-264.

I 経営戦略論の基礎

6 ドミナント・ロジック

1 ドミナント・ロジックとは

　欧米に限らず日本においても，成功した経営者が自分の経営についてまとめた書籍が著されている。たとえばヤマト運輸の元会長の著書『小倉昌男　経営学』(1999) は当時のベストセラーとなるなど，現在でもさまざまな経営者本が書店の棚を賑わしている。ではなぜこのような企業家の「ビジネス本」が多くのビジネスマンに読まれるのであろうか。それは，成功した企業家の論理＝ロジックを「知りたい」という人々が少なくないことを物語っている。

　企業の運営は，組織行動の基盤となる無数のロジックによって成り立っている。このロジックの中には，大きな成功をもたらしたものもあれば大失敗を引き起こしたものもある。従って自社の成功の頻度を高めるため，経営トップはそれぞれの経験をもとにして，失敗につながったロジックを捨て，成功したロジックを残すという作業を行うことになる。つまり，企業の運営においては絶えずロジックの選択と淘汰が行われているのである。

　この際，成功につながる選ばれたロジックは，組織内の相互作用を通じて，その組織独自の価値観・世界観・論理として形成され直し，企業トップに共有される。そしてその新しいロジックを元にして新たな組織行動が生み出され，組織の中に成功・失敗の経験・知識の蓄積が行われていくのである。

　プラハラードとベティスは，上記のような長年の経験・知識の蓄積の中で選び抜かれた当該組織専用の成功のロジックのうち，トップ・マネジメントが認識したもののことを，ドミナント・ロジック（支配的論理）と呼んだ。彼らはこのドミナント・ロジックを，「経営者の事業の概念における見方および経営資源の割り当て方」と定義している (Prahalad & Bettis, 1986)。

2 ドミナント・ロジックと多角化

　ドミナント・ロジックは，もちろん既存事業を運営する際に有益であるが，それのみにとどまらない。企業が成長し多角化を行っていく際にも，十分役立つものである。実際，企業が多角化のために立ち上げる事業としては，既存のドミナント・ロジックが転用しやすいものが多く選ばれている。プラハラードとベティスも，「多角化した企業が成功するには，トップ・マネジメントが全社を単一のドミナント・ロジックで経営することを可能にするため，異なった

事業間には十分な戦略上の類似性がなければならない」と主張している。

　つまりこのドミナント・ロジックの概念を援用すると,「多角化の際には,長年にわたって形成してきた成功のロジックを転用できる新規事業を見つけ,その移植に成功できれば,組織としてその企業が成功する可能性は高まる」,ということになる。そしてそのためには,トップ・マネジメントが既存事業の必要とするロジックと新規事業の必要とするロジックの類似性を見極め,その程度に応じた適切なマネジメントを行うことが必要となる。

　この際,両者の類似性が高い場合は,新たな事業にそのまま移植することが可能である。これは単に事業の類似性のみでは説明できない。たとえ既存事業と新規事業の事業内容がかけ離れていたとしても,両者の組織行動の基盤とするロジックさえ類似していれば,既存事業のロジックをそのまま利用することが可能なのである。たとえば高度成長時代から1980年代までのソニーは,「**軽薄短小**」を合い言葉に,ウォークマンやハンディカムといった数多くの製品を数多く開発し,世界中でヒットさせた。実際,ソニーが開発・販売した各製品の技術や市場はそれぞれ異なっていたのだが,「軽薄短小」という戦略上のロジックに本質的な違いがあったわけではなかったので,多少の違いがあっても既存のロジックの移植で十分うまくいったのである。ただし,この際には各組織間の調整や新たな知識を組織として学習していくことが必要になる。

　またドミナント・ロジックは組織内部の拡大のみならず,企業の買収の際にも用いることも可能である。自社のロジックを活用できそうな企業があるとそれを合併や買収によって獲得し,被買収企業の強みや持ち味を尊重しながら自社のロジックを植え付けていくことで,さらなる展開が図れるのである。

❸ トップ・マネジメントがロジックの限界を超えるには

　企業グループ全体の抱えるロジックの数がその企業のトップ・マネジメントの扱うことのできるロジックの多様性の範囲内ならば,大幅な修正・書き換えが必要にはなるがその移植も不可能ではないだろう。しかし,新規事業のロジックが既存事業のものと異質な場合,また全くロジックの異なる企業を買収した場合には,無条件にこれまでのロジックを移植することは難しい。

　たとえば,デフレ下で低価格戦略をとって成功していたファストフードチェーンが,時代の流れと共に消費者の高級化に対応できなくなったとしよう。これは,低価格と高級化という両者のロジックの類似性が低い上に,そのチェーンが組織として持ちうるロジック数がトップ・マネジメントの取り扱うことのできる多様性の限界を超えてしまい,移植が出来なかったといえる。このような状況を打破するには,組織が抱え込むロジックの多様性を減少させるか,多様なロジックを扱えるようトップ・マネジメントのスキルを向上させる必要がある。

（中野剛治）

▷1　軽薄短小
軽く薄く短く小さい,という意味。対義語は重厚長大。

(参考文献)

Prahalad, C.K. & R.A. Bettis (1986) "The dominant logic : A new linkage between diversity and performance," *Strategic Management Journal*, 7, pp. 485-501.
小倉昌男 (1999)『小倉昌男　経営学』日経BP社.
G. ハメル・C.K. プラハラード (1995)『コア・コンピタンス経営』一條和生訳,日本経済新聞社.

I 経営戦略論の基礎

7 コア・コンピタンス

1 競争力をベースとした事業展開の戦略

　1970年代まではアメリカ企業が高い国際競争力をもっており，これに対して日本企業は護送船団方式や保護貿易政策によって守られ，低賃金や有利な為替レートを活かし，「安かろう悪かろう」の製品を売り込む新興国企業とみなされていた。しかし，1980年代になると，技術力や品質などの面で日本企業が高い競争力をもち，欧米企業から自動車や家電産業のシェアを奪うようになる。

　なぜ，経営資源に乏しく技術面で遅れていた日本企業が，欧米企業に追いつき，追い越すことができたのか。その理由として，まず，コンカレント・エンジニアリング（→Ⅵ-2）や**ジャスト・イン・タイム**▷1生産などの製品開発や生産のプロセスや，**TQC**▷2などの組織的能力が注目された。そして，これらの能力の蓄積・活用の背景にある，日本企業の戦略策定プロセスの強みに注目したのが，プラハラッドとハメルである。

　プラハラッドとハメル（1989 = 2010）の指摘は，次のようなものである。欧米企業は既存事業のなかでの選択と集中，現時点でのライバルの動向の分析，現有経営資源の把握と活用といった現在ベースの視点で戦略を策定している。これに対し，日本企業は，現在の能力，経営資源をはるかに超えた野心的な目標を掲げ，執念をもってこれを実現しようとする「ストラテジック・インテント（戦略上の意図）」をもっており，組織能力によってこれを実現し，実現によってさらに組織能力を鍛えている▷3。このため，欧米企業より成長のペースが速く，これを追い抜いた，というのである。

　つづいて，プラハラッドとハメル（1990 = 2010）では，他社に対する競争優位の源泉となる，企業に蓄積された技術や知識の集合である，コア・コンピタンスという概念を提示する。そして，日本企業はこのコア・コンピタンスをベースに，これを活用・強化するための戦略をとっている。これに対し，欧米企業は事業を単位として戦略を考え，コア・コンピタンスの蓄積・活用ができていないため，競争力が低いと指摘した。

　コア・コンピタンスを事業間で活用するならば，これは技術や知識の多重利用によるシナジーを活かした，関連多角化パターンとなる。プラハラードとハメルの指摘は，ルメルトの多角化戦略研究において，関連多角化企業が高い業績を示していたことを説明するものでもある。

▷1　**ジャスト・イン・タイム生産**
ジャスト・イン・タイム（Just In Time：JIT）生産とは，生産に必要となるタイミングで必要な部品が届くように生産ラインを調整することで，効率化された生産をするものである。バケツリレーを例に説明すると，次の人にバケツを渡して手が空いている人がいる状態をなくし，バケツを渡したらすぐ次のバケツが来るようにする。これにより，人から人へ滞りなくバケツが流れ，スピードも速く，人が常に作業している高効率状態が実現する。

▷2　**TQC**
総合的品質管理または全社的品質管理（Total Quality Management）。日本企業においては，QCサークルという自主的な現場小集団による，従業員全員参加型の問題発見と解決活動による品質・コストの管理活動として発展した。

▷3　現状の能力を超えた高い目標を掲げ，実現することで成長をする考え方として，Ⅰ-4のダイナミック・シナジーも挙げられる。

2 コア・コンピタンスの三条件

プラハラッドとハメルは，コア・コンピタンスについて，以下の三条件を挙げている。

① 広範かつ多様な市場への参入を可能とするものでないとならない。
② コア・コンピタンスを活用した最終製品が，顧客にもたらす価値に貢献するものでないとならない。
③ ライバルに模倣が難しいものでないとならない。

コア・コンピタンスをベースとした戦略の議論は，企業の持続的な競争力が，企業独自のスキルや技術，そして組織能力にあることを指摘するものであり，1980年代に登場したリソース・ベースド・ビューの流れの中に位置づけられる（→Ⅳ-3）。

3 コア・コンピタンスの革新・強化

コア・コンピタンスを明確にすることは，他社に対して優位を築く成長の方向性をきめ，実現に向けて組織の力を結集するために有効である。しかし，いったんコア・コンピタンスはこれであると定めると，それを活用することがドミナント・ロジック（→Ⅰ-6）となり，企業の成長の方向性を一方向に制約し，環境の変化に弱くなる恐れがある。

企業が持続的に成長するためには，コア・コンピタンスをもつとともに，これを時代に応じて革新・強化していくことが同時に必要である。延岡（2006）は，コア・コンピタンスとなる技術や組織能力を多様な製品・市場に展開し，それぞれの開発をとおして得られた技術・ノウハウをフィードバックし，コア・コンピタンスのさらなる高度化をする戦略を挙げている。

たとえば，シャープであれば液晶技術がコア・コンピタンスとなる技術であり，液晶テレビをはじめとして，多様な製品・市場で強みを発揮している。しかし，同じ液晶といっても，組み込まれる製品が違えば求められる性能も違ってくる。たとえば，携帯電話，PDAに組み込むのであれば，小型化，省電力化といったことが必要になるだろう。これらの市場へと進出することで，シャープは大型テレビ市場にだけとどまっていては得られなかった，小型化や省電力化の技術を手に入れることができる。そして，小型化，省電力化の技術をフィードバックして液晶テレビを薄型化・省電力化する，さらに別の製品へと液晶を展開するといったことが可能となる。

武道家が他流試合や異種格闘技戦で自分の腕を磨くように，単一の市場のみにコア・コンピタンスを活用するのではなく，既存のコンピタンスに加えてさらなる技術・能力が必要となる製品・市場へと進出することで，コア・コンピタンスに広がりを与えることが可能となるのである。

（和田剛明）

参考文献

C.K.プラハラッド・G.ハメル（1989 = 2010）「ストラテジック・インテント」DIAMOND ハーバード・ビジネス・レビュー編集部『戦略論1957-1993』ダイヤモンド社．
C.K.プラハラッド・G.ハメル（1990 = 2010）「コア・コンピタンス経営」DIAMOND ハーバード・ビジネス・レビュー編集部『戦略論1957-1993』ダイヤモンド社．
延岡健太郎（2006）『MOT［技術経営］入門』日本経済新聞社．

I 経営戦略論の基礎

8 創発的戦略

1 事業戦略は計画通りうまくいかないもの？

　アンゾフに代表される戦略計画学派のもとでは，暗黙的に，本社の経営企画や経営トップが分析的に経営戦略を策定するということを前提としている。しかし，実際の経営戦略策定は，このような仮定とは大きく異なるところもある。

　たとえば，ホンダのアメリカ進出時の事例から考えてみよう（Pascal, 1984）。アメリカにおけるオートバイ市場はイギリス企業が輸入市場のシェアを握っていたが，1966年までに日本企業，特に本田技研工業（以下ホンダ）が63％のシェアを握るまでになった。

　これについて，コンサルティング会社のボストン・コンサルティング・グループがイギリス政府に提出した報告書には，「日本のオートバイ産業，中でも業界リーダーのホンダは，一車種あたりの生産量を大きくすることで，資本集約的で高度にオートメーション化された技術を用いることによる高い生産性が可能になるという，首尾一貫した基本的哲学を持っていた」と記されていた。

　しかし，日本的経営の研究者であったパスカルが当時アメリカへの参入を実行したマネジャー6名にインタビューをすると，彼らは全く異なる説明を行った。それは，「実際にはアメリカで何が売れるかどうかを観てみようという考え以外，戦略は持っていなかったですね」というものだったのである。

　1959年にホンダはアメリカ進出を開始するが，大蔵省（当時）の外貨割当規制を受けて現金は11万ドルしかもち出せなかった。そこで，ホンダは**4車種**を同数もっていくこととしたが，当初，一番排気量の少ない50ccはアメリカには向かないしブランドイメージも低下すると考えたので市場に出さず，1960年の春までに250cc，305ccといった大型マシンを中心に据え販売を始めた。しかし，これらのマシンが長距離・高速で走るアメリカの事情に耐えられず次々に故障し始めたのである。選択の余地がなくなったホンダは，50ccのスーパーカブを市場に投入せざるをえなくなった。すると意外なことに中流階級の米国人たちがスーパーカブに乗り始めた。彼らは最初スーパーカブ，後に大型のバイクにも乗るようになり，ホンダの売り上げが急上昇したのである。

2 創発的戦略

　このように，実際の事業活動では絶えず予期せぬ事象が起こるものである。

▷1　1959年に英国企業は49％のシェアであった。

▷2　この前年に行われたトヨタのアメリカ進出が失敗だったため大蔵省はホンダの進出に懐疑的であったという。当時は日本国内の外貨準備が少なかったため，外国為替法（1949年制定）による政府管理が行われていた。

▷3　**4車種**
50ccのスーパーカブ，125cc，250cc，305ccの4車種。

```
意図された戦略 ──計画的戦略──→ 実現された戦略
        ↓                ↑
   実現されない戦略    創発的戦略
```

図 I-4　戦略の形成プロセス

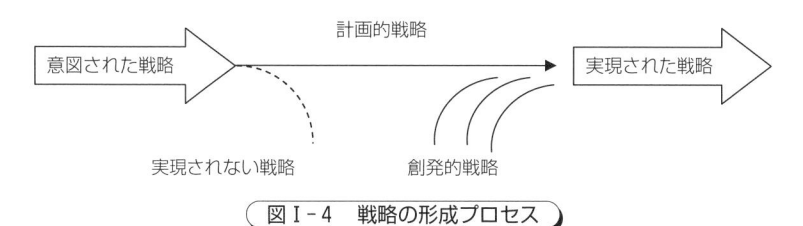

（出所）　ミンツバーグ他（1998＝1999）p.13

しかし，このような事象を全て阻害要因と考えていては，実際の事業活動が回らなくなってしまいかねない。

そこで，戦略とは事前的にすべてトップダウンで計画されるものではなく，現場で相互作用が起こることによって事後的に創発されるパターンであるという主張が，1970年代に起こった。このような戦略のことを創発的戦略（emergent strategy）と呼ぶ。

3　戦略の形成プロセス

実際に実現された戦略の中には，当初実行しようとしていた戦略（これを意図された戦略と呼ぶ）で実際に実行されたものもあれば，創発的戦略のように時間の経過によって出現，あるいは大きく変容したものもあるだろう。さらには，当初実行しようとしていたもののなかにも，結果的に実行されないものもあるといえる（図 I-4参照）。ホンダの例では，大型マシンによるアメリカ市場の開拓がこれにあたるだろう。

ミンツバーグ（1998＝1999）は，創発的戦略の考え方に基づくリーダーの役割は，あらかじめ計画的な戦略を作り上げることではなく，新たな戦略が出現するように，戦略的学習のプロセスをマネジメントすることである，と指摘している。

つまりこの見解によれば，企業の経営資源と環境とのマッチングは事後的に何らかのパターンとして創発されるとされる。戦略を一連の意思決定や行為のパターンと見なせば，当初の意図された戦略から，事前に意図していない意思決定や行為が行われることによって戦略が修正されることもあると考えられる。また，時間の経過によって認識した事業機会を通じて行われた戦略的学習によって生まれる戦略を取り入れたり，といったことで，予期せぬ結果としての戦略が実現したりする場合もあると主張しているのである。

従って，この考え方によれば，戦略とはトップだけではなくてミドル・マネジメントやメンバー全員が生み出しうるものであるとされ，戦略の策定と実行とが相互依存関係にあるといわれている。

（中野剛治）

参考文献

H.ミンツバーグ・B.アルストランド・J.ランペル（1998＝1999）『戦略サファリ：戦略マネジメント・ガイドブック』齋藤嘉則監訳，木村充・奥澤朋美・山口あけも訳，東洋経済新報社．
Pascale, R. T. (1984) "Perspectives on strategy: The real story behind Honda's success," *California Management Review*, 26(3), pp.47-72.

I 経営戦略論の基礎

9 戦略の形成プロセス

1 バーゲルマンの戦略形成プロセスモデル

既存事業で成功してきたにもかかわらず，過去の中核事業やこれまでうまくいった戦略にとらわれてしまい，市場環境の変化に適応できなくなるという事例は散見される。これは現在経営がうまくいっているといわれている半導体メーカーのインテルでも例外ではない。

このインテルにおける新規事業開発について分析し，彼らの戦略を戦略形成プロセスとして提唱しているのがバーゲルマンである。バーゲルマンは，新規事業開発を社内で行おうとする場合，その成功要件として，自律的な戦略行動によって生み出された新たな戦略の萌芽を，既存の戦略や組織体制からの圧力を回避しながら全社戦略へと育てていくことが必要であると述べている。実際，インテルは1980年代DRAM▷1からMPU▷2へと主力事業を転換したが，この決定ははじめからトップ・マネジメントが行ったわけではない。トップ・マネジメントはむしろDRAMへの投資も続けていたのである。しかし，市場における競争優位の喪失と工場でのMPUへの生産シフトをミドルマネージャーが気づき，それをトップ・マネジメントが追認する土壌が，インテルにはあったのである。

バーゲルマンによれば，新規事業開発が成功するためには，①現場レベル（事例では研究開発部門）における企業家的活動が行われていること，②自律的な活動を，より一般的な形で戦略的な意味づけを与えることのできるような能力の高いミドル・マネジメントの存在，③企業家的な活動によって全社戦略を変更することを許容するような能力の高いトップ・マネジメントが必要である

▷1 DRAM
Dynamic Random Access Memoryの略で，半導体メモリの一種である。コンピュータをはじめ，現在ではデジタルテレビやデジタルカメラといった情報家電の記憶装置として用いられる。

▷2 MPU
Micro-Processing Unitの略で，マイクロチップに実装されたプロセッサのことである。ソフトウェアを動かすためのプロセッサを集積回路（電子回路が密になったもの）で実装したものである。実際にはパーソナルコンピュータのCPU（Central Processing Unit）＝中央演算処理装置，プロセッサ，MPUはほぼ同義として用いられることが多い。コンピュータなどに搭載されている。

図 I-5 戦略プロセスのモデル

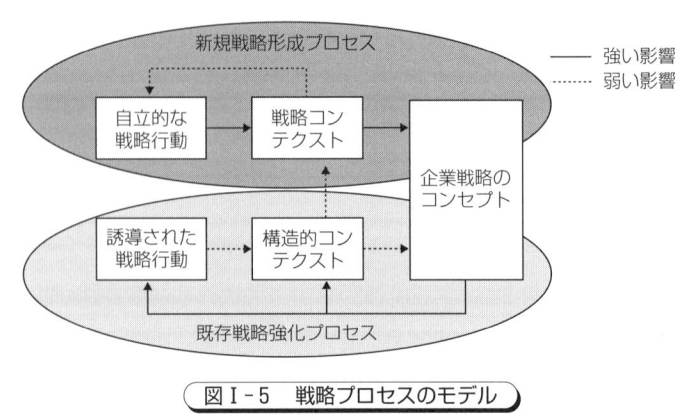

（出所）Burgelman (1983) をもとに福澤・新宅が作成 (2007)

としている。そして，これらのプロセスを上手に進めていくことが不可欠なのである。

2　戦略スキーマ

バーゲルマンは新規事業開発における社内での戦略形成プロセスについて焦点を当てていたが，企業間競争のプロセスを具体的に分析するために，単発の製品コンセプトだけを問題にするのではなく，その製品コンセプトを生み出す母体としての思考の枠組みを視野に入れようという議論が起こった。これが，沼上ら（1993）の主張した「戦略スキーマ」という概念である。

戦略スキーマとは，競争相手の行動や顧客の反応などに関する多様な情報の解釈を行い，新たな製品コンセプトを作る際に戦略策定者あるいは戦略策定を行う一群の人々が準拠する思考の枠組みのことである。この概念に従えば，競争とは特定の戦略スキーマに基づいて製品コンセプトを生み出し，その製品コンセプトを競わせ，競争相手や顧客の反応に合わせて自社の戦略スキーマを変革していくプロセスだと捉えることができるのである。特に戦略策定者の主観的な側面に焦点をあて，競争相手や顧客の反応をどのように認識し，どのように意味づけたのか，プロセスとして明らかになっていくのである。

3　対話としての競争

戦略スキーマに基づけば，競争する企業同士は市場を介してあたかもコミュニケーションを行っているように捉えられる。沼上ら（1993）は，このようなコミュニケーションを通じて自社の企業の戦略スキーマを彫琢していった結果製品が同質化していく過程を，競合他社との相互作用を通して自社の戦略構築能力を高める学習プロセスとみなした。これを「対話としての競争」と呼んでいる。

彼らは電卓産業における1971年から82年までの，特にシャープとカシオの製品戦略に着目した。1971年から1976年までの時期は，激しい価格競争の中，カシオは多機能化，シャープは薄型化という製品差別化を行い競争に生き残った。しかし，1977年，カシオはシャープの薄さに追いつき，シャープも多機能電卓でカシオに追いついた。こうして後半期は，多機能化・薄型化の両方を軸とした激しい競争が展開されたのである。この際，前期のシャープの戦略スキーマは，電卓を「LCDやLSI，電池などのさまざまな部品から構成された一つのシステム」と捉えていた一方，カシオは「顧客や供給業者等のプレイヤーとの関係を反映した機能の束」と考えていた。この際，戦略スキーマに焦点をあてれば，前半期には独自の戦略スキーマを構築していたが，後半期にはお互い相手の次の製品を先読みしながら取り込む「先読みの競争」が行われていたと解釈されている。

（中野剛治）

▷3　**彫琢**
練りあげること。

▷4　**LCD**
Liquid Crystal Display の略。液晶ディスプレイのこと。

▷5　**LSI**
Large Scale Integration の略。IC（集積回路）の素子の集積が比較的大規模なもののことを指す。コンピュータのメインメモリや電卓の部品として大量に生産された。

参考文献

沼上幹・淺羽茂・新宅純二郎・網倉久永（1993）「対話としての競争」伊丹敬之・加護野忠男・伊藤元重編『リーディングス　日本の企業システム』第2巻，有斐閣．
Burgelman, R.A.（1983）"A model of the interaction of strategic behavior, corporato context, and the concept of strategy," Academy of Management Review, 8, pp.61-70.
福澤光啓・新宅純二郎（2007）「戦略は本当に変えられるのか？」『赤門マネジメント・レビュー』6(19)．

I　経営戦略論の基礎

10　組織能力

1　組織能力とは何か

　たとえば日本の代表的な家電メーカーには，特許やデータ，実験機器や製造機器といった多くの技術的資源や，知識やノウハウをもった熟練の従業員（＝人的資源）といった，それぞれの企業が固有にもっている有形・無形の資源があるだろう。しかし，これらの資源をただもっているだけではあまり意味がない。これらの資源をうまく活用し，事業につなげていかなければならない。そのためには，これらの資源を活用するための組織のプロセス（これを組織ルーチンと呼ぶ）が必要となる。

　企業が他社に勝るような安定的な競争力や業績を上げ続けている際，その背後には，前述したドミナント・ロジックやコア・コンピタンスのように，その企業がもつ独特の経営資源や知識の蓄積，あるいはその企業の従業員の行動を律するような常軌的な規範や慣行といった組織のルーチンが存在するのではないかと考えられる。このように，その企業独特の組織ルーチンの束がライバルを凌ぐような成果をもたらしている場合，そのルーチンの体系のことを全体として組織能力（Organizational Capability）と呼ぶ。

　このような能力は一朝一夕に獲得できるものではない。通常その組織が長年試行錯誤を繰り返した結果その組織内に蓄積されていくものである。したがって，他の企業が真似をしようとしても簡単でなく，また市場で購入することも難しいものである。

　言い換えれば，組織能力とは，①ある経済主体がもつ経営資源・知識・組織ルーチンなどの体系であり，②その企業独特のものであり，③他社がそう簡単に真似できない（優位性が長持ちする）ものであり，④結果としてその組織の競争力・生存能力を高めるもの（藤本, 2003）と定義できる。
企業は技術開発やデザイン，生産，調達，マーケティング，物流，財務，法務，戦略構想といったさまざまな面で組織能力を蓄え，他の企業に差をつけることができるのである。

2　組織能力による差別化

　とくに近年，差別化の方法として，単に製品の差別化だけではなく，組織能力の差別化という議論がなされてきた（延岡, 2006）。このためには，企業独自

の強みを長期的に蓄積する一方で，変化する市場へも対応し，市場競争力を維持することが必要である。自社の強みとして育成する独自技術の領域をぶれることなく育成しつつ，一方でその技術を用いて多様な商品を頻繁に開発し市場導入することで可能になるだろう。また，競合企業よりも高い品質を少ない工数とコストで短い期間に実現できる組織能力が必要である。さらには，**事業システム**に関する組織能力も必要である。

　このような組織能力による差別化の優れた点として，模倣困難性，多重利用性，自然蓄積性の三点が挙げられる（加護野，2005）。組織が蓄積する無形の資源や，組織に埋め込まれた組織ルーチンは，競合企業から簡単に分析されにくく，また同じことを他組織がやろうと思っても時間がかかるので，模倣するのは難しい。また，組織能力は一つの商品だけでなく技術開発や組織にも応用可能である。さらに，これらは組織に自然に蓄積されていくものである。

❸ ダイナミック・ケイパビリティ

　上記の意味において，コア・コンピタンスは企業の組織能力にとって短期的に有効なものであると考えられる。しかし，ある環境下におけるコア・コンピタンスが，その環境が変化したあとでも企業にとって競争優位をもたらすかといえば，必ずしもそうはいえない。場合によっては，企業の戦略にとって一時的に足かせにすらなりかねない事態も存在する。

　企業が長期的に競争優位を獲得・維持するためには，環境の変化に耐えうるような組織能力を持たなければならない。そこでティースによって主張されたのが，ダイナミック・ケイパビリティという概念である。

　ダイナミック・ケイパビリティとは，急速に変化する環境に対応して内外のコンピタンスを統合，構築，再統合する企業の能力のことである。そして，市場の変化に適合し市場を変革するために，新しい資源の構成を実現する組織的で戦略的なルーチンを実行する能力である。従って，ダイナミック・ケイパビリティは知識の創造や戦略的意思決定，新製品の開発プロセスに表出するといわれている。

　しかし，変化の激しい環境下においては持続的競争優位も見かけ上に過ぎず，場当たり的な対応をしているに過ぎないという批判や，あまり実例がないという批判もある。実際，クリステンセンが示したハードディスク産業では，データの容量や単位データ容量あたりのコスト，**アクセスタイム**といった一定の性能のパフォーマンス向上ではなく，サイズや重量といった別の面でのパフォーマンス向上が起こった場合，既存の大企業は十分に対応できず市場からの退出を余儀なくされ，新興企業がシェアを高めている。このように，技術的に適応していたはずの既存企業よりも新規参入の企業が新市場を席巻することが多く，既存企業のうち大きな成功を納めたものはごく少数にすぎない。　（中野剛治）

▷1　**事業システム**
どの活動を自社で担当するか，社外の様々な取引相手との間にどのような関係を築くのか，を選択し，分業の構造，インセンティブのシステム，情報，モノ，カネの流れの成果として生み出されるシステムのこと。経営資源を一定の仕組みでシステム化したものである。詳しくは II-5 で解説する。

▷2　**アクセスタイム**
メモリやハードディスクなどの記憶装置とCPU間のデータの書きこみ，読み出しに要する時間のこと。

（参考文献）
藤本隆宏（2003）『能力構築競争：日本の自動車産業はなぜ強いのか』中公新書．
延岡健太郎（2006）『MOT［技術経営］入門』日本経済新聞社．
加護野忠男（2005）「新しい事業システムの設計思想と情報の有効利用」『国民経済雑誌』192（6），pp. 19-33．
C.M.クリステンセン（1997＝2000）『イノベーションのジレンマ：技術革新が巨大企業を滅ぼすとき』玉田俊平太監修，伊豆原弓訳，翔泳社．

コラム

知的財産マネジメント

　近年，特許や意匠，著作権といった企業における知的財産を事業戦略・企業戦略ベースでどのように活用すべきか，どのようにそれらに知的財産を組み込んでいきイノベーションを生み出すのかといった，知的財産マネジメントが注目を集めている。

　日本では数年前に日亜化学工業に在籍していた中村修二氏の青色LEDに関する職務発明報酬の議論が話題になった（高橋・中野，2007）が，実はこれら特許とイノベーションの関係についての議論は，何も最近になって始まった議論ではないことには着目すべきである。

1　すでにワットが行っていた知的財産マネジメント

　1768年に蒸気機関の特許を提出したジェームス・ワットは，特許が有効な間，競争相手達を撃退するためにかなりの労力をつぎ込んだという。実際，ワットの特許期間中，イギリスにおいては蒸気機関の出力が1年あたり約750馬力ずつ増加したのに対し，ワットの特許期間の終了後30年間の出力ののびは，1年あたりなんと4000馬力以上だったという（ボルドリン・レヴァイン，2008 = 2010）。

　皮肉なことに，特許制度によって守られていたはずのワットも，この特許制度があるために，他の技術者が開発した技術を自分の蒸気機関に用いることができず，さらに優れた蒸気機関の開発を阻まれていたというのである。

　もちろんその一方で，特許を取得していたからこそ他社との競争に勝ち，巨額の利益を出している，という企業も少なくない。自社で製造しないにもかかわらず多くの特許を取得し，特許実施権収入で利益を上げている「パテントトロール」と呼ばれるような企業の存在は，この問題をいっそう複雑にしている。

2　イノベーションの創出と知的財産の独占・反独占

　さらに，近年では巨額の開発費に耐えられない企業が，自前で全ての開発を行うのではなく，他社の技術を用いて製品を開発する，あるいは他社と共同で製品を開発するといった例は増加している。このような場合，特許や技術についてライセンス契約を結んだり，コンソーシアムやジョイントベンチャーといった戦略的提携にまで発展することもある。これらの行動によるさらなるイノベーションの創出を期待する人々は少なくない。

　このように，時代によってその振れ幅は変わるものの，知的財産の独占と反独占＝共有の動きは，絶えずイノベーションの創出の問題と共に揺れ動いているのである。

　この流れは，いまや特許のような産業財産権のみならず，著作権の分野にも議論が拡大している。著作権についても，情報の独占ではなく共有を目指したクリエイティブ・コモンズのようなライセンス体系も，少しずつではあるが広がりを見せている。（中野剛治）

参考文献

　M. ボルドリン・D.K. レヴァイン（2008 = 2010）『〈反〉知的独占：特許と著作権の経済学』山形浩生・守岡桜訳，NTT出版．
　高橋伸夫・中野剛治（2007）「ライセンス・ビジネスとアライアンス」『研究年報・経済学』68（4），pp.603-619.

第 II 章 全社戦略論

II 全社戦略論

1 PPM (Product Portfolio Management)

1 事業の選択と集中による競争力強化の必要性

アメリカで1960年代から1970年代にM&A（合併・買収）ブームがおこり，ルメルトの多角化の分類研究が示したように，コングロマリット型の非関連多角化企業が台頭する。これらの企業は，M&Aの直後は業績が成長するものの，獲得後の効率的な管理ノウハウがない問題点を抱えていた。

そして，この時期は，戦後復興が軌道に乗り高度成長期に入った日本企業が，安価な製品によってアメリカ市場に輸出攻勢をかけていた時期でもある。事業を効率的に管理できなければ，この圧力に耐えることはできない。

このような社会状況の中で，M&Aで膨れ上がった事業のなかから，競争力を維持できる事業を残し，それ以外は切り捨てようという考え方が生じる。各社が選択と集中の範囲を模索する中で，それを見極める分析手法として生み出され，ひとつの定番となったものが，ボストン・コンサルティング・グループが開発した**PPM**[1]（Product Portfolio Management）である。

2 PPMの理論的な基礎

選択と集中の一番簡単な手法としては，事業ごとに売上やROI（投資収益性）などの利益率をみて，低いものを切り，高いものを残すというものが考えられる。しかし，**製品ライフサイクル**[2]にもとづけば，今儲からない事業だといって切り捨てると，将来性のある事業を失うことにもなりうる。PPMは，経営学における**経験効果**[3]と製品ライフサイクルの経験則を基礎とした以下の二つの指

▷1 **PPM**（Product Portfolio Management）
Productは「製品系列（事業）」，Portfolioは「資産等の組み合わせ」，PPMは「事業構成のマネジメント」を意味する。

▷2 **製品ライフサイクル**
製品市場の時間的な変化に関する経験則である。市場が立ち上がってすぐの段階では，売上が少なく，製品当たりのコストもかかり，収益性は低い。やがて市場が安定期に入ると，売上が大きくなり，製品当たりのコストも低下し，収益性が高まる（→ IV-9 ）。

▷3 **経験効果**
製品を生産すればするほど，コストが下がるという経験則である。身近な例として，たとえば携帯電話によるメール入力を挙げると，最初はキーの配置が判らず，時間がかかりミスも多い。しかし，メールの作成を繰り返すうちに，ボタン配置を覚え，素早く，ミスなく入力できる。また，日本語予測変換ソフトも学習し，最初から適切な変換候補が出てくるようになる。企業における生産においても，生産をすればするほど生産方法や設備の見直し・改善による効率化が進み，ミスなく高速で生産が可能となり，結果として低コストで生産できるようになる。

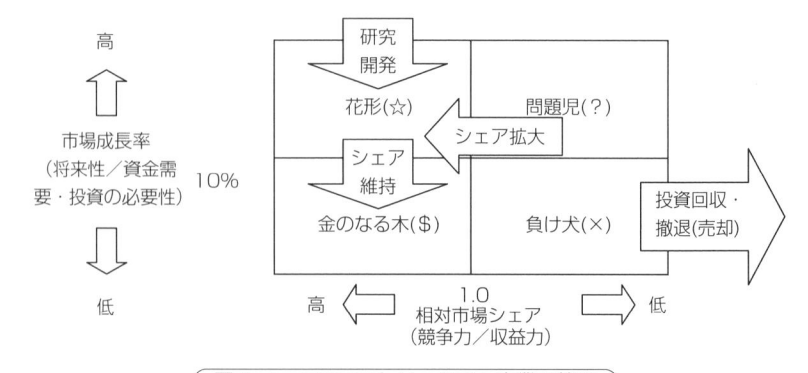

図II-1 PPMマトリックスと事業の管理

（出所）高橋（2006）p.63, 図2-5

標を用いて，企業の保有する各事業について，収益性に加え将来性について評価を行い，2×2のマトリックス上に分類する分析ツールである。

①収益性の指標：相対市場シェア

経験効果を前提とすると，市場シェアが高い企業ほど，より多くの製品を生産・販売でき，経験を積み，効率的な生産が可能になるため収益性が高まる。この生産量に応じた収益性の優位について，自社のシェアを最大のライバル企業のシェアで割った相対市場シェアを指標として用いる。業界一位で最も優位にあるときに1を上回るため，1を優劣の判別の境目とする。

②資金需要の指標：市場の成長率

製品ライフサイクルを前提とすると，成長市場は収益性が低いが，将来の収益性を考えると切り捨ててはならず，資金を投入して育てないとならない。一方，安定段階にはいった市場は，資金需要が少ない。この資金需要の必要性について，市場の成長率が10％より高いか低いかを判別の境目とする。

3 PPMにおける事業の評価と管理

PPMにおけるマトリックスの各セルの評価と管理の指針は，次のようになる。

①金のなる木（cash cow）：資金需要も低く，高い競争力があり，高い収益を生み出すことができる。ただし，将来の成長性も低いため，得られた資金を他の成長事業への投資に回す。

②負け犬（dog）：資金需要が低いが，競争力が低く，収益力は低い。将来の成長性により逆転する可能性も低いため，投資を抑えて売上を回収するか，他の企業に売却し，得られた資金を他の成長事業への投資に回す。

③花形（star）：高い競争力があり，市場が安定化して資金需要が低くなれば，将来の金のなる木になる。研究開発により他社に先駆けて事業を立ち上げ，花形事業とし，シェアを維持するために資金を投資する。

④問題児（question mark）：競争力が低く，そのままでは負け犬に転落する。しかし，市場は成長しており，この成長分を獲得できればシェアの逆転も可能である。逆転の可能性の低いものは投資を抑えて売上を回収するか売却し，可能性が高いものには資金を投資し，花形へと引き上げる。

4 PPMの問題点

PPMの実践は，事業の生き残りのための利益を捨てたシェア獲得行動を誘発しうる。また，製品ライフサイクルと経験効果の議論の単純化，**差別化戦略**や事業間のシナジーが考慮されていないといった問題点も指摘されており，企業はこれらの要素を考慮し，最終的な事業の選択をしなければならない。

(和田剛明)

◁4 自社のシェアが40％としたときに，他社が20％，15％，15％，10％だとしたら，40÷20＝2となる。他社が50％，10％だとしたら，40÷50＝0.8となる。

◁5 相対市場シェア，成長率ともに経験的にこの値に設定すると良いという一応の目安であり，これ以外の数字を用いる場合もある。

◁6 たとえば，市場シェアが低い負け犬事業が売却されるという指針が提示されると，事業部側ではこれを避けるために，シェアの増大のみを目的として，利益を捨てた低価格設定や高付加価値製品の投入をおこないうる。

◁7 製品ライフサイクルは経験的にそうなっているというものであり，すべての製品において成立すると保証されたものではない。いったん成長が止まった製品であっても，再び市場が成長に向かう脱成熟化が起こりうる。また，シェアが低い企業であっても，最新の設備を導入する，コスト削減に積極的に取り組むなどの努力をする企業は，シェアが高い企業より効率的な生産を実現していることがありうる。

◁8 **差別化戦略**
企業が同質的な競争をして価格を競っている場合は，シェアが収益性につながる。しかし，差別化戦略をとる企業は，シェアと収益性が連動しない。

参考文献

ボストン・コンサルティング・グループウェブサイト (http://www.bcg.co.jp/impact_expertise/topics/portfolio.aspx)

高橋伸夫（2006）『経営の再生：戦略の時代・組織の時代（第3版）』有斐閣.

Ⅱ 全社戦略論

2 企業ドメイン

1 企業ドメインとは

　1977年に日本電気（以下NEC）の小林宏治会長（当時）が国際電気通信大会で示した「C&C：Computer & Communication」，これは日本で最も知られている企業ドメインの筆頭であろう。自社の半導体技術を媒介としながら，コンピュータ技術と通信技術の二本柱を融合させていくという事業展開の方向性を示したものである。これによってNECは通信会社からコンピュータ・半導体会社へと成長を遂げた。

　このように，ドメインとは活動領域とか事業領域と呼ばれているものであり，企業などの組織が対象とする事業の範囲のことである。組織は環境の中で生きており，環境との相互作業を通じて存続を図り，発展している。従って，ドメインとはその組織が生存していくために選択した環境のある特定領域のことを指す。**コングロマリット**のようにどのような事業分野にも進出するという企業もあるが，一般的には多角化している企業であっても，その多くが限定されたドメイン＝事業ドメインを定義している。

　ドメインを定義する要件としては，①適度な広がりをもち，②将来の発展方向を視野に入れたものであり，③それとの関連で自社が形成すべき中核となる能力を規定し，④企業内外の人々の共感を得られる納得性を有する，ということが重要なポイントとして指摘されている（金井，1997）。

2 ドメインの定義

　前述のようにドメインが重要視されるのは，ドメインが現在の事業領域のみを指しているのではなく，将来手がけるかもしれない潜在的な事業領域をも示すものだからである。では，企業はどのようにドメインの設定を行うべきなのであろうか。

　この際，現在の製品に基づいてなされた事業領域の定義を物理的定義というが，これでは将来の成長の方向性を見いだすことができない。これに対し，製品や技術そのものではなく，その製品や技術がどのような機能を提供するのかといった視点に立って定義されたドメインのことを機能的定義という。これらの概念を提起したレビットは，製品や技術は結局陳腐化してしまうので，事業の定義は長期的に持続する市場のニーズに関連させる方がいいと主張した。レ

▶1　**コングロマリット**
全く異なる業種に多数参入し企業グループを形成している企業体のこと。

ビットは，アメリカの鉄道事業が陳腐化した理由を，事業を「輸送」手段の提供（＝機能的定義）ではなく，鉄道（＝物理的定義）と定義したからだと述べている。それまで独占利益を享受していた鉄道事業自体は斜陽産業であったが，もし自社の事業をヒトや貨物を輸送する手段と定義していれば，航空産業やトラック産業といったものへの多角化を考えることができたはずなのに，事業の定義を狭めたために衰退したといえる。このように事業の範囲を狭くとってしまうような失敗を，レビットは「マーケティング近視眼」と名づけている。

上記のように物理的定義では「近視眼的」と批判され，また機能的定義は実態としての顧客と技術を無視しているので具体的指針に欠けるという批判もあった。そこで，ドメインを定義するには市場と技術という2軸で規定する（伊丹・加護野, 2003）ことが必要であるという指摘がある。市場による軸でのドメイン定義とは，セグメントに分けた顧客に対する総合的なサービスを元にドメインの定義とすることである。また，技術によるドメイン定義は，企業の中核となるような技術を元にドメインを定義することである。

しかし，たとえば「メルセデスベンツ」のドメインを考えたときに，高所得者に対して高い自動車製造技術を用いた乗用車を提供するといったことだけではなく，安心感や洗練されたデザインといった二次的な機能によって顧客が特定製品を選択することもあるだろう。そこで顧客層，技術に加え，満足させるべき顧客のニーズである顧客機能という3次元によってドメインを規定する考え方もある。

3 ドメインの再定義

しかも，ドメインの定義は一度決めたらそのままでよい，というような静的なものではない。ドメイン自体，企業の内部環境と外部環境との相互作用に応じて動的に変化するものなので，外部環境が変化すればドメインの再定義は避けることはできないといえるだろう。その際，ドメインが事業展開の推進力として機能するためには，組織メンバーや社会との相互作用の中でドメインについての**コンセンサス**が形成される必要がある。

このドメインの再定義においても，顧客層，顧客機能，技術の各次元に沿って，「広がり」と「差別化」をどのように規定するかが，再定義のどの戦略を選択するかを決定することになる。この点，榊原（1992）はドメインの「広がり」に着目し，ドメインを構成する重要な次元として，①空間の広がり：狭い対広い，②時間の広がり：静的対動的，③意味の広がり：特殊的対一般的，という三つの要素で捉えている。榊原は，これらのドメインの範囲が広がりすぎることとの危険性も指摘している。長期的な存続と成長を可能にする優れたドメインは，基本的に上記の三つの次元それぞれがある程度の広がりをもち，その発展性を内包しているといえる。

（中野剛治）

▷2 **コンセンサス**
意見の一致を図ることを指す。合意形成。

参考文献
伊丹敬之・加護野忠男（2003）『ゼミナール経営学入門（第3版）』日本経済新聞社.
榊原清則（1992）『企業ドメインの戦略論：構想の大きな会社とは』中央公論社.
金井一頼（1997）「事業領域の定義」大滝精一・金井一頼・山田英夫・岩田智『経営戦略：創造性と社会性の追求』有斐閣.

Ⅱ　全社戦略論

3　バリューチェーン（価値連鎖）

1　バリューチェーンとは何か

　企業における範囲の経済（→Ⅰ-4）を活用するため，ポーターは単一事業の活動を分析するツールとしてバリューチェーン（価値連鎖）という概念を提示した。バリューチェーンとは，製品の設計，製造，販売，流通，支援サービスといった企業の全ての機能を個別の活動に分割し，どの部分で付加価値が生み出されているのかを分析するものである。分けられた各活動は，それぞれ固有のコスト決定要因をもち，また顧客の異なるニーズを充足させるために役立つとされる。

　たとえば，同一業界の企業でも，ソニーとパナソニックでは異なる価値連鎖をもっているといえる。これが，製品の違いや販売店政策の違い，新興国市場への展開の違いといったところに表れているのである。その意味で，バリューチェーンの適切な水準は，一つの特定業界（事業単位）における会社の活動といえる。そして競合企業のバリューチェーンの違いこそ，それぞれの企業の競争優位の源泉となるのである。

　また，ポーターはバリューチェーンの活動を，製品やサービスの生産や顧客への提供に直接かかわる活動である主活動と，主活動を運営していくのに不可欠な間接的機能である支援活動に区別している。ポーターは企業の主活動として，原材料・部品などの購買物流，製造，出荷物流，販売・マーケティング，

支援活動	全般管理					マージン
		人事・労務管理				
		技術開発				
		調達				
	購買物流	製造	出荷物流	販売・マーケティング	サービス	マージン

主活動

図Ⅱ-2　バリューチェーンの基本形

（出所）　ポーター（1985＝1985）

II-3　バリューチェーン（価値連鎖）

アフターサービスに分類している。また，支援活動として，**全般管理**▷1，人事・労務管理，調達，研究開発を挙げている。

　このうち，主活動と支援活動の種類には，それぞれ三つの活動タイプがある。まず，買い手のための価値創造に直接関与する活動のことを「直接的活動」と呼ぶ。これは，**アセンブリー**▷2やパーツの製造，広告や製品設計，といったものである。また，直接的活動が継続して行われるように横から支える活動を「間接的活動」と呼ぶ。メンテナンスや日程の作成，セールスマンの販売記録の作成などがこれにあたる。さらに，監視，検査，試験，点検といった他の活動の質を保証する活動である「活動の質の保証」がある。

　これらバリューチェーンを用いて潜在的な範囲の経済を評価するためには，2事業，あるいは2セグメントのバリューチェーン内の全ての活動を列挙する必要がある。これによって，範囲の経済を実現することが可能な類似した活動が何かを正確に知ることができるのである。

② バリューチェーンの例

　バリューチェーンの概念は何も製造業のみに適応するものではない。たとえば高級ホテルチェーンであるリッツ・カールトン・ホテルのバリューチェーンを考えてみることにしよう（コトラー・アームストロング，2001＝2003）。

　リッツ・カールトン・ホテルの目標は "a truly memorable experience"（きわめて思い出深い経験）を提供することである。そのために，たとえばマーケターは調査を行って顧客のニーズを把握し，そのニーズを満たすためのサービスを考案し，広告を展開して利用客にサービスの内容やホテルの所在地を知らせるのである。

　しかしそれだけでは「きわめて思い出深い経験」は実現できない。客室清掃係や管理の担当者はホテル内をきちんと整え，最適に作動するよう手配し，客室の清潔さや機能といった顧客の厳しい要求水準を満たさなければならないし，人事部は心のこもった応対のできる従業員を雇い，顧客の些細な要望も見逃さないよう動機付けしている。リッツ・カールトンの従業員は利用客を一人ひとりの個人として扱うので，可能な場合には常に利用客を名前で呼び，日々それぞれの利用客を温かく歓迎する。それを実現するため，インフォメーション・システム部門は膨大な顧客のデータベースを管理し，そのデータベースはリッツ・チェーンのどのホテルからもアクセス可能となっている。

　実際には，リッツ・カールトンにおけるさまざまな部門の活動がうまく連携されることによって，顧客への価値を生み出しているのだが，これをそれぞれの部門でどのように価値が作り出されているか，そのためにどれだけのコストがかかっているのかを分析することの出来るツールとして，バリューチェーンが提示されたのである。

（中野剛治）

▷1　**全般管理**
総括管理，財務，放棄対策，資金計画，戦略計画等，個々の主活動や支援活動以外の，企業全体の管理のための活動である。

▷2　**アセンブリー**
組みたてのこと。

参考文献

P. コトラー・G. アームストロング（2001＝2003）『マーケティング原理（第9版）』和田充夫監訳，ダイヤモンド社．
M.E. ポーター（1985＝1985）『競争優位の戦略：いかに高業績を持続させるか』土岐坤・中辻萬治・小野寺武夫訳，ダイヤモンド社．

II 全社戦略論

4 垂直的な事業範囲の選択/make or buy

1 垂直的な事業範囲の選択

　原材料の生産，製造，販売という一連の活動において，企業の事業範囲を拡大することを**垂直統合**と呼ぶ。歴史的には，20世紀初頭にフォードが大量生産方式を確立し，一貫生産工場でT型フォードを量産し，自動車の普及に成功したケースが有名である。また，1980年代に国際競争力を誇った日本企業は，垂直統合型企業であり，内部での活動の調整・最適化をすることで品質とコスト面での競争力を高めるとともに，コア・コンピタンスを社内に抱え込むことに成功していた。アンゾフが成長の戦略として垂直統合を挙げたように，垂直統合の範囲を広げることが，競争力強化の選択肢であると考えられていた。

　しかし，1990年代なかごろになると，ウィンドウズパソコンのようなIT製品において，アメリカ企業が高い国際競争力を示すようになる。また，韓国や中国メーカーが，日本企業が強かった家電製品のシェアを切り崩すようになる。ここにおいて，日本企業の従来の成長パターンが通用しなくなったという論調が現れる。これと時を同じくして，1990年代には，ヘンダーソンとクラーク (Henderson & Clark, 1990) が後述する**製品アーキテクチャ**の概念を確立し，活発に議論されるようになっていた。この製品アーキテクチャに照らすと，日本企業が劣位になったのは，モジュラー型の製品アーキテクチャで，かつ**水平分業型**の産業構造をもつ製品であるという傾向が見えてくるようになった。ここにおいて，企業は製品アーキテクチャに応じて，戦略的に垂直的な事業範囲を選択するべきだと議論されるようになる。

▷1　**垂直統合**
多くの原材料が集まって，ひとつの製品となり，消費者に届くまでの活動を川の水が海に注ぐイメージで捉えれば，高いところから低いところへ垂直的に移動する活動の流れであり，活動の範囲を広げることが垂直統合となる。パソコンメーカーがインターネット販売に進出するように，企業が顧客側へと活動を広げることは，川の流れにおいて前方・川下への展開になるため，前方統合または川下統合と呼ばれる。逆に，原材料側への活動展開は，後方統合または川上統合と呼ばれる。

▷2　アンゾフの成長ベクトルに垂直方向の第3軸を加えたアーカー（1984）も，川上か川下への垂直統合範囲の拡大のみを，成長戦略として扱っている。

▷3　**製品アーキテクチャ**
設計思想などと訳され，製品をどのような部品で構成し，部品間の結合のルールを，どうするか，製品の構造に関する取り決め・あり方である（VI-5 も参照のこと）。

▷4　**水平分業型**
製品に必要な部品を一社が作るのではなく，複数の企業がそれぞれつくるパターンを水平分業と呼ぶ。川の流れにおいて，途中で合流して一つの川となる前に，

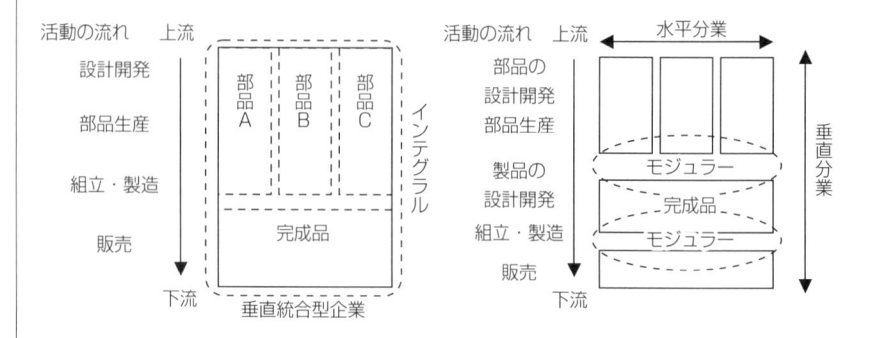

図II-3　垂直統合型企業と水平分業・垂直分業

2 垂直的な事業範囲の選択

　垂直的な事業範囲の選択のなかで，部品を内製するか，外部から購入（外部調達）するかが，make or buy の意思決定である。企業は，以下に解説する内製のメリット・デメリット，外部調達のメリット・デメリットを勘案し，垂直的な事業の範囲を設定することになる。

①内製のメリット

　自動車という製品について考えてみよう。トヨタのエンジン，ホンダのボディ，日産のブレーキ……というように，部品ごとにバラバラに買ってきて，これを組み立てて使う消費者は（自動車部など，一部の人間を別として）いない。自動車は，安全性，燃費，乗り心地などにおいて，高い品質が求められる。これを実現するには，開発において各部分の調整を行い，製造において間違いなく組み立てることが必要である。このように開発や生産において，高い水準の調整，そのためのコミュニケーションが求められる製品を，製品アーキテクチャの議論では，インテグラル型（統合型または擦りあわせ型）の製品と呼ぶ。インテグラル型の製品においては，内製を選択し，垂直的な活動の流れを内部化することにより，活動相互を調整・最適化することが可能となり，付加価値の増加や，コストダウンを実現することができる。

　そして，内部化した活動において，技術やノウハウを蓄積し，組織能力を鍛えれば，コア・コンピタンスとすることができる。ただし，すべてを内部で完結させようとすると，企業内の技術にできるビジネスが制約される，部品製造において社内需要が上限となり規模の経済性が追求できず，簡単にリストラは出来ないため需給変動への対応力は弱くなる，といった弱みも抱える。

②外製のメリット

　自動車のようなインテグラルな製品に対し，パソコンとその周辺機器においては，任意のメーカーのパソコン，モニター，プリンターを組み合わせて使える。通販でパソコンセットを販売するビジネスにおいては，それぞれ品質・価格において優れたものを組み合わせることで，魅力的なセットが提供できる。このように，自由に組み合わせられる特性をもった製品を，製品アーキテクチャの議論では，モジュラー型（組み合わせ型）の製品と呼ぶ。

　モジュラーな製品においては，外部からの購入を選択することで，必要に応じて，品質・コストにおいて優れた部品を市場から調達し，これを組み合わせることで，付加価値の増加や，コストダウンを実現することができる。また，量的変動にも対応しやすくなる。一方，情報の乏しい取引相手から購入するため，たとえばネットオークションで不良品をつかまされるように，相手が不誠実な取引をするリスクを抱える。また，ライバルも同じ部品を買って対抗してくると，差別化が困難になる。

（和田剛明）

複数の支流が横並びで流れているイメージで捉えると，それぞれの川は水平的に分かれていることになる。たとえば，パソコンではCPUをインテル，OSをマイクロソフトというように部品メーカーがそれぞれつくった部品を，Dell やNEC，ソニーなどの完成品メーカーが組み合わせ，製品としている。

参考文献

D.A. アーカー（1984＝1986）『戦略市場経営：戦略をどう開発し評価し実行するか』野中郁次郎・石井淳蔵・北洞忠宏・嶋口充輝訳，ダイヤモンド社.
Henderson, R. & K.B. Clark (1990) "Architectural innovation: The reconfiguration of existing product technologies and the failure of established firms," *Administrative Science Quarterly*, 35, pp.9-30.

II 全社戦略論

5 事業システム戦略

1 垂直的な企業間協調

　序章で解説されたように，企業は境界，仕切りの概念であり，事業活動とその組織的な管理は，企業の範囲を超えて行い得る。垂直的活動における統合化のメリットを得るためには，必ずしも事業の垂直統合範囲を拡大する必要はなく，協調できる取引相手との超企業・組織によって対応することも選択肢となる。

　製品の流通チャネルを主たる研究対象の一つとしてきたマーケティング論においては，超企業・組織による，生産・販売の統合的な管理の理論が発展し，1970年代には垂直的マーケティング・システム（VMS），1980年代には**サプライチェーン・マネジメント（SCM）**[1]の体系が作られていった。

　戦略論においては，サプライヤーおよび顧客は，当初，ポーター（1979＝2010）のファイブ・フォース・モデルにおいて，脅威をもたらす敵対的な存在として位置づけられた。しかし，のちにポーター（1985＝1985）はバリューチェーン（⇒II-3）の着想を得て，活動間の連携が差別化やコストダウンの源泉となることに注目する。そして，垂直関係にある企業のバリューチェーンの連結においても，活動を連携することで差別化やコストダウンを実現し，Win-Win の関係が築けると指摘した。

　一方，1980年代は，戦略論においてリソース・ベースド・ビュー（RBV）の議論が発展した時期でもある。RBV は，模倣困難な競争優位についての理論を提示したが，それをもたらす資源蓄積の範囲は，企業の内部とされていた。

　垂直的な企業活動の連携がもたらす優位に着目し，かつ，RBV における資源の蓄積範囲を拡張・統合し，企業間の活動連携の能力が，コア・コンピタンスとなると指摘したのが，加護野の事業システムの議論である。

2 事業システムによる競争優位

　加護野は，加護野・石井（1991）において，日本の酒類流通の研究をとおし，企業が垂直的活動においてどの範囲を担当し，どの活動を任せるかという企業の境界と，企業間で統合的な活動をする組織的な管理の範囲が，歴史的に変遷していることに注目し，これを事業システム（ビジネス・システム）と名づけた。そして，異なる事業システムは異なる競争力をもち，企業間のみならず，事業

▷1　サプライチェーン・マネジメント（SCM）
部品メーカー，組立メーカー，流通企業，小売といった生産・流通に携わる企業の間で，インターネットやパソコンなどを活用して，生産や在庫の状況の情報をリアルタイムで共有し，必要なものが必要なときに届くようにする管理を行い，効率化を目指すもの。事業システム戦略の中の，生産および流通における議論と重なるが，事業戦略ではさらに開発活動まで含めたより広い活動における分業・協力のシステムについて議論する。

システム間での競争が起こることを指摘した。

　前節では，インテグラル型の製品アーキテクチャの製品は，内製を選択し，内部で活動を調整する必要があるとした。しかし，任せるに足る能力をもった相手と，活動調整のルール，信頼関係を構築することで，組織として摺り合わせ的な活動を行い得る。このような関係は，長期の取引を繰り返す中で時間をかけて育まれるものであり，金をいくら積んだとしても，一朝一夕で手に入るものではなく，経路依存的に蓄積され，模倣困難な資源と考えられる。加護野は，つづく伊丹・加護野（1993）においてRBVの視点を取り入れ，事業システムは持続的な競争優位の源泉であり，戦略的なマネジメント対象であると位置づけた。

3 事業システム戦略

　企業は現状の事業システムの分析をもとに，これを活かして顧客にどのような価値を提供できるのか，ライバル企業の事業システムに対してどう差別化するのか，新たな事業コンセプトの創造を行うことになる。

　加護野と井上（2004）は，事業システムが価値を創造するプロセスについて，事業システムを，①市場から情報を収集する「情報システム」，②情報分析・意思決定を行う「内部企業システム」，③市場への対応行動を行う「企業間取引システム」の三つのサブシステムに分けて説明している。

　たとえば，コンビニエンスストアが商品を販売するまでのプロセスには，企業としては，商品を作るメーカー，コンビニ本部，フランチャイズ店がかかわっている。これらの企業が，「消費者が欲しいときに欲しいものを販売する」という活動のために連携している。フランチャイズ店についてみると，①レジで精算をするのと同時に，いつ，何が売れたかという販売情報として集計する。②この情報をもとに，売れそうな製品を仕入れ，売れなくなった製品の仕入れを取りやめる意思決定を行う。③そして，電子発注システムで本部に発注をかけ，本部の物流センターから商品が補充される。もし，このような一連の活動の流れがなく，メーカーが勝手に生産計画を立て，コンビニ本部は店舗売上を見ずに在庫量を決定していたら，欠品が起こる，または在庫の積み過ぎで在庫コスト分商品価格が上がるといった事態になるだろう。▷2

　加護野と井上（2004）は，このサブシステムは，あるサブシステムの変化が，他のサブシステムの変革の契機となるということを交互にくりかえし，進化していくとしている。▷3

　企業は，事業コンセプトを創造する際に，各サブシステムの進化を促し，コア・コンピタンスたる事業システムを強化する視点を持つことも求められる。日本の自動車メーカーとサプライヤー間の事業システム（→Ⅱ-コラム）は，進化する事業システムの例である。

（和田剛明）

▷2　このような需給量の情報共有以外にも，たとえば小売店は顧客と接するなかで，何が欲しい，何に不満があるといった情報を蓄積している。この情報をメーカーの製品開発部門まで素早くフィードバックすることで，商品力を高めるといったパターンも考えられる。

▷3　たとえば，「高度な情報収集システムを構築することで，高度な意思決定をおこなうことができる」，「高度な意思決定を活かすには，企業間取引関係の調整・再編が必要になる」，「企業間関係の再編をしたら，情報収集システムを再編しないとならない」といったことが考えられる。

参考文献

M.E. ポーター（1979＝2010）「競争の戦略：五つの要因が競争を支配する」DIAMONDハーバード・ビジネス・レビュー編集部『戦略論1957-1993』ダイヤモンド社.

M.E. ポーター（1985＝1985）『競争優位の戦略：いかに高業績を持続させるか』土岐坤・中江萬治・小野寺武夫訳，ダイヤモンド社.

加護野忠男・石井淳蔵編（1991）『伝統と革新：酒類産業におけるビジネス・システムの変貌』千倉書房.

伊丹敬之・加護野忠男（1993）『ゼミナール経営学入門（第2版）』日本経済新聞社.

井上達彦（1998）『情報技術と事業システムの進化』白桃書房.

加護野忠男・井上達彦（2004）『事業システム戦略：事業の仕組みと競争優位』有斐閣.

II 全社戦略論

6 統合化の優位

1 顧客の要求が厳しい製品や先端製品における統合型企業の優位

　1990年代初頭に起こった日本のバブルの崩壊は、日本的な企業経営に対する自信の喪失と、競合力への懐疑の念を生んだ。同時期に、IT・ハイテク産業においてアメリカ企業が競争力を誇り、家電産業においては中国企業が安価な製品の組み立てにより競争力を高めた。これらの企業はモジュラー・アーキテクチャの製品において、水平分業や垂直分業を選択することを競争力の源泉としていた。このようななかで、「日本的な統合型企業は時代遅れだ」という議論も、一部でなされるようになる。しかし、自動車産業では依然として統合型の日本メーカーが高い競争力をもち続けているし、家電製品において、DVD、Blu-rayといった新規格を打ち出したのは、統合型の日本家電メーカーである。結局のところ、統合型が有利な製品と不利な製品があり、統合型企業への悲観は、この後者のみをみて過剰反応した極論といえよう。

　たとえば、自動車は安全性、燃費、乗り心地といった性能に関して、消費者は常に高い水準を求める。このような製品では、要求に応えるために製品全体でのつくりこみを続けることが求められ、統合型企業が適切な選択肢となる。また、顧客の要求水準の上昇が緩やかな場合であっても、製品市場を立ち上げるようなイノベーションは、製品全体についての知識が不可欠であり、統合型企業でないと困難である。

2 統合化のメリットとデメリット

　アーカー（1984＝1986）は、企業は垂直統合のメリットとデメリットを考慮して、垂直統合をするかどうかの戦略的選択をするべきだとしている。アーカーの指摘や、藤本（2004）の製品アーキテクチャと統合型ものづくり能力の適合の議論などをもとに、統合化のメリットとデメリットをまとめると以下のようになる。

　○統合化のメリット
・設計から生産、販売にいたる活動の流れをすりあわせ、全体での改善・効率化ができる。
・各種活動を調整し問題解決をするなかで、組織能力が強化される。蓄積されたノウハウや技術をコア・コンピタンスとして、他社の製品に対して高い品

質を実現できる。
- 製品全体に関する深い理解をもとに，製品のアーキテクチャを変えるような，大きなイノベーションをおこなうことができる（→Ⅵ-9）。
- 上流または下流の活動を内部化することで，中間マージンを取り込める。
- 原材料・部品製造を内製することで，信頼できる品質の部品が安定して利用できる。市場取引における，**取引コスト**を抑えることができる。

○**統合化のデメリット**
- 顧客の要求品質水準の上昇が緩やかな製品において，製品のモジュラー化が進み，部品の開発・生産に特化して大規模投資と大量生産をおこなう部品メーカーが登場すると，これらの部品を必要に応じて調達して組み合わせるだけで，消費者の要求品質を充分に満たす製品を実現できるようになる。こうなると，統合化によって実現した品質は過剰品質として評価されず，競争においては価格のみが重視されるコモディティ化が起こる。コモディティ化が起こった製品市場では，一般に汎用品を調達・使用するモジュラー型の製品の方がコスト競争力を持つため，統合型企業は劣位となる。
- 部品製造部門にとって，社内の製造部門が必ず引き取ってくれるという保証があるため，コスト削減や品質向上をしようという意欲をそぐ恐れがある。

③ コモディティへの転落の防止

　製品の技術革新が進むと，小型化や統合化による製品構造の整理が進み，モジュール型アーキテクチャへのシフトが進む。このモジュール化が進展すると，モジュールを外部から購入して組み合わせるだけでも，それなりの製品ができるようになる。

　たとえばCDプレイヤー，DVDプレイヤーにおいて，当初日本の家電メーカーが強かったのが，やがて中国メーカーが安くて「悪くない」品質を実現し，台頭してきた。このように一部の製品においては，技術革新が進むと，汎用部品を組み合わせるだけで満足いく機能をもつ家電製品を作れるようになる。クリステンセンとレイナー（2003＝2003）は，日本企業は統合的に製品を作りこみ過ぎ，過剰品質となり，汎用品を組み合わせて作った手ごろな価格で「妥当な」品質の製品に対して競争力を失う傾向にあると指摘している。

　統合型企業であり，技術やノウハウを蓄積している企業であれば，これをメリットとして活用できるよう，消費者に品質や価値をアピールし，高い品質を求めるように意識を変え，コモディティ化を防ぐことが，競争力の維持のための戦略となる。このための方法のひとつとして，意味的価値の訴求が挙げられる（→Ⅵ-コラム）。

（和田剛明）

▷1　たとえば，新宅（1994）では，セイコーエプソンが機械式ウオッチの一貫生産をしており，製品に対する深い理解能力（comprehensibility）があったため，クオーツ式ウオッチを開発することができた。この一方で，水平分業が進んでいたスイスのウオッチ・メーカーは，クオーツ式ウオッチへの対応が遅れたことを指摘している。
▷2　たとえば，ユニクロは製販一貫により中間マージンを削減し，競争的な価格設定を行っている。
▷3　**取引コスト**
市場から調達する際には，品質，コストにおいて望む条件を満たす製品を供給できる相手を探し，信用できる相手かどうか確認し，自分が不利にならないよう契約条件を吟味するといった，時間的，金銭的なコストが発生する。これらの市場取引に伴うコストを，取引コストと呼ぶ。

参考文献
D.A. アーカー（1984＝1986）『戦略市場経営：戦略をどう開発し評価し実行するか』野中郁次郎・石井淳蔵・北洞忠宏・嶋口充輝訳，ダイヤモンド社.
新宅純二郎（1994）『日本企業の競争戦略：成熟産業の技術転換と企業行動』有斐閣.
C.M. クリステンセン・M.E. レイナー（2003＝2003）『イノベーションへの解：利益ある成長に向けて』玉田俊平太監修，櫻井祐子訳，翔泳社.
藤本隆宏（2004）『日本のもの造り哲学』日本経済新聞社.

II 全社戦略論

7 オープン・モジュラー化の優位

① 製品アーキテクチャのシフトとオープン・モジュラー化の優位性

　1980年代に国際競争力を誇っていた日本企業に代わり，1990年代になるとアメリカ，韓国，中国企業が，オープン・モジュラー型の製品アーキテクチャをもつ製品において，水平分業型や垂直分業型の事業システムによって競争力を高めた。一般に，製品のドミナント・デザイン（→Ⅶ-2）が登場したのち，時間が経過するとともに製品の構造についての理解と整理が進み，社内モジュールに切り分けられたモジュラー・アーキテクチャへと転換する。やがて，大量生産によるコスト競争力の強化をめざして，モジュールや生産設備の外販が始まり，これらが豊富に供給されるようになることで，モジュールや生産設備を購入して生産に参入できるようになり，オープン・モジュラー・アーキテクチャへとシフトしていくとされる（→Ⅵ-9）。

　オープン・モジュラー・アーキテクチャの製品は，クローズド・インテグラル・アーキテクチャの製品に対し，以下の点で優位性をもつ。

　まず，モジュラー化のメリットについて説明すると，小数のモジュールを組み合わせることで，消費者のニーズに対するバラエティを実現することができるようになる。これにより，開発の負荷が軽減され，モジュールの生産においては規模の生産性が高まる。

　さらにオープン化が進み，モジュール部品や生産設備の開発・生産に特化した企業が存在するようになれば，製品イノベーションや設備投資が活発に行われ，量産により規模の経済性が高まる。これらの先端の部品や生産設備を用いて作られた製品は，品質，コスト面で，一社のみのイノベーションに頼る統合型企業よりも，競争力が高まることになる。

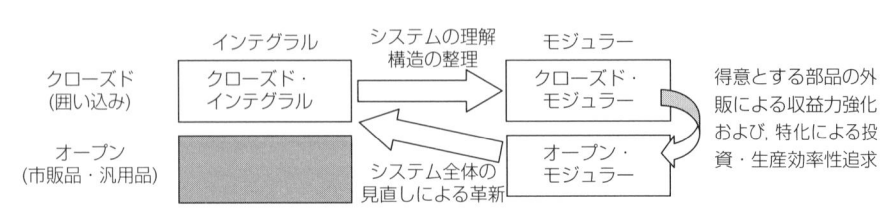

▷1　製品に対する顧客の要求水準が高く，ドミナント・デザインが決定したのちも，製品イノベーションを継続することが求められる製品においては，インテグラル・アーキテクチャが維持されうる。

▷2　身近な例で説明すれば，ワンピースドレスやつなぎ服は，5着持っていたとして5通りのコーディネートのパターンしかない。これに対し，上下別々に5着ずつ持っていれば，組み合わせで5×5＝25通りのコーディネートのパターンがあることになる。このように，全体がパーツに分解され，組み合わせられる構造になっているモジュラー製品では，少ない基本パーツで多くのバラエティを実現できるようになる。

▷3　オープン・モジュラー・アーキテクチャのもとでのイノベーションについては→Ⅶ-9。

図Ⅱ-4　オープン・モジュラー・アーキテクチャへのシフト

2 オープン・モジュラー化のもとでの企業の優位の消失

　ここで注意しなければならないのは、オープン・モジュラー・アーキテクチャ製品は、製品全体での優位をもっているが、これに携わる企業に高い業績を約束しているわけではないことである。

①組立メーカーの優位の消失

　モジュール部品や汎用生産設備として市販されているものを買ってきて、組み立てをおこなうことは参入障壁が低く、また、製品の差別化が困難である。◀4

②モジュール部品メーカーの優位の消失

　モジュール部品は、組立メーカーにとって切り替えが容易な製品である。同じモジュール部品を販売する部品メーカーが2社以上存在し、互いに同程度の技術力を持っているとすると、組立メーカーは安い方の製品の購入に切り替えるため、価格競争が激しくなり、収益化が難しくなる。◀5

3 オープン・モジュラー化のもとで優位を獲得するには

　オープン・モジュラー化が起こるという環境変化に対し、企業は自社の優位を維持できるように、戦略的に対応しないとならない。組立メーカーおよび部品メーカーは、以下に挙げる方策によって競争力の確保を目指すことになる。

①規模の経済性：他社を圧倒的に上回る生産を行い、設備の稼働率を高めるとともに、間接費に関する規模の経済性を高め、コスト優位を構築する。

②積極的な投資：設備の更新スピードを高め、最新の設備で生産することにより、高効率生産を目指す。部品メーカーであれば、技術開発投資を積極的に行い、他社より先んじた製品を投入する。

③サービスでの差別化：数量や納期、カスタマイズに関する顧客の要求に応え、アフターサービスを強化するなどにより、他社との差別化を目指す。

④ブランドの構築：広告・宣伝活動の強化などによって、製品ブランドを高め、他社製品との差別化を目指す。◀6

4 アーキテクチャの逆シフトへの対応

　製品アーキテクチャがいったんオープン・モジュラー化したとしても、製品全体のパフォーマンスを高めるイノベーションが必要になると、再びインテグラル・アーキテクチャへの逆シフトが起こる（→Ⅵ-9）。これに備えるには、自社のビジネスが部品や組み立てのみであっても、製品を構成するひととおりの部品の生産を行い、製品システムに関する知識を蓄積しておかなければならない。◀7

（和田剛明）

▶4　中国メーカーは、安い労働力を活かしてモジュール部品を組み立てることで、統合型の日本企業に対して優位を発揮している。しかし、中国メーカー同士の間では熾烈な競争があり、儲けることが難しいのも実情である。

▶5　たとえば、クオーツ・ウオッチのモータ、制御装置などをセットとした駆動体（ムーブメント）は、日本のウオッチ・メーカーのシチズンとセイコーがモジュール部品として提供している。両者は互いに高い技術を持っているがゆえに、高品質でありながら価格競争に陥り、急激な価格低下に直面している。

▶6　たとえば、パソコン部品のCPUメーカーであるインテルは、「インテル入ってる（Intel inside）」を合言葉にしたTVCMをおこない、ブランド構築をおこなっている。

▶7　中川（2008）は、ハードディスクの磁気ヘッドという部品の製造事業を手掛けているTDKが、自社で生産しないハードディスクの他の部品に関する技術蓄積をしていることで、アーキテクチャの変化に左右されず、常に高い競争力を維持していることを指摘している。

参考文献

中川功一（2008）「システミック・イノベーションに対するコンポーネントメーカーの事業戦略」『一橋ビジネスレビュー』56（2）．

Ⅱ　全社戦略論

8　デファクト・スタンダード獲得における協調の戦略

1　デファクト・スタンダード獲得の重要性と戦略研究の発展

ネットワーク外部性▷1が発生する製品・サービスでは，広く使われている製品の魅力が高まり，さらに使われるようになるという循環により▷2，特定の製品・サービスに人気が集中することになる。この結果，市場において他を圧倒するシェアを占めるようになった製品・サービスや**規格**▷3を，デファクト・スタンダード（事実上の業界標準）と呼ぶ。

デファクト・スタンダードの地位を争う競争において勝利するか，敗北するかは，企業の業績に大きな影響をおよぼす。1980年代に入り，パソコン，CDやVTRといったAV製品など，デファクト・スタンダード競争が発生する製品市場が成長するようになると，欧米において，デファクト・スタンダードの決定プロセスや，勝利のための戦略の研究がはじまる。

1990年代に入ると，今度は日本において，パソコン，OS，通信システム，CADソフトといった，さまざまなIT関連製品において，国際的な業界標準獲得の競争力の低さが問題視されるようになる。2000年代には，日本企業の標準は国内でのみでしか通用しない，「ガラパゴス化」していると揶揄される。この状態を脱却するべく，国際的な業界標準を獲得した欧米企業を研究するなかで，後述のコンセンサス標準の重要性が注目されるようになる。

2　デファクト・スタンダード獲得のための業界内での企業間協調

デファクト・スタンダードを獲得することができれば，製品・サービスの売上や，規格に関する特許料収入によって，大きな利益を手にすることが可能となる。しかし，1社単独の規格でデファクト・スタンダードを獲得し，その利益を独占しようとすることは，非常に困難を極める。

現在では，技術の高度化・複雑化が進んでおり，新たな製品・サービスや規格を開発するために必要となる技術は多岐に渡り，研究開発に長い期間と莫大な投資が必要となる。そして，デファクト・スタンダードの獲得による大きな利益は，ライバルも惹きつける。開発における困難を乗り越え，市場化に成功したとしても，多くのライバルを打ち破り，唯一の勝者の座を勝ち取ることができなければ，これまでの努力と投資が水泡に帰すという，非常に大きなリスクを冒さなければならない。

▷1　**ネットワーク外部性**
製品自体の品質・機能とは別に，「みんなが持っている，使っている」ことによって生じる価値のことであり，直接効果と間接効果がある。ネットワーク外部性の直接効果は，ユーザー間のコミュニケーションによって発生する価値である。一方，ネットワーク外部性の間接効果は，製品とセットで用いる補完財によって発生する価値である。

▷2　直接効果による循環強化の事例としては，SNS（ソーシャル・ネットワーキング・サービス）における競争が挙げられる。多くのユーザーが利用しているサービスのほうが，多くのコミュニケーション機会が得られるため，人が集まるという循環によって，mixiがデファクト・スタンダードとなっている。
間接効果による循環強化の事例としては，ハリウッドの映画会社がBlu-ray規格に対応した映像ソフトを出すと，HD-DVD規格に対してBlu-ray規格の魅力が高まり，Blu-ray規格が普及するとソフトを出す企業が集まるという循環が挙げられる。

▷3　**規格**
製品・サービスに関する形状やデータのやり取りの仕方などを定めた，技術的な取り決めである。

このリスクを軽減し，デファクト・スタンダードの地位を獲得する確率を高めるためにはどうするべきか。そのための戦略が，市場が立ち上がる前に業界標準の獲得を目指す企業がコンソーシアム（企業連合）を形成し，協調して開発をおこなう，コンセンサス標準戦略である。コンソーシアムを形成することは，業界標準の獲得による利益を分け合うことになり，利益の独占という面ではマイナスに働く。しかし，参加各社がクロスライセンスを結び，得意とする技術をもち寄ることで，開発コストの低減と，開発期間の短縮が可能となり，高い性能が実現できる。そして，各社が一斉に販売することにより迅速な市場導入がおこなえ，売れたものがより売れる循環に乗って，デファクト・スタンダードの地位を獲得する可能性が高まる。極限的には，全社が一つのコンソーシアムのもとに集結すれば，競争が回避できることになる。

③ 企業の資源とデファクト・スタンダード獲得のための企業間協調

　ネットワーク外部性の間接効果を考慮したときに，自社のみで補完財を供給するよりも，多数の企業が補完財を供給するほうが，デファクト・スタンダードの獲得において優位となる。このために，製品システムの一部をモジュラー化し，技術をオープンにして補完財供給業者が自由に参入できるようにすることで，協調して業界標準の獲得へと動く「味方」を集めることも，戦略的な選択肢となる。▷4 どこまで技術を公開するべきか，どこまで利益を独占できるのかについて，淺羽（1995）は，企業の保有する資源（協力者の必要性）と，市場地位（利益の独占可能性）によって，以下の4パターンの戦略的選択肢を提示している。

　まず，企業が製品に関する技術，市場全体に独占的に供給できる生産能力を備えているならば，製品に関わる技術を非公開とし，自社のみで部品から完成品までを供給して利益を独占する完全クローズド・ポリシーが選択肢となる。

　これに対し，企業が製品全般に関する技術をもちつつも，供給能力が不足している場合は，仕様をオープンに公開して他社と協調して製品を供給することでデファクト・スタンダードを抑え，自社は部品から完成品までの統合的に生産をする準オープン・ポリシーが選択肢となる。たとえば，VHS がこれに該当する。

　企業が補完財などの技術は不足しているものの，供給能力は備えている場合，プラットフォームに関する技術を自社がおさえ，独占的に供給し，一方で補完部品の技術を公開し，自由に参入できるようにする準クローズド・ポリシーが選択肢となる。たとえば，家庭用ゲーム機がこれに該当する。

　もしも，企業が限られた技術しか持たず，供給体制も乏しいなら，全部品をオープン・モジュラー化し，自社は得意を活かせる部品に特化して生産する完全オープン・モジュラー化が選択肢となる。

（和田剛明）

▷4　たとえば，家庭用ゲーム機におけるソフトとハードの分離，オープン化が挙げられる。最初期の家庭用テレビゲーム機である「オデッセイ」は，ハードとソフトが一体となっており，あらかじめ内蔵された16種のゲームの中から選択して遊ぶ構造になっていた。やがて，フェアチャイルド社がゲームソフトをカートリッジとして構造的に切り分け，モジュラー化した「チャンネルF」を発売する。これよりやや遅れ，アタリ社がカートリッジ式を採用した「VCS」を発売し，「インベーダーゲーム」など業務用ゲームを移植しヒットする。「VCS」はソフト開発をオープン化しており，ハードとソフトの好循環が発生し，デファクト・スタンダードの地位を確固なるものとした（赤木,2005）。

参考文献
淺羽茂（1995）『競争と協力の戦略：業界標準をめぐる企業行動』有斐閣.
赤木真澄（2005）『それは「ポン」から始まった：アーケードTVゲームの成り立ち』アミューズメント通信社.

II 全社戦略論

9 プラットフォーム戦略

1 ビジネスにおけるプラットフォームとは

　オープン・モジュラー・アーキテクチャ製品のシステムを構成する部品のなかで，共通して使われる中核部品をプラットフォーム（土台）と呼び，これを供給する企業がプラットフォーム・リーダーと呼ばれる。

　プラットフォーム・リーダーは，補完部品メーカーを自社のプラットフォームに引き込み，補完部品メーカー各社に製品イノベーションとコストダウンの競争を行わせることで，他の製品システムに対して優位を得ることができる。ハードとソフトのように，補完部品のバラエティが製品の価値になるならば，ネットワーク外部性の間接効果によって，デファクト・スタンダードを獲得できる。この結果，製品システムのシェアが増加すれば，プラットフォームを独占しているリーダーは，非常に収益性が高いビジネスが可能となる。このため，企業はプラットフォーム・リーダーの地位を目指すことになる。

　たとえば，家庭用ゲームソフトにおいては家庭用ゲーム機がプラットフォームにあたり，任天堂やSCEがプラットフォーム・リーダーにあたる。プラットフォーム上で展開される，家庭用ゲームソフトの開発・販売というビジネスへの参入を他社に認めることで，自社が開発コストを払うことなく，ソフトのバラエティが増え，それによって自社の収益が増加する。その中で，『ドラゴンクエスト』のようなキラータイトルが発売されれば，他のプラットフォーム（ゲームハード）に対して優位になる。

2 プラットフォーム・リーダーを巡る争いとリーダー間の争い

　ゲームハードとソフトでは，ハードを1台所有してソフトを切り替える製品システムとすることが，消費者にとって出費の抑制につながり，製品システムの魅力が高まる。このため，自然とハードがプラットフォームに定まり，ソフトはオープン化されるという構造が定まる。しかし，たとえばパソコンのように，各部品がモジュラーで，消費者は部品を頻繁に切り替えることを求めないような製品システムでは，どの部品がプラットフォームになるか，内部のパーツがどこで切り分けられるかは，自然には決まらない。このため，プラットフォーム・リーダーの地位を巡る競争が起こることになる。

　また，プラットフォーム・リーダーになったとしても，ライバルとなる製品

▷1　ゲームハードとソフトにおいて，たとえば消費者が『ドラゴンクエスト』しか遊ばないとするなら，『ドラゴンクエスト』がプラットフォームとなり，各社のハードがこれにあわせる製品システムになりうる。しかし，現実には消費者は多様なソフトで遊びたいのであり，ソフトにあわせてそれぞれ専用ハードを買いそろえる状況は受け入れがたい。

▷2　たとえば，検索サービス，mixiなどのSNS，モバイルゲームサイトなどは，消費者が比較的少数のサービスを利用している。このため，各種Webサービスがプラットフォームとなり，パソコンや携帯電話のブラウザがこれにあわせるというパターンが成立しうる。そして，Webサービス間では，SNSがプラットフォームとなり，SNSにログインしてアプリやゲームを楽しむのか，モバイルゲームサイトがプラットフォームとなり，その中でコミュニケーションを楽しむのか，それとも，検索サービスポータルにまずログインするのか。皆が「まずログインする」プラットフォームには広告費などの収益が集中するため，何がプラットフォームとなるのかの競争が起こっている。

システムにシェアを奪われれば、利益は得られない。プラットフォーム・リーダーとなった企業は、製品システムのイノベーションを適切なタイミングでおこない、製品システムの競争力を維持しなければならない。

プラットフォーム・リーダーとなり、かつ、製品システムのイノベーションを先導し競争力を保つ"指導力"を、ガワーとクスマノ（2002＝2005）はプラットフォーム・リーダーシップと呼び、これを達成するために、戦略的なマネジメントが重要であると指摘した。

③ プラットフォーム・リーダーとなるための四つの戦略要素

パソコンは、さまざまな部品を組み合わせてできる製品であり、どの部品がプラットフォームになる可能性もありえた。その中で、「インテル、入ってる」とパソコンメーカー各社が打ち出しているように、演算をおこなう部品であるCPUがプラットフォームとなり、インテルがプラットフォーム・リーダーとなっている。インテルについて研究したガワーとクスマノ（2002＝2005）は、プラットフォーム・リーダーの地位を獲得するためには、以下の四つの戦略要素について、適切にマネジメントする必要があると整理している。

①企業の範囲：企業が内部で何をおこない、外部企業に何を行わせるか、活動の範囲の選択。
②製品化技術：製品のアーキテクチャ、部品間の結合のルール、技術情報の開示度についての選択。
③補完業者との関係：補完業者と協調するか、競争するかの選択。
④内部組織：上記の三つの要素について意思決定をサポートするように、組織を構築する。

立本博文（2007）が指摘するように、インテルはCPUという部品を作りつつ、他の部品メーカーにインテルにあわせた部品を作るよう、技術公開をとおしてコントロールしている。他の部品メーカーは、インテルの技術に乗っかることで製品開発がやりやすくなるが、その一方で、インテルの技術にいったん乗っかってしまうと、そこから脱することが難しくなる。このため、インテルのCPUにあわせた部品が供給され、パソコンが売れればインテルのCPUが売れ、インテルが儲かる構図となっている。

ゲーム機であれば、ハードメーカーはハードの開発、製造とともに、ソフトウェアメーカーに開発機材や基本的なプログラム（ライブラリ）を提供し、ソフトの生産を委託生産によって引き受けている。ハードメーカーは、ソフトが売れることでハードが売れるだけではなく、ソフト1本ごとに生産委託料での収益が上がる構造になっている。

（和田剛明）

▷3 テレビゲームを例に説明すれば、ソフトメーカーはハードのスペックで実現できる範囲でソフトを開発しないとならず、現状のスペックに不満があっても、ハードメーカーが次世代のハードをリリースするのを待たないとならない。また、新世代のハードにおいて、ハードメーカーが既存のプログラム技術が利用できなくなるような、大幅な仕様の変更をしたならば、これに応じて技術的対応をしなければならない。このように、製品システムの変革のタイミング、変革への対応コストについて、プラットフォーム・リーダーが先導し、他の関連製品メーカーは、この決定を受け入れる立場にある。しかし、マネジメントを適切に行わなければ、支持を失い、ライバルとなる製品、規格へ乗り換えられてしまう。

参考文献
A.ガワー・M.A.クスマノ（2002＝2005）『プラットフォーム・リーダーシップ：イノベーションを導く新しい経営戦略』小林敏男訳、有斐閣。
立本博文（2007）「PCのバス・アーキテクチャの変遷と競争優位：なぜIntelは、プラットフォーム・リーダシップを獲得できたか」『MMRCディスカッションペーパー』MMRC-J-171、東京大学ものづくり経営研究センター。

II　全社戦略論

10　戦略的提携

1　提携：資源・能力獲得の一方法

　日産自動車とルノーとの提携（1999年）のみならず，近年，新聞を開けば「○○社と△△社が提携」という見出しが毎日のように紙面に躍っている。この提携とは，合併とまではいかないまでも事業のいろいろな面で結びつきを深める，正式な，しかも長期にわたる友好関係（ポーター・フラー，1986＝1989）を意味している。

　全社戦略を考えるなかで，企業が新たに資源や能力を獲得するための方法としては，内部開発，外部からの獲得，の2種類がある。さらに後者は，M&A（Merger and Acquisition：合併・買収），提携，市場での取引に分類できる。

　M&Aは複数企業が合併や買収をとおして一つの企業になるもの，市場での取引とは独立した企業間で経営資源の取引が行われるものとすると，提携は，独立した企業がそれぞれの企業の境界を越えて事業のさまざまな面で結びつくものということができる。

2　戦略的提携

　提携には，部分的な株式所有や**ライセンシング**▷1，共同研究開発などさまざまな種類がある。しかし近年，提携もグローバル化やライバル関係にある企業同士で行われる水平化，異なった産業に属する企業間で行われる「**クロス・インダストリー化**」▷2が進んだ結果，大きくその性格を変えてきた。そこで1980年代後半から戦略的提携という言葉が使われるようになった。

　戦略的提携とは，二つもしくはそれ以上の独立した組織が，製品・サービスの開発，製造，販売などに関して協力する場合のことをいう。しかも，競争環

▷1　ライセンシング
特許権などであれば，特許権者が第三者に対してその使用を実施する権利を供与することの実施許諾ともいう。
▷2　クロス・インダストリー化
産業極所的に行われること。事業複合型ともいう。

図II-5　資源・能力獲得の方法

（出所）　桑嶋（1996）

境の変化によって高度な戦略的意図を持った提携関係と言い換えることができるだろう。実際，製品Aの開発では協調しながら，製品Bの開発では競争するといった関係も成立しうる。つまり，戦略的提携では「競争と協調が併存」する関係も存在するのである。

3 戦略的提携の種類

戦略的提携の種類としては，①業務提携（出資を伴わない，non-equity alliances），②業務・資本提携（equity alliances），③ジョイント・ベンチャー（joint ventures：JV）の三つのカテゴリーに分類される（バーニー，1997＝2003）。

業務提携とは，協力する企業は製品・サービスの開発，製造，販売のいずれかを共同で行うものの，互いに株式をもち合ったり，共同事業を管理するための独立した組織を作ったりはしない。基本的には契約によって行われるものであり，例えばお互いがもつ特許を使用してよいといった「クロス・ライセンス契約」や単に特許を用いることを許可する「特許実施許諾契約」，一社が他社の製品の配送を請け負う「配送契約」などはこの業務提携の例である。

業務・資本提携では，協力する企業が契約関係を補強するため，一方が，あるいは互いにパートナーの所有権をもち合うものである。前述の日産自動車とルノーの資本提携の場合，ルノーは日産の株式の43.4％，日産はルノーの株式の15％（正議決権はもたない）をもち合っている。

また，ジョイント・ベンチャーでは，協力する提携パートナー企業が共同で投資を行い，新たに法的に独立した企業を設立する。この企業から得られるいかなる利益もパートナー企業間で共有されるものである。ジョイント・ベンチャーの例としては，日本のソニーとスウェーデンのエリクソンとの携帯電話事業における合弁企業であるSony Ericssonなどが挙げられるだろう。

4 戦略的提携のメリット

戦略的提携を行うことによるメリットとして，以下のような点が挙げられる。

まず，複数の企業が研究開発や生産・物流の機能を統合することにより，「活動効率」や「活動方法についての習熟度」を向上させることによって，規模の経済や学習効果が得られるだろう。また，戦略的提携を行うことによって，自社の経営資源不足が解消されたり，不確実性の高い新技術や新製品の研究開発などといったリスクの分散・コスト負担の適正化を図れたりするだろう。これにより，低コストで新規市場や新業界・新セグメントへの参入・またその撤退も可能となる。また，提携企業間では法的には困難な暗黙的な談合が促進される。さらには，**デファクト・スタンダード**等の標準規格を獲得することによって，自社に有利な競争環境の確立が可能となることも考えられるのである。

（中野剛治）

▷3 この部分については，"Alliance Facts & Figures 2009" http://www.nissan-global.com/JP/DOCUMENT/PDF/ALLIANCE/HANDBOOK/2009/Alliance_FactsAndFigures_2009.pdf（2011年3月31日閲覧）の記述による。

▷4 2011年10月27日，Sony Ericssonはソニーの100％子会社化されることが発表された。

▷5 **デファクト・スタンダード**
事実上の標準のこと。詳しくはⅡ-8を参照のこと。

（参考文献）

M.E.ポーター・M.V.フラー（1986＝1989）「提携とグローバル戦略」M.E.ポーター編著『グローバル企業の競争戦略』第7章，土岐坤・中辻萬治・小野寺武夫訳，ダイヤモンド社.
桑嶋健一（1996）「戦略的提携」高橋伸夫編『未来傾斜原理：協調的な経営行動の進化』第5章，白桃書房.
J.B.バーニー（1997＝2003）『企業戦略論：競争優位の構築と持続 下 全社戦略編』岡田正大訳，ダイヤモンド社.

コラム

サプライヤーとの長期的取引関係

1 ネットワーク型の取引関係における協調行動

　日本の自動車メーカーとサプライヤーは，長期的取引関係を結び，企業の範囲を超えた協調により，統合型の製品開発や生産を行っている。

　日本の自動車メーカーの長期取引関係は系列取引と呼ばれるが，実際の取引関係をみると，サプライヤー（部品メーカー）が特定の自動車メーカーにのみ部品を供給するのではなく，競合関係にある自動車メーカー数社に部品を供給しているケースが多い。サプライヤーにとっては，優れた能力を持つ自動車メーカーと広く取引を持ち続けることで，自社の組織能力を鍛え，技術やノウハウを蓄積することが可能となるというメリットが存在する。一方，自動車メーカーにとっても，ライバル企業とも付き合いをもち，自社との取引だけでは得られない技術やノウハウを蓄積し，量産によるコストダウンを実現しているサプライヤーと取引することで，より優れた部品を，低価格で調達できるメリットが存在する。

　このように，日本の自動車メーカーとサプライヤーは，決して閉じた系列関係によって維持されているというわけではない。開かれたネットワークを構築し，互いに協調し，統合的な製品開発や生産活動をおこなうことにより得られるメリットによって結びついた組織である。

2 競争と協調の併用による競争力強化

　日本の自動車メーカーの長期的取引関係において，サプライヤーが複数のメーカーと取引をすると同時に，自動車メーカーも多くの部品において，複数のサプライヤーと取引を行っている。複数のサプライヤーと取引をすることで調達の安定性が高まるとともに，サプライヤー間で競争が発生し，より能力の高いサプライヤーを選別できるというメリットが得られる。

　日本の自動車メーカーとサプライヤーの長期的取引関係は，競争を排することによって関係が持続しているのではなく，競争による淘汰のなか，高い能力をもったサプライヤーのみが勝ち残ったため，同じ取引相手との関係が連続するようになったものである。この淘汰を勝ち抜いた，高い能力をもった同士が超企業組織として協調をすることにより，一企業による垂直統合では実現できない，高い競争力をうみだしているのである。

（和田剛明）

▶1　浅沼（1997）は，自動車メーカーの開発・生産上のニーズに対応するなかで，サプライヤーが獲得する能力について，関係特殊的技能と呼んでいる。たとえば，メーカーの要求するスペックに応じた部品を設計し提案する，原価の見直しや生産の改善によってコストを下げてメーカーのコスト削減要請に応える，必要なときに必要な量を納入する，といった能力が挙げられる。
▶2　協調関係による将来のメリットが大きいと期待されるときに，協調関係が持続することについては，囚人のジレンマおよび未来傾斜原理の議論から説明される（→ Ⅷ-コラム ）。
▶3　サプライヤー間で能力を競わせる仕組みとしては，メーカーが部品のスペック（仕様）のみを指定し，設計，加工方式をサプライヤーに任せる承認図方式（デザイン・イン）が知られている。サプライヤーは，メーカーからの要求を満たしつつ，コストを抑えられるように部品を設計・開発し，提案を行う。各社の提案は開発コンペにかけられ，より良い条件を提示したサプライヤーが受注を勝ち取る。

参考文献
　浅沼萬里・菊谷達弥（1997）『日本の企業組織　革新的適応のメカニズム：長期取引関係の構造と機能』東洋経済新報社．

第Ⅲ章 国際経営論

Ⅲ　国際経営論

1　国際戦略

1　企業における国際化の意義

　現代に生きるわれわれにとって，企業の国際化はもはや当たり前になっている。大企業はおろか，多くの中小企業も海外に拠点をもち，海外でビジネスを行なうようになってきている。就職活動中の日本の学生も，入社後に何らかの形で海外でのビジネスに関わりたいと思う人間が増えているようである。

　こうした企業の国際化は，身の回りの物からも窺える。たとえば，われわれの周りには，「メイド・イン・チャイナ」の品が多く存在している。これらの製品の多くは，中国で作られたものを日本企業が購入したもの，もしくは日本企業が中国で作ったものを企業内取引で入手したものである。日本にある海外製品は，こうした企業の国際化に伴う取引でもたらされているのである。

　ただし国際化が当たり前になっている状況は，この数十年でもたらされたものである。かつての企業にとって，国際化することそれ自体がチャレンジであった。まだ交通や情報網が発達していなかった頃，国際化できる企業は限られており，そもそも国際化すべきかどうか，国際化することのメリットは何か，どのような形態で海外に進出すべきかといったことが議論されてきた。

　しかし，国際化が当たり前になった現代では，もはや国際化すべきかどうかではなく，どのように国際化すべきかに議論の焦点が移っている。各国拠点にどのような役割を与え，どのようにマネジメントするか，海外人材をどのように活用するか等，より踏み込んだ議論がされるようになっているのである。

　国際経営に関する以下の節では，このような国際化の意義の変遷をふまえながら，国際経営の主要な議論について説明していきたい。まず，本節の残りの部分では，序論として国際戦略と海外進出形態について議論する。

2　国際戦略とは

　国際戦略とは，企業の経営資源や能力（ケイパビリティ）を複数の国をまたいで活用することである。バーニーは国際戦略を多角化の一種であると位置づけた上で，国際戦略は競争優位の源泉となりえることを議論した（バーニー，1997＝2003）。裏返せば競争優位を得るために，企業は国際戦略を選択するのである。

　国際戦略によって企業は「効率性」，「リスク管理」，「学習」を実現できると言われている。それらをもたらすのは，国際化による「国の違い」，「**規模の**

▶1　**規模の経済**
規模を拡大することで効率性が高まることである。たとえば，工場の生産能力の限界まで生産量を増やした方が，工場への投資額が同じ分，製品一つ当たりのコストは安くなる。また，大量生産に合わせて大量に原材料を購買できるようになれば，原材料を値引きできるようになる。詳しくはⅣ-6を参照。

▶2　**範囲の経済**
異なる製品を同時に扱うことで，効率性が高まることである。たとえば，同じ工

経済」，「範囲の経済」である。たとえば，国際化によって国の違いを社内に取り込めば，各国の賃金等の要素コストの差を利用できるという効率性のメリット，各国が保有する政治・経済リスクを複数国でヘッジできるというメリット，各国固有のマネジメント方法を学習できるというメリットが得られる。同様に国際化によって規模の経済を追求すれば，効率性はもちろん，各国に進出することで拡大しながら拠点を分散できるというリスク上のメリット，各国でのイノベーションから学習できるというメリットが得られる。さらに国際化で範囲の経済を追求すれば，投資やコストを複数商品・市場・事業間でシェアできるという効率性のメリット，多角化によるリスク分散のメリット，異なる製品・市場・事業での学習を共有できるという学習のメリットが得られる。

③ 企業の海外進出形態

　では，企業が国際化する際に，どのような海外進出形態を取るのだろうか。その進出形態を大きく分けると，取引による進出と，直接投資による進出がある。取引による進出は，「輸出（間接輸出，直接輸出）」と「ライセンス供与（ライセンシング，フランチャイジング）」，直接投資による進出は，「合弁」と「完全所有子会社」がある。以下でこれらについて説明するが，一般に後者になるほど，より資源のコミットメントが大きくなる傾向にある。また，どのような形態を取るかは，産業特性や企業の戦略によって決定される。

①間接輸出：自国の輸出代行業者や現地の委託販売業者を通じ製品を輸出すること。投資は抑えられるが，現地市場の情報は製造会社に蓄積されにくい。

②直接輸出：生産業者が社内で輸出担当者（輸出販売部門）を決めて，自ら輸出する方法。自国の生産コストが高い場合，関税障壁がある場合などは，やがて海外生産へ移行する。

③ライセンシング：他の企業に，自社が持つ特許，商標，技術ノウハウ等へのアクセスを一定期間認める契約。資金があまりかからないが，ライセンシーへのコントロールが難しく，特に技術流出が問題となる。

④フランチャイジング：海外のフランチャイジーを決定し，ブランドの使用許可を出す一方で，現地運営のやり方に対して細かい規則を課すこと。コストはかからないが，世界中のフランチャイジーへの品質管理が難しい。

⑤合弁：自社と現地企業，もしくは現地国以外の企業といった複数企業で所有される企業を設立する進出方法。現地企業と組むことで，現地知識へのアクセス，現地国政府とのつながりを得られるが，技術流出の可能性がある。

⑥完全所有子会社：現地に完全所有子会社を持つこと。自前で一から立ち上げるグリーンフィールドと，買収によってオペレーションを始める二つがある。

（大木清弘）

場の余剰な能力を使って異なる製品が作れるのであれば，その異なる製品も作った方が効率が良くなる。また，異なる製品事業を保有した際，会計部門などが共通化できれば，それぞれを別々に行う時よりも効率的となる。詳しくは Ⅰ-4 を参照。

▷3　たとえば，現在日本で販売されている日本メーカーの家電製品の多くが海外で生産されているのは，賃金の安い海外で大規模に生産することで，コスト的な効率性を得るためである。また，かつてのIBMは，天災等のリスクをヘッジするために，生産拠点を複数の国に分散させるようにしていた。また資生堂は，香水の最新地であるパリに拠点をもつことで，香水に関する優れた技術を学習できたという（浅川，2002）。

▷4　たとえば，軍需産業のような国家機密上海外に進出できないものは，輸出を選択せざるをえない。また，飲食業等のサービス業等は，財の性質上元々輸出ができないため，フランチャイジング以上のコミットをしながら現地に出ていくしかない。さらに，ノウハウの海外流出を恐れる企業や，国内での生産にこだわる企業は，現地に進出しないことが多いだろう。なお，企業がいかなる時に直接投資によって進出するかに関する理論的説明は，Ⅲ-3 で詳しく行う。

【参考文献】
浅川和宏（2002）『グローバル経営入門』日本経済新聞社．
J.B. バーニー（1997＝2003）『企業戦略論：競争優位の構築と持続』岡田正大訳，ダイヤモンド社．

III 国際経営論

2 グローバル市場での競争

1 グローバル市場の捉え方——標準化か，現地化か，

海外に進出する企業の主目的の一つは，グローバル市場で利益をあげることである。そこで他の節を扱う前に，まずグローバル市場の捉え方に関する議論を行おう。

グローバル市場の捉え方には，大きく分けて二つある。一つは，全ての国の市場を共通であると見て，できる限りグローバルに標準化された製品・サービスを供給する「標準化」の考え方である。製品やサービスがグローバルにブランド力をもっているのであれば，この方針が支持されやすい。たとえば，コカ・コーラは，どの国でもほとんど同じ製品を供給している。

もう一つは全ての国の市場をそれぞれ別々と見て，各国に合わせた製品を投入する「現地化」の考え方である。各国ごとの市場の嗜好が大きく違うのであれば，このような考えに基づいて製品を供給することが望ましい。たとえば，洗剤のようなトイレタリー商品は，各国ごとに使用環境が異なるため，現地に合わせてパッケージからその機能まで変えることが望ましいとされている。

この両者はトレードオフになりがちであり，自社の製品やサービスを，グローバル市場においてどれくらい標準化するか，どれくらい現地化するかは，重要な意思決定となる。なぜならば，そのような戦略の取り方によって，海外への進出形態や，グローバルな組織体制が変わってくるからである。標準化された製品・サービスを供給するのであれば，どこか1カ所で大規模製造し，規模の経済を追求して各国へ輸出する方が支持され得る。また，製品開発も，どこかで集中的に行うことが可能だろう。しかし，現地化をして多種多様な製品を用意する必要があれば，各国に適応した製品を現地で集中的に製造した方が良いケースがあり得る。また，製品開発も，各国のニーズを的確に，迅速に捉えるために，各国拠点で開発した方がよい可能性もあるだろう。

2 I-R フレームワーク

このような標準化とローカライズの問題について，より広範囲な戦略の観点から整理するためのフレームワークがプラハラードとドーズが提唱した「I-Rフレームワーク（I-Rグリッド）」である。このフレームワークは，「グローバル統合（I: Integration）の必要性」と「ローカル適応（R: Responsiveness）の必要

▷1 英語では，標準化は「standardization」，現地化は「localization」と呼ばれる。

▷2 たとえば，洗濯用柔軟剤の香りの好みなどは各国によって異なるため，現地に合わせたものをあらためて開発する必要がある。ただし，洗濯用柔軟剤でも，近年の日本では海外の柔軟剤を好んで使う層も表れている。現地化が重要とされている製品でも，標準化されている製品が売れることもあることは，注意すべきである。

```
グローバル統合
の必要性
(Integration)
           電子部品

                自動車

      セメント    食品

                            ローカル適応の必要性
                            (Responsiveness)
```

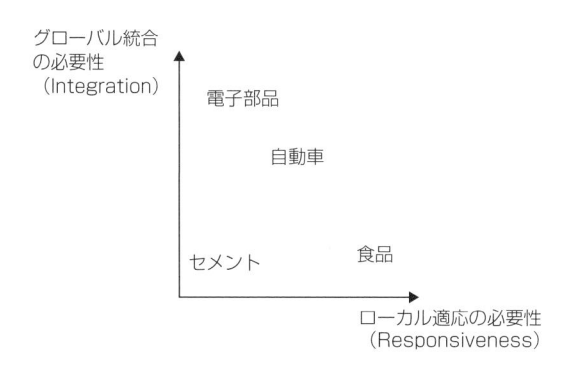

図Ⅲ-1　I-Rフレームワーク（産業間の比較）

（出所）Prahalad & Doz（1987），Ghoshal（1987）を参考に筆者作成

性」の2軸から構成される（Prahalad & Doz, 1987）。このフレームワーク上に各産業，同一産業内の各企業，同一企業内の各機能，同一機能内の各タスクをプロットすることで，産業間，企業間，機能間，タスク間のI-R上のポジショニングの違いを分析できる。

たとえば，一般に食品産業は電子部品産業よりもローカル適応が求められ，グローバル統合の必要性が低い。さらに同一産業内でも，トヨタ自動車は，フィアットやフォードに比べると，製品面や組織体制面でローカル適応よりもグローバル統合を目指してきたといわれている。また，同じ企業内でも販売活動やマーケティング活動は，研究開発活動よりもローカル適応的な活動になりやすい。さらに，同じ活動のなかでも，たとえばマーケティング活動でも，製品政策といったタスクはグローバル統合的で，販売促進活動は現地適応的になるだろう。

3　I-R フレームワークとグローバル市場での競争

一般的に，各産業には相対的に最適なI-Rのレベルがあり，それに適した体制を持った企業が有利であるといわれてきた。たとえば現地適応が求められる製品を製造・販売するのであれば，Rを重視しない組織体制を取っている企業は，各国のニーズを捉えることができず，グローバル市場で勝ちぬくことはできない。また，標準品を低コストで売り切ることが求められる産業ならば，Iを重視しない組織体制を取っている企業は，規模の経済性等の効率性を達成できず，グローバル市場で勝ち抜くことはできない。ゆえに，産業特性等を考慮しながら，各社はI-R上のポジショニングを考える必要がある。

ただし，産業に最適なI-Rのレベルは変化しうるため，そのような変化に対応しなければならない。さらに，I-Rを同時に達成することが求められるように産業が変化する場合は，企業はIとRを同時に高いレベルで実現できるような体制を構築しなければならない。

（大木清弘）

▷3　前述の標準化と現地化との関係でいえば，Iでは標準化が，Rでは現地化が志向される。

▷4　たとえば，日本企業と欧米企業を比較すると，日本企業はIが強く，欧米企業はRが強いといわれてきた。この点については，Ⅲ-5 で改めて説明する。

参考文献

Ghoshal, S.（1987）"Global strategy: An organizing framework," *Strategic Management Journal*, 9（5）, pp.425-440.

Prahalad, C.K. & Y.L. Doz（1987）*The multinational mission: balancing local demands and global vision*, New York: Free Press.

Ⅲ　国際経営論

3 海外直接投資論

1 なぜ企業は海外直接投資を行うのか

　海外直接投資とは，海外企業を直接コントロールすることを求める投資である。まだ企業の国際化が当たり前ではなかった頃，多国籍企業は，国ごとの金利の差による差益を得るためのポートフォリオ的投資を行う，裁定取引者としてみられていた。しかしそれでは，現実に多くの企業が直接投資を行っている理由を説明できない。その理由について議論し，多国籍企業研究の理論的基礎を築いたのがハイマーであった（ハイマー，1976＝1979）。

　ハイマーは，海外進出企業は直接投資という手段をとることで，自社の優位性を現地で利用することが可能になり，現地企業に対して優位を築くことができると議論した。海外進出企業は，現地企業に比べて言語，現地経済，商習慣等の面で不利である。しかし，多国籍企業がもつ企業の信用力，製品開発力，生産力，マーケティング力といった優位性を利用することで，現地企業に対して優位を築ける。ただ，そのような優位性をライセンシング等の市場取引で移転しようとすると，ライセンシングする側とされる側の優位性の評価に対する認識ギャップが生じうる。また，将来を完全に予測したライセンス契約を結ぶことができないといった問題もある。これらの市場の不完全性ゆえに，ライセンシングでは優位性に見合う分の充分な利益を得ることが難しい場合がある。このような時，直接投資が求められるのである。

　以上，ハイマーは多国籍企業が保有する優位性に注目し，それを現地で利用する際に，直接投資が選ばれると結論づけたのである。

2 内部化理論

　1970年代から，ハイマーの議論を補強する形で，内部化理論によって多国籍企業の直接投資を説明する議論が現れた。内部化理論とは，企業がなぜ市場取引ではなく，組織化（内部化）するのかに関する議論である。そこでは，市場の不完全性を強調し，取引相手の機会主義的行動を抑えるために取引コスト（→Ⅸ-6）が大きくかかる場合，企業は組織化を選択すると主張されてきた。この議論が，多国籍企業にも応用されたのである。

　たとえば，バックレイとカソンは，中間財の取引，とくに知識の取引における市場の不完全性を前提にし，取引のために多国籍企業という組織形態がとら

▷1　ハイマーの博士論文自体は1960年に発表された。当初彼の博士論文は，「単純で直截すぎる」という理由から公刊されなかった。だが，1974年に彼が自動車事故によって急逝すると，あらためてその業績が見直され，彼の博士論文といくつかの論文を合わせて，1976年に公刊されることになった。

▷2　たとえば製品の品質を格段に上げるような，非常に重要な生産技術のノウハウがあるとする。このノウハウをもっている側はそのノウハウの重要性を知っているため，ライセンス料をできる限り高く取ろうとする。しかし，ライセンスを受ける側は，そのノウハウの具体的な内容がわからないため，高すぎるライセンス料を敬遠する。こうした認識ギャップのため，ライセンス契約が上手く結べない可能性がある。

れると説明した。さらに彼らは，この知識の内部市場があることが，多国籍企業の長期存続にもつながると説明した（バックレイ・カソン，1976＝1993）。

3 折衷理論

ハイマーから始まり，内部化理論など，様々な理論によって多国籍企業による直接投資が議論されていった。それらの議論を統合して，多国籍企業が直接投資を行う理由を議論したのがダニングの折衷理論である。ダニングは以下の条件を満たす時に，多国籍企業は直接投資を行うと主張した（Dunning, 1979）。

①特定市場に従事する他の国の企業と比較して，その企業がそれ以上に利益を生む「所有優位性」をもっている。これらの所有優位性は，主に無形資産という形態をとられ，少なくとも一定期間は排他的，または特別にその企業が所持するものである。

②①が満たされた上で，これらの優位性を所有する企業が，その優位性を外国企業に販売，もしくはリースするよりもその優位性を自ら使用することに利益がある。すなわち，優位性を内部化することに利益がある時であり，「内部化優位性」をもっている時である。

③①と②が満たされた上で，本国以外の国で少なくとも何らかの投入要素（天然資源を含む）とともに，これらの優位性を使用することが企業にとって利益になる。さもなければ外国市場は輸出によってまかなわれ，国内市場は国内生産によってまかなわれる。すなわち，進出先の国が「立地優位性」をもっている時である。

以上が満たされるとき，特定の国に対して直接投資が行われる。このダニングのフレームワークは，上記の「所有優位性（O-advantages）」，「内部化優位性（I-advantages）」，「立地優位性（L-advantages）」の頭文字を取って，「OLIパラダイム」とよばれる。このフレームワークで，多国籍企業の進出形態をある程度予測できる。もしLがない場合は，自社の優位性を自国で活用し，製品を輸出することになる。もしIがない場合は，自社の優位性を海外企業にライセンスという形で供与することになる。もしOがない場合は，いかなる進出形態を持ってしても，海外市場において現地企業に勝つことは難しいことになる。

ただし，近年は自社が優位性をもっていなくても海外に進出し，むしろ海外に進出することで新たな優位を得るケースへの注目が集まっている。たとえば，進んだ技術力をもつ国へ投資をすることで，自らの技術力の弱みを克服し，グローバルな競争優位を築いている企業も存在している。ただし，自社に優位性があるのであれば，まずそれを活かすことを考えるべきであるという直接投資論の含意自体は，現在も変わらないだろう。

（大木清弘）

▷3 たとえば中国工場での生産を取りやめ，日本での生産に切り替えたような（いわゆる国内回帰）電機メーカーは，中国の立地優位性から得られるメリットよりも，国内生産のメリットが大きいと考えたためにこうした戦略を取っている。

▷4 たとえば医薬品企業は，特許で移転する知識が守られているため，直接投資だけでなく，ライセンス契約で海外進出をするケースが多い。

▷5 このように，自社（特に本国拠点）の優位性に基づかずに海外進出をし，海外で新たな優位を得るという経営スタイルは，「メタナショナル経営」と呼ばれ，近年注目を集めている議論である。（Doz, Santos, & Williamson, 2001）。

（参考文献）

P.J.バックレイ・M.カソン（1976＝1993）『多国籍企業の将来』清水隆雄訳, 文眞堂.

Doz, Y., J.Santos & P. Williamson (2001) *From Global to Metanational*, Boston: Harvard Business School Press.

Dunning, J.H. (1979) "Explaining Changing Patterns of International Production: In defense of the Eclectic Theory," *Oxford Bulletin of Economics and Statistics*, November, pp. 259-269.

S.ハイマー（1976＝1979）『多国籍企業論』宮崎義一編訳, 岩波書店.

Ⅲ 国際経営論

4 プロダクトサイクル仮説と本国優位性の移転

1 プロダクトサイクル仮説

ハイマーの研究と同時期に,企業がなぜ国際化するかについて,製品(プロダクト)のサイクルを元に議論したのがバーノンのプロダクトサイクル仮説である。バーノンはアメリカの多国籍企業の戦後の海外展開を基に,企業の国際化に関する仮説を構築した (Vernon, 1966)。

まず新しい製品は,新しい製品が求められるような市場から生まれる。1960年代では,そのような市場は高所得者を多数抱えるアメリカに存在するため,需要に応える形で,まずはアメリカの起業家が新製品を開発すると考えられた。そのような新製品は,発売当初はまだ標準化が進んでおらず,開発や顧客とのコミュニケーションが必要なため,開発拠点の近く(すなわちアメリカ)で製造されることになる。

やがてその新製品がアメリカ国内の需要を満たすと,アメリカ以外の他の先進国でもその製品に対する需要が生まれることになり,アメリカから輸出が行われるようになる。この頃になると,ある程度製品の標準化も進んでいるため,製造コストの重要性が増すようになる。このようなコスト競争の激化に伴い,その製品が先進国現地で製造されるようになる。こうなると,アメリカ本国での製造コストと現地先進国での製造コストが比較されるようになる。現地の製造コストが充分に安ければ,現地先進国からアメリカへの輸出が行われるようになる。また,コストが下がっていくにつれて,発展途上国でもその製品の需要が出てくることになる。そうなると,現地先進国から発展途上国への輸出も行われるようになる。

さらに新製品の需要が発展途上国でも拡大すれば,同様の理由で発展途上国でも現地生産が行われるようになる。発展途上国は労働コストが安いため,その製品がある程度労働集約的で,かつ輸送コスト等も大きくないのであれば,途上国からアメリカや先進国への輸出も行われうる。

バーノンはこのように,製品サイクルの観点から,企業の海外進出がさまざまな国に拡大していくことを明らかにしたのである。

2 本国優位性の移転——日本的経営の移転

ここまで紹介してきた海外直接投資論やプロダクトサイクル論は,企業の国

▷1 プロダクトサイクル仮説は,全てのイノベーションがアメリカ中心で行われるという仮定に無理があると批判されることが多い。その批判自体はもっともだが,バーノン自身もプロダクトサイクル仮説は,その当時の多国籍企業の行動を説明するための「仮説」であることを理解し,決してアメリカを絶対視していたわけではないことは,留意する必要がある (Vernon, 1999)。

際化が現在ほど当たり前ではなかった頃の議論である。これらの研究は，企業の国際化の核となるのは，本国拠点の優位性を海外に移転することであるという点で共通していた。よって，本国の優位性をいかに円滑に，確実に移転するかが重要なマネジメント課題となる。以下ではこの本国優位性の移転に関して，日本企業に関する議論を一例として紹介しよう。

一般に本国の優位性を海外に移転する際に問題になるのは，カネ，製造装置といった有形資産ではなく，技術，知識，マネジメント体制といった無形資産である。なぜならば，技術，知識，マネジメント体制といったものは，マニュアル化したり，目に見える形にしたりすることが難しいものが含まれることが多く，海外への移転が難しいからである。とくに日本企業では，「日本的経営」をいかに移転するかの重要性が考えられてきた。

日本的経営とは，終身雇用，年功賃金，企業別組合，根回し型の集団的意思決定といった，日本企業に顕著だった経営慣行のことである。これらは日本企業の強みとして世界的にも評価されたものであり，これらの強みをいかに移転するかが，日本の多国籍企業の経営課題とされてきた。

しかし，日本的経営は海外への移転が難しいとされてきた。実際，1980年代のアジアやアメリカを対象とした調査では，終身雇用，年功賃金，集団的意思決定を海外拠点においても実行している日系海外子会社は多くないことが明らかにされていた。これは，日本という文化的土壌で培われた日本的経営は，海外という別の文化的土壌の中で上手く機能しないためである。むしろ，日本的経営は移転することが求められない優位性であると認識されてきた。

ただし日本的経営の中でも，海外に移転可能であり，さらに海外子会社に優位をもたらすものも存在した。それは，「日本的生産システム」と呼ばれる，日本企業に特徴的な生産体制であった。具体的には，工場内における小集団活動，QCサークル，5S活動に代表される，現場の一体感を重視した生産体制のことである。これらは，日本で生まれたものであっても，日本的経営よりもより普遍的な技術体系として受け止められたため，海外にも導入可能であった。また，日本の工場が海外工場への指導・支援を行う「マザー工場体制」が，日本的生産システムの海外移転をより容易にしたという。こうした生産システムが移転されることで，日本企業の海外工場は質の高い生産を行うことができた。

もっとも，そのような日本的生産システムも，そのまま移転されるのではなく，現地にある程度ローカライズされることが多い。各国の工場を調査した安保グループの研究によると，海外工場の経営は，日本的なものと，現地国的なものがハイブリッドになっているという（安保・板垣・上山・河村・公文，1991）。この「ハイブリッド型」がよいのかどうかの議論はまだ充分になされているわけではないが，現実には必要な部分のみを移転するということが多くの企業で取られるマネジメントのようである。

（大木清弘）

▷2 このうち，終身雇用，年功賃金，企業別労働組合は，アベグレン（1958＝1958）や1972年の「OECD対日労働報告書」で取り上げられる中で，日本的経営の「三種の神器」として一般に認識された。その後，稟議制のような集団的な意思決定等も日本的経営の一部として認識されるようになった。

▷3 1980年代にさまざまな調査が行われており，その結果を一つひとつ書くことは紙面の都合上割愛する。なお，山口（2006）には，1980年代に行われた調査からどのような結果が出たかが簡潔にまとめられているので，参照されたい。

▷4 山口（2006）はこの点に注目し，日本の工場に海外工場の人員が研修に来たり，日本の工場の人員が海外工場に指導しに行ったりすることで，海外工場に日本の生産システムが移転されていくことを明らかにした。

参考文献

J. アベグレン（1958＝1958）『日本の経営』占部都美訳，ダイヤモンド社.
安保哲夫・板垣博・上山邦雄・河村哲二・公文溥（1991）『アメリカに生きる日本的生産システム：現地工場の「適用」と「適応」』東洋経済新報社.
Vernon, R. (1966) "International investment and international trade in the product cycle," *Quarterly journal of Economics*, 80, pp.190-207.
Vernon, R. (1999) "The Harvard Multinational Enterprise Project in historical perspective," *Transnational Corporations*, 8(2), pp.35-49.
山口隆英（2006）『多国籍企業の組織能力』白桃書房.

Ⅲ　国際経営論

5　海外進出企業の組織形態

1　ストップフォードとウェルズの研究

　企業が海外進出を行う際，その組織形態はどのように変化していくのか。この問題意識に基づき，米国の多国籍企業に対する体系的な分析を行ったのがストップフォードとウェルズである（ストップフォード・ヴェルズ，1972=1976）。[1]

　彼らによると，海外進出企業の組織形態は，海外子会社が自立しているフェーズ1，組織統合が始まり国際事業部が設置されるフェーズ2，世界的視点に基づく戦略計画の下で海外事業組織が社内他組織と密接に連結するフェーズ3へと展開する。このフェーズ3では，製品事業部が主導して国際製品別事業部制を取るパターン，地域事業部が主導して地域別事業部制を取るパターン等，多様なパターンが生まれる。さらにフェーズ4として，海外子会社のゼネラルマネジャーが地域別事業部と製品別事業部の両方に報告責任をもつ「グリッド構造」を位置づけた。

　多くの企業はこれらのフェーズを順に進んでいくが，フェーズ3において，主に二つのルートに分かれる。一つは国際製品別事業部を通じて拡大していくルートで，もう一つは地域事業部を通じて拡大していくルートである。製品多角化を追求する企業では前者が，狭い製品ラインのなかで海外の売上げを追求する企業では後者が志向される。逆に，製品多角化を追求するにもかかわらず国際製品別事業部制を取らない企業，海外売上げを追求するにもかかわらず地域別事業部制を取らない企業は，利益が低い傾向にあることを明らかにした。

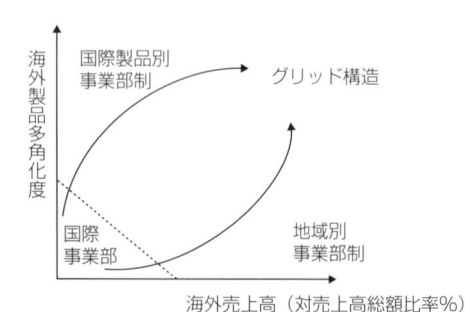

▶1　ストップフォードとウェルズは，バーノンを中心とするハーバードの多国籍企業研究グループに所属していた研究者である。以下で説明する多国籍企業の組織形態に関する分析は主にストップフォードによって書かれたものである。ウェルズは，彼らの本の後半部において，ジョイントベンチャーによる海外進出に関する分析を行っている。

▶2　バートレットとゴシャールは家庭電器産業では，グローバル型の典型例として日本の松下電器（現パナソニック）を，マルチナショナル型の例としてオランダのフィリップスを，イ

図Ⅲ-2　ストップフォードとウェルズのモデル

（出所）　ストップフォード・ヴェルズ（1972=1976）

❷ グローバル,マルチナショナル,インターナショナル,トランスナショナル

　その後も多国籍企業の組織形態に関するさまざまな研究が行われた。1980年代頃から,日米欧の多くの多国籍企業が海外進出をするようになり,さらに多数の国に拠点をもつようになってくると,「複数ある各国拠点をどのようにマネジメントするか」という観点から多国籍企業の戦略や組織形態を分析するようになってきた。この観点において,国際経営論に重要な貢献をしたのが,バートレットとゴシャールの研究である。彼らは,米欧日の多国籍企業の分析から,グローバルな組織体制として,「グローバル型」,「マルチナショナル型」,「インターナショナル型」の三つの体制があることを示した(バートレット・ゴシャール,1989＝1990)。

グローバル型:日本企業に多くみられる形態。資源や能力の多くは本国に集中され,その成果を世界規模で活用する。そのため,海外子会社は親会社の戦略を実行することになる。規模の経済の追求,イノベーションの集中による効率性は追求できるが,現地の市場ニーズへの対応や,各国拠点からの学習面で不利になる。

マルチナショナル型:欧州企業に多くみられる形態。資産や能力は海外子会社に分散し,各国拠点は自立している。現地ニーズの対応には適しているが,グローバル統合での効率の追求,拠点間での学習には不利になる。

インターナショナル型:米国企業に多くみられる形態。コアとなる能力は本国に集中させるが,その他は海外子会社に分散させる。海外子会社は親会社の能力を現地に適応させ,活用する。親会社の知識や能力を上手く移転できるが,グローバルよりも効率は悪く,マルチナショナルよりも現地適応の能力は低い。

　以上の三つの組織形態はいずれも利点と欠点を保有する組織体制である。こ▸2れらの組織を超えて,グローバル統合,ローカル適応,各国拠点からの学習に全てにおいて強みを持っている組織形態が「トランスナショナル型」である。ここでは,資産や能力は各国に分散し,各国拠点は専門化されているが,一方で相互依存的でそれぞれの拠点が統合されている。そのため,各国拠点は現地に適応しつつも,そこから生まれた知識をグローバルで共有できる。▸3

　ただし,トランスナショナル型はあくまでも理念型であり,それがあらゆる状況での絶対的な唯一の解でもなければ,現実に体現している企業を探すのも難しい。また,トランスナショナル型へ至るプロセスも明らかになっていない。▸4そのため,トランスナショナル型はあくまでも理論的な理念型であると考えるべきであろう。

(大木清弘)

ンターナショナル型の例としてアメリカのGEを挙げた。彼らは,家庭電器産業はグローバル型の展開が望まれる産業のため,この産業では松下電器が優位を持っていると主張した。

▸3　なお,I-Rフレームワークとの関係でいうならば,もっともIが強いのがグローバル型,Rが強いのがマルチナショナル型,その間がインターナショナル型とされる。トランスナショナル型は,IとRを高レベルで追求できる組織体制であるとされている。

▸4　バートレットとゴシャールは,ABBというスイス企業(スウェーデンの会社とスイスの会社が合併し,現在の本社はスイス)をトランスナショナル型に近い企業として提示した。この企業は,地域別組織と事業部別組織を掛け合わせ,IとRのバランスを取る「グローバル・マトリックス構造」という組織体制で,トランスナショナル型に近い経営を行っていた。しかしグローバル・マトリックス構造の維持に費用がかかることもあり,ABBは2000年代にグローバル・マトリックス構造を辞めてしまった(浅川,2003)。

(参考文献)

浅川和宏(2003)『グローバル経営入門』日本経済新聞社.

C.A.バートレット・S.ゴシャール(1989＝1990)『地球市場時代の企業戦略:トランスナショナル・マネジメントの構築』吉原英樹監訳,日本経済新聞社.

J.M.ストップフォード・L.T.ヴェルズ(1972＝1976)『多国籍企業の組織と所有政策:グローバル構造を超えて』山崎清訳,ダイヤモンド社.

Ⅲ 国際経営論

6 国際的な活動の配置と調整

1 活動の配置と調整

　1980年代になると，企業の国際化が活発化し，国際化を前提とした議論が出るようになった。その一つが，「どの国にどの活動を配置し，それらの活動をどのように調整するか」の決定に関する議論である。この点に関して**バリューチェーン**◁1を用いたフレームワークを提示したのがポーター（1986＝1989）である。

　たとえば，もともと日本でパーソナル・コンピュータ（PC）の製造販売をしていたが，その後海外でのPCの製造販売に乗り出した日本企業のPC事業を想定してみよう。この事業では，購買物流拠点を日本とシンガポールに，開発拠点を技術力のある日本と米国に，製造工場を人件費の安い中国とタイに，出荷物流拠点と販売拠点を日本，米国，ドイツ，シンガポールにおいている。また，調達や全般管理は本社日本が管理し，人事労務管理は各国拠点に任せている。この場合，バリューチェーンの国際配置は以下の図のように表せる。このようにバリューチェーン上の活動を各国にどのように配置するかが，「配置」の決定で，各国で行われる同種類の活動をお互いにどれくらい調整するか（たとえば中国とタイで何をどれくらい製造するかを調整する）が，「調整」の決定である。

2 配置と調整の選択

　企業にとって，活動の配置と調整をそれぞれどのように行うかが重要な意思

▷1　バリューチェーン
バリューチェーンとは企業の全ての機能を個別の活動に分割し，どの部分で付加価値が生み出されているのかを分析するためのフレームワークである。バリューチェーンに関する詳しい説明は，Ⅱ-3を参照。

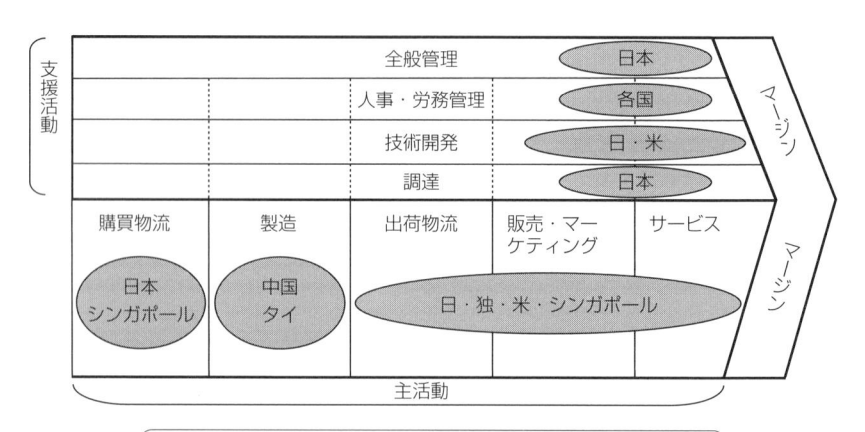

図Ⅲ-3　バリューチェーンの国際配置（日系PC企業の例）

（出所）　ポーター（1986＝1989）をもとに筆者作成

	分散型	集中型
活動の調整 高	海外投資額が大きく，外国子会社間で強い調整を行う	単純なグローバル戦略
活動の調整 低	外国籍企業，または一つの国だけで操業するドメスティック企業による国を中心とした戦略	マーケティングを分権化した輸出中心戦略

活動の配置

図Ⅲ-4　国際戦略のタイプ

（出所）　ポーター（1986＝1989）をもとに筆者作成

決定となる。配置の選択肢は，どこか1カ所で活動を行う「集中」から，各国ごとで活動を行う「分散」まである。分散の極端な場合には，国別にそれぞれ完全なバリューチェーンをもつこともある。一方，調整の選択肢は，「ゼロ」から「多く」まで，配置よりも多様にある。たとえば製造活動において，各工場が自律性をもって製造工程や部品を自由に決められる場合もあれば，全ての工場における情報システム，製造工程，部品が本社によって厳しく統制されることもある。

ポーターは，活動の配置が集中か分散か，調整のレベルが高いか低いかで国際戦略を分類する図のようなフレームワークを提示した。▶2

右上の「単純なグローバル戦略」とは，特定の活動を一拠点に集中し，そこから世界中に展開する一方で，本来ならば買い手の近くで行う必要のあるマーケティングのような活動をも，標準化によって調整するアプローチである。1960年〜1970年代の日本企業は，この戦略を取っていたという。

右下の「マーケティングを分権化した輸出中心戦略」は，製造等の活動は集中配置するが，マーケティングを分権化し，各国に任せることで調整の程度を低くする輸出中心のアプローチである。例えば，大型バイクを販売しているハーレーダビッドソンジャパンは，製品は米国本社から輸入するも，イベントなどを重視した日本独自のマーケティングで日本でのシェアを拡大した。

左下の「多国籍企業，または一つの国だけで操業するドメスティック企業による国を中心とした戦略」は，各国拠点に活動が分散し，さらにその間の調整も行われないものである。これは，各国個別対応の戦略である。

左上の「海外投資額が大きく，各国子会社間で強い調整を行う」という戦略は，各活動を分散させる一方，活動の調整も行うアプローチである。ポーターは，今後の多くの企業はこの左上の戦略に向かうと考えた。左下の戦略は，今後調整がより重要に，かつ容易になるため左上に行くことが予想される。右上の戦略は集中が不要，もしくは不可能になるため，左上に行くことが予想される。

（大木清弘）

▶2　この「調整」は前項目で議論した「マルチナショナル型」「インターナショナル型」「グローバル型」の各組織形態と関係がある。一般的に，より調整が強いのが「グローバル型」であり，調整が弱いのが「マルチナショナル型」であり，その間が「インターナショナル型」である。

参考文献

M.E. ポーター（1986＝1989）「グローバル業界における競争」M.E. ポーター編著『グローバル企業の競争戦略』土岐坤・中辻萬治・小野寺武夫訳，ダイヤモンド社.

III 国際経営論

7 海外子会社の役割

1 海外子会社の類型

　伝統的な多国籍企業論では，海外子会社は本国拠点の優位性の受け皿であり，その意思決定の下に活動を行うものとされてきた。しかし，海外展開が活発化し，多数の海外子会社を抱えるようになると，海外子会社がより高度な役割を果たしうることへの注目が集まった。ここでは，そのような海外子会社の役割に関する代表的な2つの議論を見ていこう。

　1つ目はバートレットとゴシャールの研究である。彼らによれば，海外子会社は，その能力とリソースの高低，現地環境の戦略的重要性の高低から類型できる（Bartlett & Ghoshal, 1986）。

　戦略的リーダーとは，企業にとって戦略的に重要なロケーションに位置し，その上で保持しているリソースや能力が高い海外子会社である。たとえばアメリカのシリコンバレーにおかれた海外子会社等はそれに当たる。

　貢献者とは企業にとって戦略的には重要ではない市場にいるが，子会社自体が高い資源と能力をもっている場合である。この場合，一見重要ではない海外子会社から，世界的なイノベーションが生まれることがある。◁1

　実行者とは戦略的に重要でない市場において，現地のオペレーションに必要なだけの能力のみを兼ね備えている海外子会社である。

　ブラックホールとは，戦略的に重要なロケーションに位置しているにもかかわらず，その子会社の能力がそれに匹敵していない場合である。現地におけるポジショニングも高くないため，より高い能力をもつことが求められる。

　こうした類型は，海外子会社でも高度な役割を担う可能性があり，拠点の役割によってそのマネジメントを変える必要があること，また各拠点の役割を状況に応じて高度化させていく必要があることを示唆している。

▷1　たとえば，トヨタのタイ工場はタイという比較的小さな国を対象にした工場であったが，いくつかの危機を乗り越えた結果，トヨタの海外工場の中でもトップクラスの品質の製品を作れる拠点となり，さまざまな国に輸出できるようになった。トヨタのなかではアメリカ工場の方が相手にしている市場が大きく，戦略的重要性が高かったが，アメリカ工場よりもタイ工場の方が高い製造能力をもつようになったのである（折橋，2008）。結果，現在タイ工場はアセアン地域の工場における指導者的立場を担っている。世界的なイノベーションを生んだわけではないが，トヨタのタイ工場も「貢献者」と解釈できよう。

現地環境の戦略的重要性		
高	ブラックホール (black hole)	戦略的リーダー (strategic leader)
低	実行者 (implementer)	貢献者 (contributer)
	低	高
	現地子会社の能力・リソース	

図III-5　バートレットとゴシャールによる海外子会社の類型

（出所）Bartlett & Ghoshal（1986）

```
┌──────────────────┐ ┌──────────────────────┐
│ 本社からの役割の付与 │◀╌╌│                      │
└──────────────────┘   │   海外子会社の役割      │
┌──────────────────┐   │ (海外子会社が活動し,かつ権│
│  海外子会社の選択   │◀──│  限を持っている特定の事業)│
└──────────────────┘   │                      │
┌──────────────────┐   │                      │
│  現地環境による影響 │◀╌╌│                      │
└──────────────────┘   └──────────────────────┘
```

図Ⅲ-6　海外子会社の役割決定のフレームワーク

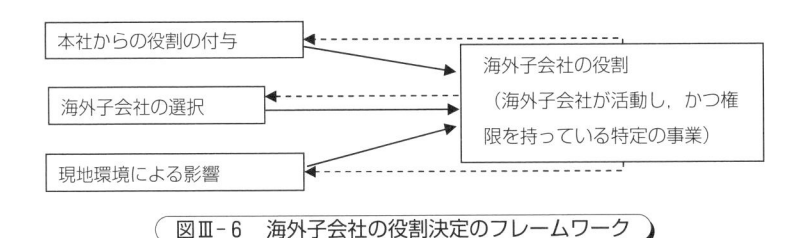

(出所)　Birkinshaw & Hood (1998)

2　海外子会社の役割の決定要因

　では，海外子会社の役割はどのように決まるのか。さらにいえば，海外子会社の役割の高度化はどのような要因によって起こるのか。この点について議論したのがバーキンショーとフッドである。彼らによれば，海外子会社の役割は，「本社からの役割の付与」，「海外子会社自身の選択」，「現地環境による影響」の三つから決定される（Birkinshaw & Hood, 1998）。

　伝統的な多国籍企業論では，本社からの役割の付与，すなわち本国マネジャーによる海外子会社の役割決定が強調されてきた。しかし，海外子会社の役割はそれだけで決定されるわけではない。まず，海外子会社自身が自らの役割を決定できる。各海外子会社のマネジャーが自らの意思で独自に資源を蓄積し，新たな役割をすすんで担うことも考えられるのである。バーキンショーは，海外子会社が自社の経営資源を利用，もしくは拡大するために独自に先んじて新たなことを始めることを「イニシアチブ」と呼んだ（Birkinshaw, 1997）。イニシアチブが発揮されることによって，海外子会社は自らの役割を選択できる。また，海外子会社の役割の決定は，現地環境の影響も受ける。現地環境が，本社や海外子会社のマネジャーの決定に影響を与えるのである。

　こうした要因で決定された海外子会社の役割に基づいて，海外子会社が活動する。その活動が，今度は本社，海外子会社，現地環境に影響を与え，再度海外子会社の役割が決定されていくのである。

　とくに近年は，海外子会社自身による役割決定が重要となっている。先進国以外のさまざまな国にも国際的な成長の機会が拡大していくと，本国が主導して成長の機会をとらえ続けていくことは難しくなる。そのため，各国拠点が自律的に自らの役割を探していくことが，より求められるのである。また日本企業の場合，本国にさまざまな権限が集中している傾向にあるため，自らイニシアチブを発揮できる海外拠点を作り上げることがより重要となるだろう。

　以上，海外子会社の役割は，本国からの役割指定だけでなく，現地環境や現地子会社の意志によっても変化していくものである。そうして高度な役割を担うようになってきた海外子会社から，企業全体に貢献するような新たなイノベーションが生まれる可能性がある。

（大木清弘）

▷2　前述の「戦略的リーダー」や「貢献者」といった海外子会社の類型の多様性は，これら三つの要素の影響を受けて，それぞれの海外子会社が独自の役割を担うなかで生まれてくると考えられる。とくに全社的に重要でないとされた環境で高い能力をもつに至った「貢献者」は，本社からの役割指定や現地環境よりも，現地のイニシアチブが強く発揮されることで生まれてくることが多いと考えられよう。

参考文献

Bartlett, C. A. & S. Ghoshal (1986) "Tap your subsidiaries for global reach," *Harvard Business Review*, 64(6), pp.87-94.

Birkinshaw, J. (1997) "Entrepreneurship in multinational corporations: The characteristics of subsidiary initiatives," *Strategic Management Journal*, 18 (3), pp.207-230.

Birkinshaw, J. & N. Hood (1998) "Multinational subsidiary evolution: Capability and charter change in foreign-owned subsidiary companies," *Academy of Management Review*, 23 (4), pp.773-795.

折橋伸哉 (2008) 『海外拠点の創発的事業展開：トヨタのオーストラリア・タイ・トルコの事例研究』白桃書房．

Ⅲ　国際経営論

8　グローバル・イノベーション・マネジメント

1　グローバル・イノベーション

　多国籍企業がさまざまな国に拠点を設立し，さらにいくつかの海外子会社が高度な役割を担うようになっていくと，多国籍企業内で複数の国にまたがってイノベーションに関する活動が行われるようになる。新たな技術がさまざまな国で生まれ，その技術がさまざまな国で適用される。このような，さまざまな国にまたがるグローバル規模のイノベーションを，「グローバル・イノベーション」と呼ぶ。

　グローバル・イノベーションにはいくつかのパターンがある。まず，本国がイノベーションを主導し，それを海外に適用するパターンである。本国がイノベーションの機会を察知し，それを実現し，海外はそのイノベーションを利用する。このようなパターンは，「センター・フォー・グローバル型イノベーション」と呼ばれ，主にバートレットとゴシャールが主張する「グローバル型」の多国籍企業で取られるイノベーションのパターンである（バートレット・ゴシャール，1989＝1990）。一般的には，最も初歩的なグローバル・イノベーションの段階であるといえよう。◁1

　センター・フォー・グローバル型とは逆に，海外子会社が現地においてイノベーションの機会を察知し，実現してそれを現地で利用するパターンもある。このイノベーションに本国本社はほとんど関わらず，現地が自律的に現地に必要なイノベーションを実現する。このようなパターンは，「ローカル・フォー・ローカル型イノベーション」と呼ばれる。主に，マルチナショナル型の多国籍企業で取られるイノベーションのパターンである。◁2

　以上の二つは海外子会社がイノベーションを生む主体であるかどうかで大きく異なる。さらに，海外子会社がイノベーションを生むのであれば，そのイノベーションが現地だけでなく，グローバルにも活用される可能性がある。海外子会社で生まれた新たな技術や知識が，他の国にも適用されることで，グローバル全体にも利益をもたらしうるのである。このようなイノベーションは，「ローカル・フォー・グローバル型イノベーション」と呼ばれる。海外子会社からのイノベーションの波及を仮定している点で，これまでのイノベーションとは異なる。◁3

　さらに，より多くの海外子会社がグローバルに貢献するイノベーションを生

▷1　この例としては，1980年代の松下電器産業が挙げられる。当時の松下は，製品開発をほぼ日本で集中して行い，その製品を海外ではほぼそのままの形で販売していた。
▷2　この例としては，日本マクドナルドが挙げられる。マクドナルドは米国企業であり，日本マクドナルドはその海外子会社だが，てりやきバーガーなど，日本市場を捉えた日本独自の製品を開発している。
▷3　この例としては，1980～90年代の日本IBMが挙げられる。日本IBMはノートPCや小型ハードディスクドライブなどをアメリカ本社に先駆けて開発・製造した。それがやがてIBM全体のビジネスとして，IBMの成長を支えることになった。

み出し，本社と多くの海外子会社がお互いにイノベーションを共有し合っているようなパターンも想定できる。このようなパターンは，「グローバル・フォー・グローバル型イノベーション」と呼ばれる。これは，トランスナショナル型の多国籍企業において取られるイノベーションのパターンであると考えられている。

以上のように，一般的にグローバル・イノベーションは，本社だけでなく海外子会社もイノベーションに関わるほど，さらにそのイノベーションが現地だけでなくグローバル全体にも貢献できるようになるほど，より高度なレベルに達していると考えられている。

2 グローバル・イノベーションのマネジメント

では，より高度なレベルのグローバル・イノベーションを実現するためには，どのようなマネジメントが必要とされるのか。最も重要なのは，各国拠点の知識や情報を各国同士で移転し合い，共有することである。たとえ社内であっても，知識は容易には移転できないことがある。物理的距離や文化的距離が離れている多国籍企業では，各国に蓄積された知識を社内で広く共有することはとくに難しいといえるだろう。

グプタとゴビンダラジャンは，親会社・海外子会社間，及び海外子会社間の知識移転を促進する要因について研究した（Gupta & Govindarajan, 2000）。彼らの研究では，とくに知識移転を促進するものとして，公式・非公式の伝達のチャネルが挙げられていた。具体的には，各国間をつなぐ組織（リエゾンやタスクチームなど），他国の人材との協働経験，本社のメンター等であり，これらが各国拠点間の知識移転を促進することを明らかにした。

この研究が示唆するのは，各国拠点間で頻繁にコミュニケーションを取ることの重要性である。各国人材同士の交流を促すような組織体制や教育体制を取ることで，各国人材の間に公式・非公式な人的ネットワークが形成される。このようなネットワークを元にコミュニケーションを活発に行うことで，知識共有が促進される。こうして様々な知識が共有されることで，新たなイノベーションが生まれたり，イノベーションが適応されたりするのである。

ただし，各国拠点が知識を共有し合う状況が常に望ましいかどうかは議論が必要である。バートレットとゴシャールは，各国拠点がイノベーションを生み，共有し合うトランスナショナル型が多国籍企業の理念型と主張したが，多数の各国拠点が相互に結びつく体制は，その分マネジメントが難しい（バートレット・ゴシャール, 1989＝1990）。そのようなマネジメント上の困難さを踏まえれば，イノベーション活動に従事する拠点数を絞ったり，地域単位で区切って地域内での知識共有を促進したりするようなマネジメントも重要となるだろう。▶4

（大木清弘）

▶4 近年では，欧州，米国，アジア等と区域を分け，それぞれに地域統括会社を置いてマネジメントする企業が存在している。たとえばトヨタは，日本本社以外に，アメリカに北米を，ベルギーに欧州を，タイにアジア・オセアニア・中東を統括する統括会社を置き，地域ごとにある程度自立的に開発や生産ができる体制を整えている。

参考文献

C.A.バートレット・S.ゴシャール（1989＝1990）『地球市場時代の企業戦略：トランスナショナル・マネジメントの構築』吉原英樹監訳, 日本経済新聞社.
Gupta, A. K. & V. Govindarajan (2000) "Knowledge flow within multinational corporations," *Strategic Management Journal*, 21(4), pp.473-496.

Ⅲ　国際経営論

9　国際人的資源管理①：海外駐在員の問題

1　海外駐在員の重要性

　以下の2節では視点を変え，国際人的資源管理に関する議論を行う。本節ではまず，海外駐在員に関する議論を行おう。

　海外駐在員とは，本国本社から海外子会社への出向者のことである。海外子会社を設立した際，多くの場合現地に海外駐在員が送られる。一般に海外駐在員は，本国からの現地子会社のコントロールと本国からの知識移転の二つの役割を担うといわれている。たとえば，海外工場に品質保証担当で赴任する海外駐在員は，本国が認める品質で製品が製造できているかを管理する。本国側の品質基準に関する情報や品質上昇のためのノウハウをもつ彼・彼女がいることで，安定した品質による製造が可能になる。彼・彼女は，品質を保つという役割を一定期間担った後，帰国する。また，本国の既存事業を新しく海外で始める場合は，その事業の知識をもった海外駐在員が送られる。彼・彼女は，新事業に関する知識を現地に移転し，事業が安定すれば帰国する。

　とくに日本企業の場合は，海外駐在員を多用する傾向があるといわれてきた。とくに，海外子会社の立ち上げ時，新技術の移転時に，多くの海外駐在員が派遣される傾向にある。海外子会社において海外駐在員は少なからぬ役割をもつため，海外駐在員のマネジメントも多国籍企業の重要な経営課題となる。

2　海外駐在員の派遣マネジメント

　海外駐在員は国内でビジネスを行うよりも難しい立場におかれる。そのため，派遣前，派遣中，帰国後のそれぞれの時期において，海外駐在員を適切にマネジメントすることが求められる。

　まず，派遣前は，海外駐在員となる人材の選抜とその育成を考えなければならない。選抜の際には，当人の仕事のスキル，コミュニケーションスキル，リーダーシップスキル，社交スキルなどが考慮される。なお，当人の家庭状況などは考慮される場合とそうでない場合がある。また，育成の面に関しては，充分な育成時間を与えることができていない企業も多い。しかし，現地の言語や文化を理解するだけの充分な時間を与えてから海外駐在員を派遣している企業の方が，現地従業員とのコミュニケーションや現地市場の把握の面で強みをもっているといわれている。

▷1　たとえばある韓国企業では，社員をある国に送り，その国の文化について一年程度自由に勉強させている。その社員はやがて「地域専門家」としてその国に駐在し，韓国からの駐在員と現地従業員の架け橋になることはもちろん，現地文化を理解したマネジメントや製品開発等に活躍している。

派遣中は，海外駐在員の現地生活をサポートすることが求められる。派遣当初は，本人の高い意欲と現地の歓迎ムードから問題は起きづらいが，しばらくすると現地人とのコミュニケーションの問題や，現地文化へのカルチャーショックから，現地への適応が難しくなる場合がある。このような時に，海外駐在員の家族まで含めたサポートを行う必要がある。また，海外駐在員の成果を明確に評価することも，彼らのモチベーションを上げるために必要である。

　帰国後は，海外派遣を終えた社員が本国に適応できるようにサポートする必要がある。過度に海外に適応した人材は，本国に適応する際に抵抗を見せる場合もある。そのような人材に対する，本国の上司や同僚からの評価はどうしても低くなってしまい，そのスキルを本国で活かすことは難しくなる。また，海外駐在員が，本国と海外の仕事は別と考えて，海外で培ったスキルを利用しなくなることもある。このような問題を防ぐためには，彼らのスキルを発揮できるような仕事やポストを用意する必要がある。とくに，ポストに関しては，海外に派遣された人材のポストが本国にないために，ずっと本国に戻れないというような事態を防ぐためにも，本社側が考慮すべきことであろう。

3　海外駐在員の失敗

　海外駐在員の失敗とは，海外駐在員が当初期待された役割を果たせなかったことであり，派遣当初の目的を達成できずに帰国したかどうか等から測られる。前述の例でいえば，帰国までに現地の品質をコントロールできなかった場合や，新たな事業に必要な知識を移転できなかった場合である。そのような失敗をもたらすものとして，国の要因，企業の要因，個人や家族の要因がある。

　国の要因としては相手先国の文化がある。相手先国の文化と自国の文化がかけ離れている時，もしくは相手先国の文化が他国を排除するようなものであれば，その国に適応することは難しくなり，海外駐在員の活動が妨げられる。

　企業の要因としては，駐在員の目的の明確化，駐在員の活動のサポート，駐在員の昇進・報酬といったインセンティブの明確化が重要となる。そのような体制を取らなければ，海外駐在員のモチベーションは低下してしまう。

　最後に個人や家族の要因がある。個人の能力，モチベーション，コミュニケーション能力がなければ，海外駐在員として成功することは難しい。また，海外駐在員の家族事情が海外駐在員の失敗をもたらすこともある。家族が現地社会に適応できない結果，海外駐在員も帰国せざるをえない場合もある。

　海外駐在員は海外子会社において重要な役割を持つ一方，適切に活用していくことは難しい存在である。また，海外駐在員を送るためのコストは，準備段階の教育費，派遣時・派遣後の補償費等，現地従業員数人分のコストを要する。よって，これらの要因を上手くコントロールすることで，海外駐在員を適切に活用していくことが求められるのである。

（大木清弘）

▷2　また，他に海外でマネジメントできる人間が社内にいないため，同じ人間が一つの国に残り続けたり，さまざまな国で駐在を繰り返したりするケースも存在している。そのような多様な経験をした人材は企業の貴重な競争優位の源泉とはなるが，その社員自身の負担を踏まえれば，必ずしもそのような体制が望ましいとはいえない。

▷3　単身赴任で駐在した場合は，家族が現地環境に適用できないという問題で帰国することがなくなるため，派遣途中で帰国することが少なくなる傾向もある。

Ⅲ　国際経営論

10　国際人的資源管理②：現地人材の活用

1　本国中心型人的資源管理の問題

　海外駐在員は海外子会社のマネジメントにおいて重要な役割を果たすが，それに過度に依存すると，単純な派遣コストの負担だけでなく，現地人材（現地従業員）の不満を招くことがありえる。パールミュッターは，海外子会社の重要なポストの多くが海外駐在員で占められ，本国が海外子会社の主要な意思決定を握っているような多国籍企業の経営志向を「Ethnocentric（本国志向型）」と呼んだ（Perlmutter, 1969）。このような志向下の海外子会社の現地従業員は，充分な権限が与えられず，いわれた仕事をただこなすだけになってしまう。それが現地従業員のモチベーションに大きな影響を与える。

　海外駐在員が重要なポストを占めることの問題は多々ある。まず，海外駐在員と現地従業員の間のコミュニケーションや待遇のギャップの問題がある。海外子会社の現地従業員は，海外駐在員で構成されるマネジメント層に対して，「充分な情報を伝えない」，「意思決定に参加させてもらえない」，「給与や待遇が違いすぎる」といった不満を持つことがある。また，3〜5年程度の任期で帰ってしまう本国人上司に対して，深くコミットすることは難しく，強い信頼関係を築くことも難しいこともある。これらの不満がモチベーション低下につながり，現地従業員のコミットメントを引き出せない可能性がある。

　さらに海外駐在員の使用は，現地従業員のキャリアに影響を与え，現地従業員の獲得・育成・維持にも問題をもたらす。海外駐在員のために現地従業員のポストが確保できなくなれば，現地従業員にキャリアを積ませて育成することが難しくなる。このようなキャリアへの見通しの暗さが現地人材の不満につながり，人材の維持だけでなく，獲得さえも難しくなる可能性がある。

▷1　たとえばアジア地域で考えると，日本人の駐在員の給与は現地マネジャーの給与よりも数倍高い。その上，地域の治安などの問題上，運転手つきの車やセキュリティの高い家等が駐在員には与えられる。とくに後者のような目に見えやすい待遇の差は，同じ組織で働く現地従業員の不満を生みやすい。

▷2　もっとも，海外の労働市場の流動性は，日本の労働市場よりも高い傾向にあり，引き抜きや転職等も多いのも事実である。そのため，ノウハウの流出や育成コストの損失を恐れ，あえて現地従業員を重視しないという選択を行っている企業もあることは，その是非は問わず言及しておく。

2　現地人材の活用のメリット

　以上は，現地人材を活用しないと現地人材のモチベーションが下がるから活用すべきという，消極的な側面を議論してきた。しかし，現地人材の活用にはメリットがあり，ゆえに積極的に活用すべき側面がある。そのようなメリットの中で一番大きいのは，現地人材が現地市場，現地経済，現地文化に深く精通していることである。海外駐在員が現地人材以上に現地のことに精通することは至難の業である。これらの知識は，現地人材の強みなのである。

たとえば，現地市場に精通していることで，現地のニーズを捉えたような製品開発が行いやすい。中国人のニーズは中国人が，インド人のニーズはインド人が一番良くわかっているため，そうしたニーズの情報を得ることでヒット製品を生みやすくなる。また，そうして現地から出てきた製品が，グローバル市場でもヒットし，大きな利益を生むかもしれない。また，現地経済に精通していれば，理想的な取引相手（顧客，パートナー，サプライヤー）を探しやすいし，さまざまな規制を考える政府等とパイプを作ることも容易になるだろう。現地文化に精通していれば，たとえば採用制度や雇用制度を考えるときに，現地人材を惹きつけるような制度を考えられる。人事制度は，本国と現地では従業員の賃金体系への志向が違う場合があるので，現地人材が納得するような賃金体系を用意するためにも，現地人材の知識が重要となる。

このように，現地人材がもつ強みを利用することが，海外子会社の強みにつながり得るのである。そのようにして現地拠点が能力を高めていけば，やがてグローバル市場にも貢献できる海外子会社になれる可能性があるだろう。

3 現地人材を活用する組織体制

ここまで，現地人材の活用の必要性について議論してきた。とくに日本企業は海外駐在員を多用する傾向が強く，現在でも，欧米の企業の方が海外子会社の主要なポストに現地人材を配置する傾向にある。そのため，海外駐在員を減らし，現地人材を活用することが今後の日本企業の課題であろう。

では，現地人材を活用するために，どのような組織体制を取るべきなのか。まずは海外駐在員がいつまでも残るような体制を改めなければならないだろう。そのためには，彼らの後継となり得るような人材を育成し，評価するためのプログラムを企業として備えておく必要がある。

また，本国本社に現地人材を派遣する「内なる国際化」を目指すことも有用であるとされている（吉原，1996）。すなわち，本国人だけでなく，現地人材も本国等のさまざまな国に派遣されていく体制を作るのである。このようなキャリアが用意されることで，現地人材のモチベーションは上がり，彼らのスキル構築やその発揮を促進できる。そのためには，そのような人材を評価するための新たな基準，キャリアパス，給与体系等を構築していく必要があるだろう。

ただし，現地人材を活用することが自己目的化してはいけない。確かに日本企業では現地人材の活用が進んでいないと批判されることがある。しかし，以上みてきたとおり，現地人材を活用することは目的ではなく，手段である。そのため，状況によっては海外駐在員が必要とされる局面もありえ，現地人材を活用すれば必ずしもパフォーマンスが上がるわけではない。一部の企業では，単純な人材の現地化を海外子会社の成功と安易につなげているところもあるが，そのような考えは忌避した方がよいだろう。

（大木清弘）

▷3 たとえば，日本人が好む味付け，ファッションなどは，中国人が好む味付けやファッションとは異なる。より具体的にいえば，中国では外で取れた野菜の泥を，洗濯機で洗いたいニーズがあるという。こうした現地文化に根差したニーズは現地人材の方が理解しやすいと言えるだろう。

▷4 こうした「内なる国際化」を体現している企業としてはスミダコーポレーションが挙げられる。スミダコーポレーションはアジアや欧州に多数の製造拠点を持つ電子部品メーカーで，日本本社に日本人以外の取締役を抱えている。また，日本人だけを優遇するような姿勢を，企業理念で強く否定している。

参考文献

Perlmutter, H. (1969) "The tortuous evolution of the multinational corporation," *Columbia Journal of World Business*, January-February, pp.9-18.

吉原英樹（1996）『未熟な国際経営』白桃書房.

コラム

ダイバーシティ・マネジメント

1 ダイバーシティとは

ダイバーシティとは，日本語に訳すと「多様性」である。性別，人種，民族，国籍などが異なるさまざまな人材を一つの組織としてまとめ上げ，活用することで優位を得ていくことが，ダイバーシティ・マネジメントの目的である。

とくに近年はダイバーシティ・マネジメントの重要性が強調されている。たとえば，調査会社等が行う「優れた企業」の評価項目の中にも，女性の活用等に関する項目が含まれるようになっている。これは，企業の社会的責任 (CSR) の観点から，ダイバーシティ・マネジメントに取り組むことが，企業イメージにも影響を与えるようになってきたことを意味している。

多国籍企業では，国の違いから生まれるダイバーシティがもたらすコンフリクトを解消するという消極的な意味だけではなく，競争優位を得るというより積極的な意味でダイバーシティ・マネジメントが重要となる。なぜならば，多国籍企業の競争優位の源泉の一つには，グローバル展開からえられる多様性からの学習があるからである。多様な市場での経験が，よりイノベーティブな製品の開発につながることもあれば，さまざまな国のマネジメント・プロセスの良いとこどりをすることで，グローバルに強固な組織体制を作れる可能性もある。もちろん，ドメスティックな企業でもダイバーシティ・マネジメントは重要だが，多国籍企業だとより重要になると考えてよいだろう。

2 多国籍企業とダイバーシティ・マネジメント

では，多国籍企業だからこそ考えるべきダイバーシティとは何か。最も一般的なのは各国の文化である。

ホフステードは，各国の文化を測る指標として「権力格差（どれくらい権力を重視しているか）」，「個人主義（どれだけ個人間のつながりが弱いか）」，「男性度（収入等を重視し，家庭を重視しないか）」，「不確実性回避（リスクを回避する傾向にあるか）」，「長期志向（長期的な志向をもっているか）」の5次元を明らかにし，各国ごとの文化の違いを明らかにした（ホフステード，1991 = 1995）。こうした文化の違いをマネジメントしていくためには，異文化を尊重した上で，異なる文化を橋渡しする管理者を用意したり，それらを上回るような組織文化を社内に浸透させたりすることが重要となる。そうすることで，海外従業員が働きやすく，強みを発揮しやすい企業となるのである。

ただし，国ごとの違いはある程度克服可能であり，その結果同一国内の違いの方が大きくなるケースもある。たとえば，馬越 (2000) はある米国企業の調査によって，米国本社と海外子会社間の意識の差異は，米国本社と米国支社の意識の差異よりも小さいことを明らかにした。国際的な文化の違いを克服するようなマネジメントを行うことで，逆に国内の意識の差異の方が大きくなるケースもある。ここから，多国籍企業において，まず克服すべきは国ごとの差異であっても，必ずしもそれだけに注力すればよいわけではないことがわかる。国ごとのダイバーシティにばかり目を奪われて，同一国内のダイバーシティを軽視することがないように注意すべきである。 （大木清弘）

参考文献

G. ホフステード (1991 = 1995)『多文化世界：違いを学び共存への道を探る』岩井紀子・岩井八郎訳，有斐閣．

馬越恵美子 (2000)『心根（マインドウェア）の経営学』新評論．

第 IV 章 事業戦略論

Ⅳ　事業戦略論

1　SWOT分析

1　SWOT分析

SWOT（スウォット，またはスワット）分析とは，企業のStrengths（強み）とWeaknesses（弱み），環境のOpportunities（機会）とThreats（脅威）の頭文字をとったものであり，企業の業績は，企業内部の要因の強みと弱みと，外部要因の環境の機会と脅威によって決まるというものである。

SWOT分析自体は，事業戦略論が登場する以前，1960年代に経営政策論において生み出された経営計画策定ツールを起源とするとされる。この考え方は非常に説得性があり，企業の業績の優劣を事後的に説明することができる。しかし，企業の将来の戦略を立てる際に，環境要因の機会と脅威とはどのようなものか，企業の強みと弱みはどのようなものかについて，具体的な指針を与える分析が欠けていた。

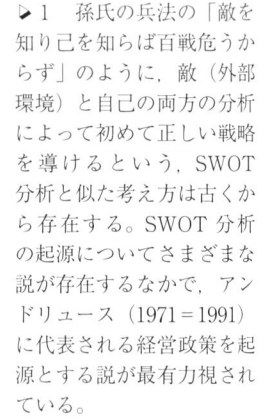

2　ポジショニング・アプローチとRBVをつなぐものとしての戦略論への移入

やがて，戦略論において1980年代に環境を分析するポジショニング・アプ

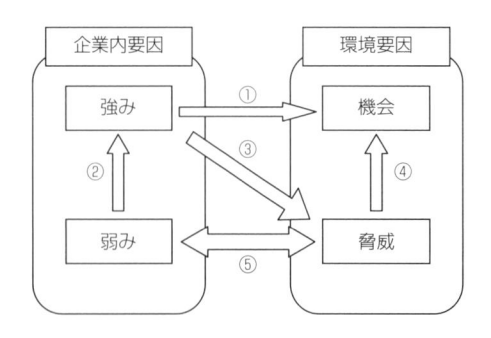

▷1　孫氏の兵法の「敵を知り己を知らば百戦危うからず」のように，敵（外部環境）と自己の両方の分析によって初めて正しい戦略を導けるという，SWOT分析と似た考え方は古くから存在する。SWOT分析の起源についてさまざまな説が存在するなかで，アンドリュース（1971＝1991）に代表される経営政策を起源とする説が最有力視されている。

①自社の強みを用いてものにできそうな機会があれば，積極攻勢に打って出る。
②機会があるのにそれを実現するために必要な強みがない，または障害となりそうな弱みがあれば，強みを蓄積することで克服する。
③脅威に対し，強みで打消し，解消する。
④脅威を解消するよう，環境に働きかける。
⑤脅威があり，それが問題となる弱みが見つかったら，②〜④の方策での対策や，撤退を考える。

図Ⅳ-1　SWOT分析

（出所）　バーニー（2002＝2003），淺羽・牛島（2010）をもとに作成

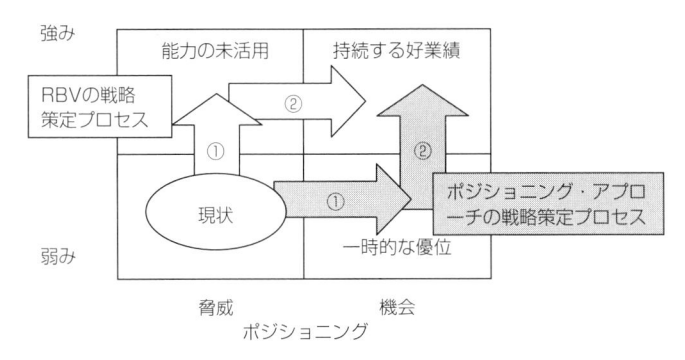

図Ⅳ-2　ポジショニングと模倣困難性の構築の関係性

ローチと，企業内部の活用すべき経営資源を導き出すリソース・ベースド・ビュー（RBV）が登場する。この両者を統合するものとして，SWOT分析は戦略の策定の有用な分析ツールとして，新たな生命を与えられることになった。

詳しくは後の章で説明するが，戦略論におけるポジショニング・アプローチは，業界内での有利なポジショニングによって競争力を高めること，SWOT分析における機会を把握することに重点を置く議論である。しかし，いったん儲かると判明したポジションは，ライバルも狙ってくるので，これに対して防衛する手段がないとならない。ビールの原価において酒税が占める比率が高く，酒税は材料によって決まっている構造をうまく利用し，発泡酒，第3のビールが登場した。これらを最初に発売したメーカーは利益を手にしたが，競合他社も次々と同じ戦略をとり，独占的な状況は持続しなかった。

一方のRBVは，模倣困難な経営資源をベースとして戦略を考え，SWOT分析における強みを構築することを重視する。しかし，水中で生活することに優れた能力を身に着けた魚を陸に上げては何もできないように，いくら強みを鍛えたところで，適した環境に能力を活用しないと無意味である。

戦略論においては，ポジショニング・アプローチとRBVがそれぞれ別の体系として登場・発展したが，結局のところ，チャンスを見つけたならそれを独占する強みが必要であるし，強みを獲得したならそれを最大限に活用する場を選択することが不可欠である。両者は補完的な議論であり，どちらを先に考えるか，戦略的に実行するのかの違いはあれ，企業はポジショニング，リソースともに優れた状態を目指さないとならない。たとえば，藤本（2002）は日本企業が工場など現場において高い能力を蓄積しているのに対して，本社の戦略構想が不十分でポジショニングが悪いため，能力が活かされず収益性が低い状態にある。これに対し，日産とルノーの提携において，ゴーン社長を迎えてブランド力や収益力を強化する改革が行われたように，能力とポジショニングを結び付けることで高い業績が実現すると指摘している。

（和田剛明）

参考文献

M.E. ポーター（1980＝1995）『競争の戦略』土岐坤・服部照夫・中辻萬治訳，ダイヤモンド社．

淺羽茂・牛島辰男（2010）『経営戦略をつかむ』有斐閣．

K.R. アンドリュース（1971＝1991）『経営幹部の全社戦略：全社最適像の構築・実現を求めて』中村元一・黒田哲彦訳，産能大学出版部．

J.B. バーニー（2002＝2003）『企業戦略論：競争優位の構築と持続』岡田正大訳，ダイヤモンド社．

藤本隆宏（2002）「企業の実力」日本経済新聞社編『やさしい経営学』日本経済出版社．

IV 事業戦略論

2 ポジショニング戦略／ファイブ・フォース分析

1 事業戦略（競争戦略）の登場

1960年から1970年にかけて，アメリカで企業のM&Aブームが起こったが，その多くは成長性の高い事業を獲得し，成長性が低くなるとこれを手放すということを繰り返していた。

この背景には，企業がどの事業に進出するべきかという企業戦略はあったが，事業の業績はさまざまな偶然と外部要因によって変動するものとされ，企業がマネジメントできるというアイディアがなかったことがある。このため，いざ進出した先の事業において，どのように高い業績を獲得し，維持するかということが考慮されていなかった。この問題点に対して，事業における競争に勝利するための事業戦略（競争戦略）の概念を提唱した人物が，ポーターである。

2 勝てるポジションを選択するための分析

産業組織論の研究者であったポーターは，S-C-Pパラダイムをベースに，産業構造が収益性を規定するので，この分析をまず行う。ついで，これに対応する行動をとることで，ライバルより高い収益を手にすることを可能とするという，事業戦略（競争戦略）の策定プロセスを構築した。

前段の産業構造の分析について，ポーター（1979＝2010）で提示された分析手法がファイブ・フォース分析であり，その概要は以下のとおりである。企業の産業における競争に影響し，収益性を左右する要因として，①業者間の敵対関係，②新規参入の脅威，③サプライヤーの交渉力，④顧客の交渉力，⑤代替品の脅威の「五つの競争要因」と，これらの五つの競争要因の脅威の原因となる項目についてチェックすることで，自社の事業に影響をおよぼす要因を洗い出すことができる。

企業はファイブ・フォース分析によって浮かび上がった要因に対して，自社の強みと弱みを当てはめるSWOT分析を行い，優位を得られるポジションを見つけ出す。そして，このポジションへ進出し，優位を確定させるための行動計画を策定するというのが，ポーターによって提示された事業戦略策定プロセスである。ポーターは，競争を回避することができるよいポジションをみつけだし，これを選択することを重視しており，この考え方を受けた戦略論の系譜は，ポジショニング・アプローチと呼ばれる。

▷1 アンゾフは，既存事業の拡大化戦略について言及していたが，拡大化による業績の維持には限界があるため，多角化が必要であると説いており，事業の衰退を抑える意味合いが強かった。（→ I-3 ）

▷2 S-C-Pパラダイム
S-C-P (Structure-Conduct-Performance：産業構造—企業行動—成果）パラダイムは，産業構造にもとづいて企業が行動し，企業行動によって市場の成果が代わるという考え方である。産業組織論に従えば，企業の独占的利益を排除するには産業構造を改革するべきとなる。対して，競争戦略論では，企業が独占的利益を手に入れるために産業構造を利用するべきとなる。

▷3 ネイルバフとブランデンバーガー（1997＝1997）が指摘したように，補完財供給業者も競争に影響をおよぼす。このため，近年では補完財供給業者を第6の力として加える修正モデルも提案されている。

▷4 ファイブ・フォース分析は，それぞれの質問項目について，各項目が脅威となるか，チャンスとなるのか，その影響度がどれほどかは，企業の能力と戦略にもとづいて分析者が判断しないとならず，分析結果には主観が介在する。

Ⅳ-2 ポジショニング戦略／ファイブ・フォース分析

```
                        潜在的な参入業者
                         ②新規参入の脅威
                             ↓
   ④サプライヤーの脅威              ③顧客の脅威
  ┌────────┐   →  業界内のライバル  ←   ┌────┐
  │サプライヤー│        ↻             │顧客│
  └────────┘      ①業界内の競争        └────┘
                             ↑
                         ⑤代替品の脅威
                         ┌──────┐
                         │代替品│
                         └──────┘
```

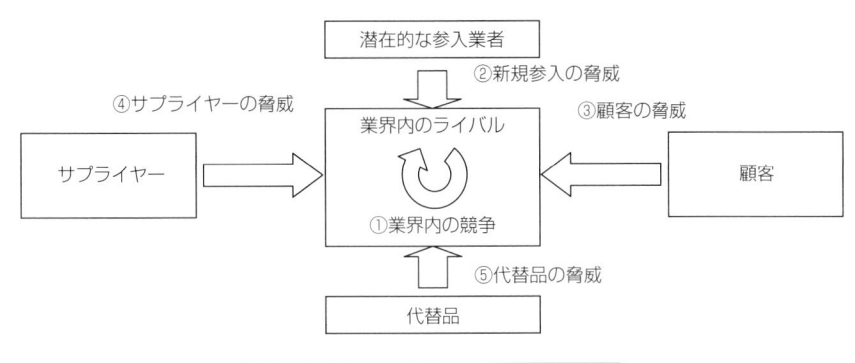

図Ⅳ-3　ポーターの五つの競争要因図

① 業界内の敵対関係：牛丼チェーンのように熾烈な値下げ競争をしていると，利益は少なくなる。競争が激しくなる要因としては，「同業者が多い，または規模の優劣がない」，「業界の成長が遅く，ライバルから売上を奪わないと成長できない」，「固定コスト，在庫コストが高く，売り切ろうとする圧力が高い」，「製品差別化が困難で，値段の勝負になる」，「他の事業とシナジーが発生しており，その事業で儲けを度外視した企業がいる」，「撤退障壁が大きく，儲からなくてもやめられない」などの状況が挙げられる。

② 新規参入の脅威：現在業界内の競争が穏やかでも，新たな企業が参入してくれば，やがて競争は激しくなる。「規模の経済性が働かず，他事業とシナジーが発生しない」，「製品差別化が困難」，「少額の投資でも事業が可能」，「仕入先にこだわらない流通チャネルがある」，「経験効果など，その他のコスト優位がない」，「政府の認可などの手続きが必要ない」といった条件が揃った産業は，新規参入によって利益が損なわれる恐れがある。ただし，産業構造的には新規参入がしやすくとも，既存企業が対抗値下げなど反撃をするとの予想がある場合，これが心理的障壁となって参入が弱まる可能性がある。

③ 顧客の交渉力：顧客に製品を買い叩かれると，利益は低くなる。「顧客が大口でお得意様」，「製品が差別化されていないため，安い製品を選べばよい」，「顧客が儲かっておらず，その支出において高い比率を占め，優先的にコストカットの対象とされる」，「顧客が原価などの情報をつかんでいる」場合に，買い叩かれやすい。また，顧客が後方統合して，直接のライバルになる場合も考えられる。

④ サプライヤー（供給業者）の交渉力：サプライヤーに高く製品を売りつけられれば，利益は少なくなる。サプライヤーの交渉力については，③の顧客の逆を考えればよい。

⑤ 代替品の脅威：高速道路の休日上限1,000円割引によって鉄道やフェリーが打撃を受けたように，同様の機能を提供する代替品における値下げ，品質向上といった動向も，業界の利益に影響をおよぼす。

(和田剛明)

▶5　たとえば，ライバルの数が多くとも，技術蓄積によって生産コストが低い企業ならば，脅威とならないだろう。また，差別化戦略によって独自の地位を築くことで脅威を無効化できる。逆に，ライバルの数が少なくシェアが拮抗していても，自社が赤字覚悟の価格で販売しシェアを維持している状況ならば，当然，厳しい事業である。

▶6　ファイブ・フォース分析は，全社戦略において，新たにどの市場に参入するかを事前に分析するツールとして用いることができる。

参考文献

M.E. ポーター（1979＝2010）「競争の戦略：五つの要因が競争を支配する」DIAMOND ハーバード・ビジネス・レビュー編集部『戦略論1957-1993』ダイヤモンド社.

M.E. ポーター（1980＝1995）『競争の戦略』土岐坤・服部照夫・中辻萬治訳, ダイヤモンド社.

B.J. ネイルバフ・A.M. ブランデンバーガー（1997＝1997）『コーペティション経営：ゲーム論がビジネスを変える』嶋津祐一・東田啓作訳, 日本経済新聞社.

沼上幹（2008）『判りやすいマーケティング戦略（新版）』有斐閣.

Ⅳ 事業戦略論

3 RBV (Resource Based View)

1 資源をベースとした競争戦略の登場

ポーターから始まるポジショニング・アプローチにおいては，企業をとりまく環境要因が企業の業績を決定することが強調される。しかし，そうであるならば，環境要因は企業が等しく利用できるため，すべての企業が同じような分析をして，同じようなポジショニングをして，同じような業績に落ち着くはずである。しかし，現実には企業はさまざまなポジショニングをしており，その業績もさまざまである。

この，企業間の戦略と業績の差異を生み出すのは，何であるのか。企業の内的要因からそれを説明したのが，1980年代なかばに登場した**RBV**（Resource Based View）である。

2 RBVの基礎

RBVでは，企業に蓄積されたヒト，モノ，カネ，情報といった経営資源に注目する。企業ごとにこの蓄積が異なるため，実現可能な製品・サービスは代わってくることになる。ただし，これらの経営資源が容易に調達できるものであれば，すべての企業が成功している企業の資源保有と活用のパターンを真似し，同じような資源をもち，同じような製品・サービスを行うことになる。

RBVが注目するもう一つのポイントは，経営資源の中には獲得が難しいものがあり，さらに，経営資源を活用するパターンが真似しにくいということにある。真似されにくい資源およびその活用のパターンによって，他社と異なる製品・サービスを展開すれば，その独自性によって高い収益性を上げ，かつ長期にわたって持続させることを可能とする。

RBVでは，企業は現状の保有する経営資源をもとにして，そこから引き出される真似されない製品・サービスは何か。また，将来的に真似されない経営資源をどのように蓄積するかをもとに，戦略を策定することを目指す。

Ⅰで説明したコア・コンピタンスの活用の議論は，事業の範囲を超え，全社戦略として資源を蓄積する戦略である。たとえば，シャープは優れた液晶技術とブランドを製品に展開することで高い価値を獲得し，多様な製品を開発することで，他社に真似できない液晶技術を蓄積し，ブランドを構築している。

▷1 RBV
企業について資源の面から注目し，その多様性を説明する概念枠組みは，企業を生産資源の集合体であるとするペンローズ（1995＝2010）（第1版の出版は1959年）によってすでに提示されていた。他に，リーダーシップの特性，企業文化（→Ⅸ-10）の違いなども企業の戦略に差異をもたらす要因である。

▷2 バーニー（2002＝2003）では，RBVに連なる論者によって，経営資源，ケイパビリティ，コア・コンピタンスと別の用語がつかわれ，微妙な意味は異なるものの，本質的に同じものとしている。その上で，彼は事業戦略に関するものを経営資源またはケイパビリティ，多角化戦略に関連するものをコア・コンピタンスと使い分けている。

3 模倣困難性の源泉

真似されない，または真似されにくい経営資源やその活用パターンがどのようなものかは，バーニー（2002＝2003）の整理にしたがってまとめると，以下のような特性をもつものである。

①独自の歴史の中で蓄積された資源
　A．時間をかけて歴史の中で蓄積された資源：技術蓄積，消費者の信用の獲得など，資源には獲得に時間をかけるしかないものがあり，これを短期間で手に入れようとすることは難しい。たとえば，10年分の生産ノウハウの蓄積のある企業を追いぬくには，相手が1年分のノウハウを蓄積する間に，2，3年分のノウハウを蓄積することが必要になる。ほかには，『創業100年の老舗』の看板を1年で手に入れようとしても，不可能である。
　B．経路依存的に獲得された資源：過去の特殊なイベントにおける選択の結果得られた経営資源は，後から同じものを手に入れることは難しい。たとえば，放送・通信事業の認可は，電波の割り当てが行われたときに参入・取得することは容易であるが，枠が埋まったのちに獲得することは難しい。

②因果関係がわからない・観測しにくい資源
　A．見えざる資産・暗黙知：汎用の生産設備に体化された知識や，マニュアル化された形式知は，その存在を特定し，購入することができる。しかし，人や組織に蓄積された技術・ノウハウ（暗黙知）は見えないので，優位となるものを特定することが難しく，人の経験をコピーすることは不可能である。このため，人や組織を引き抜かない限り獲得することができない。
　B．システムとして機能している資源：企業内の効率的な価値連鎖や，組織内の協働から生み出される競争力は，企業内部の活動をつぶさに観測しない限りわからない。また，一部のみがわかって，部分的に真似しても意味がないものであり，企業を丸ごと模倣しようとすればコストがかかる。

③再現が困難な資源
　蓄積が社会的な複雑なプロセスによるもので，そのプロセスを企業がマネジメントできない資源は，望んでも手に入らない。たとえば，「職場のチームワークが良い」ことが競争力につながるとして，企業が無理やり従業員を連携させることはできない。ほかにも，洋服，バッグなどではブランド品が高い価格で売れるが，企業が自社の製品をブランド品として認めてほしいとアピールして，そのままブランド品になれるわけではない。

④法によって保護された資源
　特許権，商標権，意匠権，著作権など，法によって保護された知財は，使用料を支払うか，保護期間が過ぎるまで使用できない。

（和田剛明）

▶3　このような意図的に蓄積できない資源は，確かに他社に真似されにくい。しかし，これは自社も意図して蓄積できないことを意味する。ある時点で自然と身についていたことに気づき，事後的にそれが収益性に結びつくポジションへと戦略的な活用をしていくことになる。

参考文献

安藤史江（2000）「ドミナント・ロジック」高橋伸夫編『超企業・組織論：企業を超える組織のダイナミズム』有斐閣．
J.B. バーニー（2002＝2003）『企業戦略論：競争優位の構築と持続』岡田正大訳，ダイヤモンド社．
E. ペンローズ（1995＝2010）『企業成長の理論（第3版）』日高千景訳，ダイヤモンド社．

Ⅳ 事業戦略論

4 VRIO フレームワーク

マラソンのトップランナーを，100m 競争に出場させても，記録は振るわないだろう。他者に負けない能力があっても，それが適切に活用されない環境にもっていけば，途端に無価値になる。RBV の戦略においても，企業に蓄積された真似されない資源が，適切に生かされる市場を選択しないとならない。資源が適切に活用されているか，これを確認するための分析ツールとしてバーニー（2002＝2003）が提示したのが，VRIO（ブリオ）フレームワークである。

VRIO とは，Value（価値），Rarity（稀少性），Imitability（模倣困難性），Organization（組織）の四つの単語の頭文字をとったものである。VRIO フレームワークは，企業が資源を活用するにあたり，この四つの問いに順に答えることによって，それが適切なものかを判別することを可能とする。

1 Value（経済価値）に関する問い

○その企業が保有する経営資源やケイパビリティが，外部環境における脅威や機会に対応することを可能とするか？

この問いは，冒頭の例であれば，マラソンが得意ならマラソンに出場し，100m 競争や水泳といった能力が活きない土俵では勝負するな，ということである。企業の競争においては，資源を活用できる環境を選ぶことが，経済価値を生み出すための大前提となる。▷1

2 Rarity（稀少性）に関する問い

○その経営資源を現在コントロールしているのは，ごく少数の競合企業か？

いくら経営資源が豊富であっても，同レベル，または自分を上回る経営資源や能力をもつライバルがいれば，競争に負けてしまう。逆に，経営資源に乏しくとも，自分に並ぶものがなければ勝利することができる。

企業間の競争においては，競争優位を得て，高い収益を上げることができるかどうかは，自社が活用しようとする資源がありふれたものか，稀少なものかによる。▷2

▷1 資源を活かした製品・サービスに注目し，それが顧客にとって価値を生んでいるかと考えてもよい。たとえば，「不味い料理」を提供することにおいて他社が真似できない（または，そもそも真似しない）能力を保有しているレストランは潰れてしまう。顧客にとって価値がない製品・サービスは，真似される，されないを論じる前に成り立たない。

▷2 価値についての問いのように，製品・サービスについて注目するならば，それが稀少かどうかと考えてもよい。たとえば，酸素がなければ人は生きていけない。この点で，酸素は比類ない価値をもっているが，大気中に存在し，無料でいくらでも手に入る（稀少ではない）。このため，スキューバダイバー用の酸素ボンベなど酸素が稀少な環境で使用するように工夫しない限り，酸素の販売は商売にならない。

表Ⅳ-1　VRIOフレームワークと競争優位性

価値が あるか	稀少か	模倣 困難か	組織能力の 優劣 ◀3	競争力と収益性の評価
No	—	—	劣 ↑↓ 優	競争力がなく，儲からない
Yes	No	—		並みの競争力で，通常レベルの収益性。
Yes	Yes	No		現在は競争力があり，収益性は高い。 しかし，一時的なものである。
Yes	Yes	Yes		現在競争力があり，収益性は高い。 そして，これが持続する。

（出所）バーニー（2002＝2003）をもとに作成

3 Imitability（模倣困難性）に関する問い

○その経営資源を保有していない企業は，その経営資源を獲得あるいは開発する際にコスト上の不利に直面するか？

ある時点で稀少な資源をもっており，高い収益を上げていても，その資源の獲得が簡単であれば，同様の資源を手に入れたライバルが多数登場する。この結果，時間とともに稀少性が薄れることになる。

どのような特性をもつ経営資源が模倣困難性であるかは，前節においてまとめてあるので，これを参考にされたい。

4 Organization（組織）に関する問い

○企業が保有する，価値があり稀少で模倣困難な経営資源について，これを活用するための組織的な方針や，手続きが整っているか？

ことわざに，「猫に小判」というものがある。小判は価値があり稀少で，貴金属として普遍的な価値をもつが，その価値を理解し，使うことができる者がもたないと意味がない。経営資源に関しても，それを活用する組織的な能力をセットでもった企業が保有して，はじめてポテンシャルが活かされる。たとえば，プラハラッドとハメル（1990＝2010）は，日本企業がコア・コンピタンスを活用する戦略をもっていたのに対し，現在の事業ベースで戦略を策定していた欧米企業が，コア・コンピタンスとなり得る経営資源を活用できなかったと指摘している。

また，組織能力の高い企業は，経営資源の蓄積ペースにおいて他社を上回るので，現状の経営資源のレベルを引き上げ，稀少性，模倣困難性を高めることができる。

以上の四項目をチェックすると，企業が自社の経営資源を活用する戦略が，競争上の優位につながるのか，それが持続するかを判別できる。（和田剛明）

▶3　分析者が組織能力について判断を加え，価値，稀少性，模倣困難性の条件が悪くとも，組織能力によりこの状況を改善・克服できると考えるなら，下の競争力が高い欄に。条件が良くとも，組織能力が低くこれを活用できないと考えるなら，上の欄へと補正を行う。

参考文献

J.B. バーニー（2002＝2003）『企業戦略論：競争優位の構築と持続』岡田正大訳，ダイヤモンド社．
C.K. プラハラッド・G. ハメル（1990＝2010）「コア・コンピタンス経営」DIAMOND ハーバード・ビジネス・レビュー編集部『戦略論1957-1993』ダイヤモンド社．

Ⅳ　事業戦略論

5　競争戦略の基本型

1　三つの基本戦略

　ポーター（1980＝1995）は，有利なポジションを見つけた後，そのポジションで優位を築くことに成功する戦略として，①コスト・リーダーシップ戦略，②差別化戦略，そして③集中戦略の三つを指摘した。この三つが，競争における基本戦略である。

　コスト・リーダーシップ戦略は，業界内で最も低いコスト構造を目指す戦略である。ライバルより安く製品を作ることができれば，ライバルと同じ価格で販売しつつ高い利益率を実現する。または，ライバルに対して攻撃的な価格設定に出て，シェアを奪い売上を伸ばすことが可能である。

　一方，差別化戦略は自社の製品やサービスを差別化し，特別だと認識される価値を創造する戦略である。オンリーワンで替えが利かない製品になれば，ライバルとの競争から逃れ，顧客から高い価値を獲得することができる。

　第三の集中戦略は，低コストまたは高付加価値を実現するために，特定の品種に絞って生産する，特定の買い手や地域をターゲットとするなど，特定セグメントに事業の絞り込みを行ったうえで，企業の資源をそこに集中する戦略である。たとえば，自動車において1車種しか作らず，開発コストや生産設備の変更コストを抑え，コストダウンする。◁1　または，職人の手作りで世界に1台しかないスーパーカーを作り，マニアに高い値段で販売するといった戦略がこれにあたる。

▷1　消費者が多様な製品を求めない製品分野においては，業界全体が一つのセグメントとなり，コスト・リーダーシップ戦略や差別化戦略と集中戦略の違いがなくなる。たとえば，自動車産業初期において，フォードはT型フォードに車種を絞り込んで量産して成功した。

2　基本戦略間の戦略的な相反

　この三つが基本戦略となるのは，それぞれの戦略に求められるオペレーショ

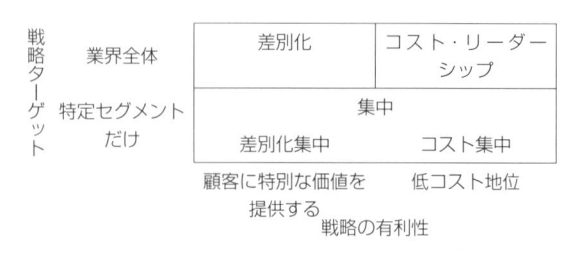

戦略ターゲット		差別化	コスト・リーダーシップ
	業界全体	差別化	コスト・リーダーシップ
	特定セグメントだけ	差別化集中	コスト集中
		顧客に特別な価値を提供する	低コスト地位
		戦略の有利性	

図Ⅳ-4　競争戦略の基本型

（出所）　ポーター（1980＝1995）

図Ⅳ-5　スタック・イン・ザ・ミドル

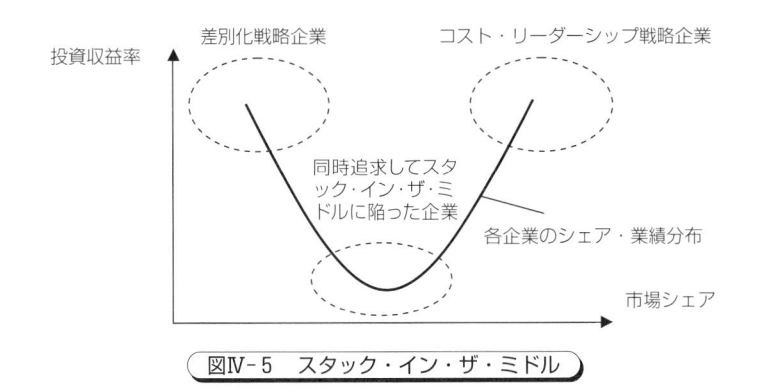

縦軸：投資収益率
横軸：市場シェア
- 差別化戦略企業
- コスト・リーダーシップ戦略企業
- 同時追求してスタック・イン・ザ・ミドルに陥った企業
- 各企業のシェア・業績分布

ンが異なるからである。

　まず，コスト・リーダーシップ戦略と差別化戦略を比較すると，コスト・リーダーシップ戦略においては，研究開発をおさえる，デザインを固定化して工程の最適化を進めて効率的生産をする，製品構造を簡素化する，**少品種大量生産**[2]によるコストダウン，マーケティング支出の抑制といったことが求められる。

　一方，差別化戦略においては，顧客の求める製品を開発するための積極的な研究開発と製品エンジニアリング，製品の作りこみ，多様なニーズに応える多品種少量生産，ブランド構築と価値訴求のためのマーケティング支出などが求められる。

　これらの二つの戦略に対し，集中戦略はコストまたは差別化の追求において，品種やセグメントを絞り込むという違いがある。ただし，手法の違いはあれど，コスト・リーダーシップ戦略，差別化戦略いずれかのサブ・バージョンともみなすことができる。このため，コスト・リーダーシップ戦略はⅣ-6，差別化戦略はⅣ-7であらためて詳しく取り上げるが，集中戦略は本節での解説にとどめることとする。

③ スタック・イン・ザ・ミドル

　コスト・リーダーシップ戦略と差別化戦略は，コストを抑える，コストをかけるというように求められるオペレーションが異なる。このため，同時に追求しようとすると「二兎を追うものは一兎を得ず」というように，中途半端な業績に陥るとされ，この状態をスタック・イン・ザ・ミドルと呼ぶ。ただし，スタック・イン・ザ・ミドルが発生する状況は，企業の能力や経営資源が同水準であることを前提としており，すべての産業でおこるものではない。組織能力がある，あるいは最先端の高効率設備がある企業は，高品質の製品を低コストで生産しうる。また，消費者が品質と価格の両立を強く希望する製品もある。たとえば，自動車では日本企業が製造品質とコストのバランスのとれた製品で国際競争力をもっている。

（和田剛明）

▶2　少品種大量生産
少ない品種に絞って大量に生産すること。モデルチェンジにともなう工程の見直し・変更が不要であり，最適化された生産ラインで連続的に生産できる。
この逆に，消費者のニーズに合わせて多数の品揃えをし，少量の細かいニーズに対しても供給しようとするものが多品種少量生産である。少品種大量生産に対し，原材料の調達や生産ラインの変更などコストがかかり，一般に生産効率が低下する。

参考文献
M.E.ポーター（1980＝1995）『競争の戦略』土岐坤・服部照夫・中辻萬治訳，ダイヤモンド社.

Ⅳ　事業戦略論

6　基本型①：コスト・リーダーシップ戦略

1　コスト・リーダーシップ戦略の優位性

　ポーター（1980＝1995）のポジショニング戦略においては，有利なポジションを獲得し，ついでその優位を防衛することが要諦である。後続の企業も多大な出費をすれば強引に逆転は可能であるが，先に事業を始めたほうが優位であるため，追撃の意思決定を躊躇わせる優位性について，ポーター（1985＝1985）の挙げた要因をもとに整理すると，以下のようになる。

①生産・販売数による競争優位性
　A．規模の経済性による抑止効果：「1個当たりコスト＝コスト÷製品生産数量」であり，研究開発費，設備費，土地代，広告費，間接費など固定的な支出に関して，量産すればするほど反比例して1個当たりコストが下がるのが，規模の経済性である。これは同じ数量生産すれば模倣できるが，既に大量生産している企業がある中，大規模投資をして挑戦すれば過剰供給に陥り互いに値崩れするなどリスクが高く，同様の戦略をとることを思いとどまらせる。[1]
　B．経験効果：製品を多く作ることにより，生産ノウハウが蓄積され，製造コストが下がる効果を経験効果と呼ぶ。先に大量に生産して経験を積むことで，後続企業よりコスト優位性が得られる。この優位性の分だけ値段を下げて販売すれば，後発企業よりコストが低いから，後発企業より安く作れ，安く売れる。後発企業よりたくさん売れるから，たくさん生産をおこない経験を積み，後発企業よりコストが低い……という循環強化により，優位を維持できる。
　C．サプライヤーに対する交渉力：大量生産していることにより，サプライヤーにとっては大口の重要顧客となり，高い交渉力を背景として，後発企業より安く調達できる。
　D．シェア No.1 であることの顕示効果：消費者には，製品購入の意思決定において，一番売れていることを重視するものも多い。また，小売店も目立つ場所に陳列してくれる。コスト上の優位からはずれるが，ライバルがいない中で売上を確保すれば，それ以降はいちばん売れているから売れる循環に乗る。生産数が多くとも，他社と同じ価格で販売すれば

▶1　ただし，鉄鋼産業や半導体産業のような設備産業の場合，後述するように一般に最新の設備を導入した大規模工場の方が生産効率が高まる。このため，古い設備を抱えた先発企業に対して，後発企業が最新鋭大規模工場を建設することで逆転するケースがある。

平均的な売上しか得られない。よって、コスト・リーダーシップ戦略をとる企業は、利益をあまり上乗せしない浸透価格戦略をとり、薄利多売を仕掛けることを一般に選択する。先にこの戦略を仕掛けることで、大量生産・大量販売しているからコストが下がり、価格競争力や販売力が高まり、さらに大量生産・大量販売が可能になる循環強化プロセスが生じ、競争優位性を維持・強化することが可能になる。

②生産・販売数によらない優位性

A．有利な立地の確保・独占：原材料の搬入コスト、労働賃金、物流効率、産業集積など、立地は製品のコストに影響を与える要素である。有利な立地を先に確保すれば、後発企業の利用を排除できる。

B．特許の取得：製品に関する主要技術の特許を抑え、後発企業が同等の条件で生産ができないようにする。

2 先発優位以外のコスト優位

上記の先発することで得られる優位以外にも、コストダウンをするマネジメントは存在する。これらにおいて、後発企業が先んじてコストを逆転することがないように、先発企業はこれらにも積極的に取り組む必要がある。

①積極的な技術、設備投資によるコストダウン

後発企業は、その時点での最新の設備を利用し、生産システムを構築することができる。先発企業は、自社の技術が時代遅れとなって優位を失わないように、技術開発投資、設備投資をしないとならない。

②部品共通化

品種間、旧モデルと新モデル製品間で、部品を共通化することにより、開発投資や新規調達先の開拓コスト、設備や生産ライン変更コストを抑制する。

③活動連携の強化

企業内部および取引企業間の活動の連鎖を効率化することによって、コストを抑制する。たとえば、コンカレント・エンジニアリングやフロントローディング、デザイン・フォー・マニュファクチュアリングによる設計・生産活動の効率化、サプライチェーン・マネジメントによる在庫圧縮などが挙げられる。

④組織能力の強化

経験効果などのコストダウンは、組織的な問題解決と改善の結果である。後発企業の組織能力が高く、より速いペースでコストダウンできると、コスト優位を逆転される。よって、組織能力を常に高い水準に維持しないとならない。

（和田剛明）

▶2 たとえば、立ち食いそば屋には多数のメニューが並んでいる。しかし、麺という「部品」に注目すれば、うどんとそばの2種類しかない。このため、多数のメニューを提供して顧客のニーズに対応しつつ、麺は量産品を使用してコストを抑えることができている。このように、うまく製品の内部構造を切り分け、「使いまわし」をすることができれば、コストを抑えることが可能となる。

▶3 たとえば、戦後の日本の自動車メーカーはアメリカ企業に対して後発企業の地位にあり、生産性において劣位にあったが、組織的なコストダウン努力を続けた結果、地位の向上を実現した。

参考文献

M.E. ポーター（1980＝1995）『競争の戦略』土岐坤・服部照夫・中辻萬治訳、ダイヤモンド社.

M.E. ポーター（1985＝1985）『競争優位の戦略』土岐坤・中辻萬治・小野寺武夫訳、ダイヤモンド社.

Ⅳ　事業戦略論

7　基本型②：差別化戦略

1　差別化戦略の優位性

　差別化戦略は，消費者に評価される特別な価値を創造する戦略である。買い手に求められている製品がどのようなものなのかを見つけ出し，開発・生産・提供する具体的プロセスとその具体的な管理手法は，Ⅴ章のマーケティング論において詳述されているので，これを参考としてほしい。本節では，差別化戦略において，ライバル企業の模倣を防ぎ，優位を持続させるための戦略について論じていきたい。

　ポーター（1985＝1985）は，差別化が持続する条件を二つ挙げている。ひとつは，買い手がどれくらい長く価値を認めてくれるか。もう一つは，他社がどれくらいの時間にわたって差別化を模倣しないかどうか，価値の模倣困難性である。そして，後者の価値の模倣困難性については，その価値の源泉が模倣困難であるしかないと論じ，競争相手が模倣できない経営資源をもとに，差別化を進めるべきであると指摘している。ポジショニング・アプローチの開拓者であるポーターではあるが，こと差別化戦略においては，環境と内部資源をセットで考え，持続可能性を考える，VRIO フレームワークに近い考え方を共有していたことになる。◁1

2　差別化する要素の設定

　差別化戦略は，単純に言葉だけみれば他社とは「差がある，別である」製品，他社が手掛けていない製品・サービスを提供する戦略ことになる。しかし，差別化戦略とは，あくまで，消費者に評価される特別な価値を創造する戦略である。他社が手掛けていない理由には，他社がまだ気づいていない，他社がやろうとしてもできないというものの他に，他社は既に検討したうえでビジネスにならないからやらない，というものがある。

　たとえば，空を飛べる車はどの自動車メーカーも販売していない。だからといって，これを商品として売り出したところで，運転の許可の下りない乗れない車となり，誰も買わないだろう。 Ⅳ-4 の VRIO フレームワークでも確認したように，価値があることは競争優位性の大前提である。

　差別化戦略においては，欲しがる消費者はどれほどいて，支払う金額がどれほどで，供給するためのコストがそれを下回るかを計算しなければならない。

▷1　たとえば，ポーター（1979＝2010）では，ポジショニングの事例として「ドクターペッパー」をとりあげている。「ドクターペッパー」は，最大の売上を誇るセグメントであるコーラ系飲料は，コカ・コーラとペプシコという大手がいるので避け，独自の味を開発し差別化するポジショニングをした。さらに，ポジショニングだけではなく，味の独自性を強調する広告宣伝を展開し，ブランド認知と顧客ロイヤルティを高める優れたマネジメントが合わさって，高い業績を実現したと評価している。

3 製品差別化の源泉と複製コスト

どのような経営資源をもとに製品差別化をすれば，持続する競争優位が手に入るのか。バーニー（2002＝2003）は，ポーター（1985＝1985）が挙げた製品差別化の源泉についてそれぞれ評価している。バーニーは，単純な製品の特徴や機能だけでなく，それを生み出すプロセスが，模倣困難性の源泉になるとして，特に模倣・複製のコストが大きいとものとして，次のようなものを指摘している。

①企業内部での機能横断的なリンケージによって生み出される価値
　たとえば，バリューチェーンにおいて，製造・販売・アフターサービスが連携し，満足できる製品・サービスを生み出している場合，活動を特定し，模倣することが困難である。
②タイミングによる価値
　たとえば，最初にこのセグメントの製品を開発した「元祖」であることで支持されている場合，「元祖」の地位は他に真似されない。
③ロケーションによる価値
　顧客にとって利便性の高い地域に店舗を立地していれば，高い価値を生み出せる。そして，土地は先に取得したものが独占的に利用できる。
④評判による価値
　消費者の高い評価，信頼が価値を生んでいる場合，他社が真似しようとしても，評判や信頼は望んだからといって，すぐに手に入るものではない。
⑤アフターサービスとサポートによる価値
　質の良いサポート部隊を抱えていることが，消費者の評価につながる。ライバル企業は，製品・サービスの直接の特徴や機能に注目しがちであり，サポートの良さを見落としがちである。

4 スイッチング・コスト

ポーター（1985＝1985）は，差別化自体では優位が持続しない場合の最後の手段として，差別化の価値が維持されているうちに，消費者が他の製品に切り替える際のコスト（スイッチング・コスト）を高める仕掛けを仕込んでおき，模倣に備える戦略を指摘している。

たとえば，ある企業のデジカメで撮影したデータを引き継ぐには，同じ会社の後継製品を買うしかない。または，デジカメの操作に慣れてしまったために，ボタン配置やメニューが違う他社製品を使うのがためらわれる，といったものがスイッチング・コストである。このように，購入した消費者にセットで使う付属品やデータ，または慣れ・熟練といった，製品特殊な資産を抱え込ませることができれば，他社に対して優位が持続する。

（和田剛明）

▷2　ただし，たとえばデジカメのデータをパソコンに取り込んで，通常の画像ファイルとして扱えるようにするソフトが出るなどによって，スイッチング・コストも無効化されうる。ライバル企業によるスイッチング・コストの無効化については，Ⅳ-10を参照のこと。

参考文献
M.E. ポーター（1979＝2010）「競争の戦略：五つの要因が競争を支配する」DIAMOND ハーバード・ビジネス・レビュー編集部『戦略論1957-1993』ダイヤモンド社．
M.E. ポーター（1985＝1985）『競争優位の戦略』土岐坤・中辻萬治・小野寺武夫訳，ダイヤモンド社．
J.B. バーニー（2002＝2003）『企業戦略論：競争優位の構築と持続』岡田正大訳，ダイヤモンド社．

Ⅳ　事業戦略論

8　業界標準の獲得競争

1　ネットワーク産業における競争

　ポーター（1980＝1995）が提示した競争戦略の基本型は，①コスト・リーダーシップ戦略，②差別化戦略，③集中戦略の三つであり，製品本体の価格または品質によって，競争する世界である。しかし，業界標準規格を巡る争いは，ネットワーク外部性による直接効果，間接効果という，製品本体とは異なる価値が発生し，競争の優劣につながり，いわば第4の競争戦略である。

　業界標準競争においては，ネットワーク外部性の存在により，売れたものがより売れ，独占的なシェアを獲得できる。このことは，デファクト・スタンダードを獲得することにより，企業は持続的な競争優位を持てることを意味する。

　業界標準の決定プロセスについては，Ⅱ-8 において解説しているので，本節では，競争戦略における業界標準競争戦略について解説する。

2　業界標準の獲得競争における勝利の確定時点

　業界標準競争においては，他の規格にさきがけて発売し，後発規格が登場する前に普及数を獲得しておけば，ネットワーク外部性によって勝利することができる。問題になるのは，Blu-ray と HD-DVD，SCE のゲーム機「Playstation」とセガの「セガ・サターン」のように，ほぼ同時期に，同機能をもち代替関係にある製品が登場し，競争をするケースである。

　デファクト・スタンダードの獲得競争において，ネットワーク外部性の優位

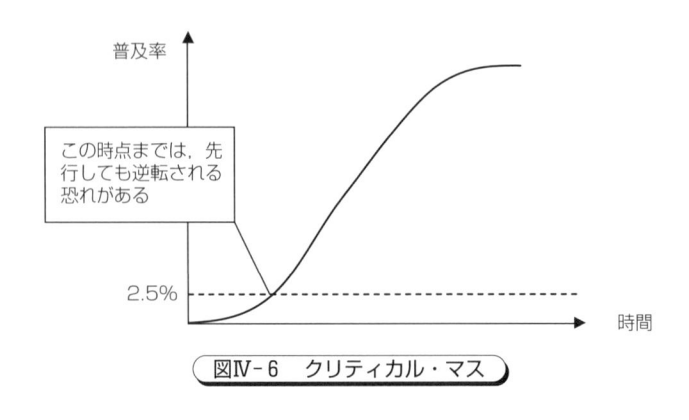

▶1　1990年代半ばにおけるゲーム機の業界標準獲得競争においては，SCE の「Playstation」とセガの「セガ・サターン」が争い，「Playstation」がデファクト・スタンダードといえる独占的な地位を獲得した。しかし，2000年代半ばからの携帯ゲーム機競争においては，任天堂の「DS」とSCE の「PSP」がそれぞれすみ分けて，併存している。ネットワーク外部性が働きうる製品でも，製品の差別化が一定程度図られていれば，差別化戦略による競争にしたがうと考えられる。

図Ⅳ-6　クリティカル・マス

図Ⅳ-7　浸透価格戦略

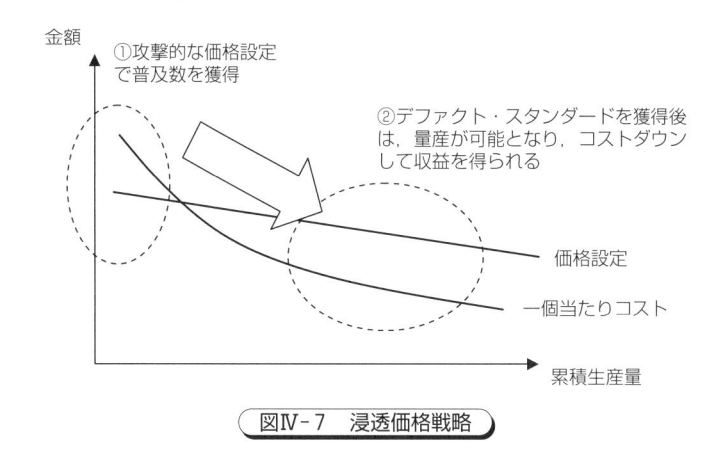

性によって勝利するには，先にどれだけ普及数を稼げばいいのか。勝敗を分ける普及数を，クリティカル・マスと呼ぶ。業界標準の研究によると，先に消費者の2～3％に普及した規格が，規格間競争に勝つとされている[2]。よって，このクリティカル・マスに先に到達することで，後発企業が追いつけない安全圏へ逃れることができることになる。

③ クリティカル・マスに先に到達するための浸透価格戦略

クリティカル・マスに先に到達することができれば，デファクト・スタンダードを獲得し，将来的に大きな利益が獲得できる。この将来の利益を得るために，短期の利益を捨てて低価格設定するものが，浸透価格戦略である。これは，初期にコストぎりぎり，もしくはコスト割れするような価格設定をして，競合規格に対する価格競争力によって製品を浸透させ，さきにクリティカル・マスに到達する。そして，デファクト・スタンダードを獲得できれば，量産が可能となり，規模の経済性や経験効果によってコストが下がり，黒字転換したのちは高い収益が得られる。たとえば，家庭用ゲーム機は価格が高いと普及しないとされており，浸透価格戦略がとられる。

ただし，市場における販売価格はライバルも容易につかめる情報であり，価格設定を変えることは値札を張り替えるだけでできる。浸透価格戦略を仕掛けた段階では模倣困難性は乏しく，ライバルも同様に値下げをして対抗してくることが想定される。企業体力に差がない場合，もしくは相手が上回る場合は，協調による普及促進が必要となる。

④ 協調による普及促進

規格の初期の普及を促進する戦略としては，補完財の供給体制を整備することでネットワーク外部性の間接効果を強化する，規格をオープン化するといった戦略がある。この戦略選択については，Ⅱ-8 を参照されたい。

（和田剛明）

▷2　イノベーション普及モデルにおいては，ユーザーがイノベータだけだった状況から，製品普及におけるオピニオン・リーダーとなる初期小数採用者へと普及が始まる分岐点にあたる。

参考文献

M.E. ポーター（1980 = 1995）『競争の戦略』土岐坤・服部照夫・中辻萬治訳，ダイヤモンド社.

Ⅳ　事業戦略論

9　製品ライフサイクルに応じた戦略

1　製品ライフサイクルと戦略の転換

　製品ライフサイクルの議論に従えば，市場の立ち上げ期から購入者数が増えるに従って，平均的なコストが変わり，顧客が価値を重視するか価格を重視するかが変わる。企業はこれに応じて，戦略を転換しなければならないというものが，製品ライフサイクルに応じた戦略転換の考え方である。

2　市場導入期の戦略

　市場が立ち上がってすぐは，市場は小さい。参入している企業数も少なく，各社の技術蓄積の差は少ない。一方，消費者は新しさに惹きつけられてきたマニアが多い。

　企業は，技術革新，生産ノウハウの蓄積，戦略的資源の先取，ブランドの構築，顧客にスイッチング・コストを発生させる仕組みづくりなどにより，後発企業に対する優位を確保しないとならない。また，デファクト・スタンダードの獲得競争では，この時点で参入し，クリティカル・マスを達成するかが勝負となる。

　この状況において，企業は二つの選択肢を持つ。一つは，製品の購入に積極的なマニア（イノベータ）層にアピールし，差別化戦略をとる選択である。マニア層は数が限られているが，「目新しさ」という価値を評価して高価格で購入してくれるため，生産数量が少ないことによるコストの高さをカバーできる。そして，マニア層の意見をもとに製品修正を進め，量産への下準備を進める。

　もう一つは，一気に量産を進め，普及価格設定によって一般層に浸透を図る戦略である。市場が立ち上がるか不確定な中，量産の投資を行うことはリスクが高いが，製品がヒットすればコスト・リーダーシップ戦略によるアドバンテージを得られる。◁1

3　成長期の戦略

　マニアから徐々に口コミで製品が広まる，または普及価格帯設定による攻勢によって市場を広げる試みが成功することにより，一般層に製品が受け入れられるようになった段階が成長期である。成長期には，消費者の認知獲得や販売経路開拓が一通り完了し，販促費は相対的に低下する。また，市場規模の拡大

▷1　市場が徐々に立ち上がるか，それとも一気に立ち上がるかは，消費者が製品・サービスの価値を理解しやすいか，製品・サービスの「斬新さ」に左右される。まったく今までと異なる製品ではなく，VTR に対する DVD のように既存製品の改良的な製品で，製品のもたらす価値が理解されやすいものであれば，普及価格設定により浸透を図りやすくなる。

により規模の経済性が働くようになる。

　一方，市場の成長性が誘引となり，競争業者が多数参入してくることになる。企業は，シェアを獲得しコスト・リーダーシップ戦略をとるか，差別化戦略で高い付加価値を獲得するか，市場におけるポジショニングの選択を求められる。

④ 成熟期の戦略

　一般層にひととおり製品がいきわたり，市場の成長の鈍化や縮小が起こり始めた段階が，成熟期である。成熟期に入ると，市場成長を各社が分け合って成長するということはできない。決まったパイの奪い合いになり，互いに値引きや品質・サービス向上を競い合う競争状態になる。この段階において企業は二つの選択肢を持ち，ひとつは成熟市場となったことを前提として，オペレーション効率を引き上げる，広告・宣伝活動に注力するなどによって，事業の継続を図る選択である。もう一つは，市場，製品，マーケティングミックスの修正をおこない，新たな需要を開拓する拡大化戦略によって成熟市場を再び成長軌道へと導くことによって，成長を維持する選択である。▷2

⑤ 衰退期の戦略

　液晶テレビの登場によってブラウン管テレビが売れなくなったように，技術革新によって消費者の需要が新たな市場へと移行すると，市場は衰退期を迎える。衰退期においては，全ての企業が利潤を上げることが困難になり，企業の淘汰が始まる。ただ，市場が衰退しても，こだわりのある消費者による買い替え需要など一定の規模の需要が残る場合がある。たとえば，CDが登場してもアナログのレコードの音質が良いとレコードにこだわる消費者，ハードディスク記録型のデジタルビデオカメラが登場しても，子供の成長記録を8ミリビデオカセットに記録したので，ビデオカセットプレーヤーが必要だという消費者などが挙げられる。

　企業は，このような消費者をターゲットとして事業の継続を図る，残存者利益の獲得戦略をとるか，撤退・新事業への移行を選択することになる。▷3

①市場リーダーシップ戦略：ライバルが撤退する中，追加投資や撤退企業の買収をおこない，一社独占の市場とする戦略。▷4
②ニッチ戦略：衰退市場の中で，高い付加価値が得られる層にターゲットを絞り，自社の生産設備・組織をスリム化しつつ，差別化集中を行う戦略。
③（即時的）撤退戦略：衰退期になったら，他に引き取り先がいるうちに，事業を他社へ売却し，資金の回収を図る戦略。
②収穫戦略：新規投資を行わず，利益が上がる間は事業を継続し，売上の回収を図る戦略。

（和田剛明）

▷2　成熟期における成長の維持の戦略としては，Ⅰ-3のアンゾフ成長ベクトルにおける市場浸透，製品開発，市場開拓の拡大化戦略などが該当する。

▷3　Ⅱ-1でも解説したように，製品ライフサイクルはあくまでも経験則である。いったん衰退に向かったと思われた市場が，技術革新によって活力を取り戻す脱成熟化が起こり，再度成長に向かう場合もある。たとえば，家庭用ゲーム機産業は衰退と次世代のハードの登場による再成長を何度も繰り返している。製品ライフサイクルは企業が積極的に市場の活力維持の努力をしてきたかの結果にも左右されるものであり，成熟期や衰退期に脱成熟化を目指す積極投資をする戦略的選択もありうる。

▷4　PHS市場におけるウィルコムが挙げられる。

Ⅳ 事業戦略論

10 後発企業の戦略

1 後発企業の競争戦略

製品市場において，時間がたつにつれ，良いポジションは埋められ，先発企業が戦略的に優位を構築していく。このなかで，後発企業が先発企業に挑戦するためには，その優位に対抗するための戦略が必要になる。

2 同質的な競争による対抗

コスト・リーダーシップ戦略は，大量生産による効率化をコスト競争力の源泉にしている。これに対抗するには，コスト劣位を無視して対抗的な価格を設定し，シェアを奪う。または，先発企業を上回る設備投資を行い，生産規模で上回り，コストを逆転するといったように，相手の優位の源泉であるシェア，生産量において凌駕する力技が考えらえる。

3 異質な戦略による対抗

先発企業は，無為な存在ではない。たとえば，コスト競争によって正面から勝負を挑めば，対抗して値下げしてその目論見を破ろうとする。山田（2004）は，著書『逆転の競争戦略』において，先発企業が優位を構築している土俵で勝負することを避け，異質な戦略によって攻撃をおこなうべきとしている。以下，山田（2004）をもとに四つの戦略パターンを示す。

①異質な経営資源・ビジネスモデルによる攻撃

リーダー企業のもつ企業資産（ヒト・モノ・カネ）を無効にする製品・サービスで攻撃する戦略である。既存企業が挑戦者企業に対抗するためには，既存の資産を捨てて，後から追いかけなければならなくなるため，対抗しにくい。とくに，マネジメント・システムや流通チャネルといった，すぐに組み替えて"追いかける"ことが困難な経営資源を狙うと効果が大きい。▶1

この例としては，ハンバーガーショップチェーンの競争が挙げられる。リーダーのマクドナルドは，一等地に出店し，高い集客力と大量販売による規模の経済性を活用してコスト・リーダーシップ戦略をとっている。土地代が高いため，客の回転率が勝負となるため，お客を待たせない，素早く調理できるメニューが原則となる。

▶1 後述のマクドナルドとモスバーガーのケースでは，互いに違うニーズを持つ市場セグメントをターゲットとしており，生存領域を棲み分けている。このようなリーダー企業が手を出せないニッチ（隙間的な）領域を狙う企業は，ニッチャーと位置づけられる。
これに対し，T型フォードに特化した量産工場を強みにしていたフォードに対し，多品種展開で市場を奪ったGMのように，同じ市場セグメントに対して攻勢を仕掛ける企業は，挑戦者企業と位置づけられる。

これに対し,「モスバーガー」はやや郊外に立地していることで,地価を抑え,客の回転率が低くとも成り立つと同時に,顧客が大量に来店しない。この条件のもと,注文が入ってから手間をかけ,味を訴求するメニュー作りをし,高い付加価値をとっている。「モスバーガー」に対抗し,時間のかかるメニューを導入すれば,マクドナルドは客の回転率が下がり,高い土地代の負担に耐えられないため,対抗できない。

②ロックイン効果の無効化

　リーダー企業製品に対する『慣れ』や,ソフトウェアの蓄積により,スイッチング・コストが発生するため,顧客が製品を乗り換えにくいロックイン効果が働いているならば,これを無効化する。たとえば,ワープロソフトでは「Word」が一番使われており,ユーザーは「Word」の機能に慣れ,これに対応する形式の文章ファイルを保有している。これに対抗するには,機能や操作性で同等のものを開発するとともに,「Word」対応の文章ファイルを,自社のソフトで読み込める変換機能を提供する必要がある。

③論理の自縛化

　企業は消費者に対し一定のメッセージを発信している。顧客に対して発信してきた論理に矛盾する行動は,顧客からの信望を失うことを意味するために,これに縛られて追従することは出来ない。

　たとえば,戦後のビール業界でリーダーであった「キリンビール」は,ラガービールにおいて"新鮮さ"を売りにしてきた。これに対して,1967年に『生ビール』が登場する。キリンビールにとって,自社が生ビールを発売し,『生ビール＝新鮮』と強くアピールすると,今までのラガービールが新鮮と主張してきたことを翻すことになり,しばらくの間,追従が出来なかった。この間に,サントリー,サッポロ,アサヒがシェアを伸ばすことが可能となった。また,企業は消費者に対して発するメッセージだけではなく,企業はドミナント・ロジック(→Ⅰ-6),組織慣性(→Ⅸ-7)のように,自社内部に論理を抱えている。Ⅶ-7のイノベータのジレンマにおいて,リーダー企業が優良顧客を相手にすることに囚われ,本来対応できたはずの分断的技術によって市場に参入した企業に敗れるように,リーダー企業の抱える成功の論理と反するビジネスによる挑戦も有効である。

④事業の共喰化の誘発

　手を出すと,リーダー企業が強みとしてきた事業の売上を損なう「共喰」(カニバリゼーション)が起こる事業に手を出す戦略である。

　たとえば,J&Jは,毛先が小さく口内の奥まで届くことを売りにした「リーチ」を発売した。毛先を小さくした歯ブラシが普及すると,歯磨き粉の使用量を減らすことになる。リーダー企業のライオンは,小型歯ブラシが自社の歯磨き粉事業の売上を食ってしまうと考え,手が出せなかった。　　(和田剛明)

▷2　これは事業間の共喰化の事例であるが,同じ事業内でも,ビール市場においてビール風味飲料として発泡酒や第三のビールが登場したときに,大手のアサヒやキリンはビールの売上を損ねるため,反撃が遅れた。

参考文献

山田英夫(2004)『逆転の競争戦略：競合企業の強みを弱みに変える(新版)』生産性出版.

コラム

普及理論（イノベーションの普及）

1 イノベーションの普及モデル

新しい製品・アイディアが社会に普及していく過程を議論するものが，イノベーションの普及理論である。このイノベーションの普及理論は，新製品が消費者に受け入れられていく過程にあてはまるとされ，製品ライフサイクルの形状，普及に伴うターゲット消費者の変化，デファクト・スタンダード決定におけるクリティカル・マスなどを理解する助けとなる。

2 普及段階との採用者のカテゴリー

イノベーションの普及モデルは，イノベーション採用に対する心理的な積極性は正規分布に従うと仮定し，採用タイミングが平均からどれだけはずれているかによって，①イノベータ（革新的採用者），②初期採用者，③初期多数採用者，④後期多数採用者，⑤採用遅滞者にカテゴライズしている。

イノベーションの普及モデルは，ひとつの理念系である。新奇性の低い製品は，イノベータからの普及を待つまでもなく，最初から一般層が価値を理解することができる。また，企業の販売戦略として，最初から浸透価格戦略がとられれば，一気に普及は進む。音楽CDのように，発売の最初の週がピークとなる普及パターンを示すものも存在する。　　　　　（和田剛明）

▷1　製品市場全体，製品カテゴリー，個別製品それぞれに当てはめることができるとされるが，製品カテゴリーへの適合性が一番高いとされる。
▷2　新しいアイディアについて高い興味・関心を持ち，進んで採用して「実験台」となることをいとわない人々。マニア，オタクなどと同一視される場合もある。
▷3　早期にイノベーションを試用する革新性と，慎重で賢明な判断をくだす能力をあわせもった人々。彼らのイノベーションへの評価は，他の人間のイノベーションの採用の参考とされる。
▷4　初期採用者の評価をもとに，イノベーションの採用を決定する人々。イノベーションの普及過程において，社会の大勢にイノベーションを普及させるきっかけとなる。
▷5　社会の半数を占める人間がイノベーションを採用し，自分が少数派になった時点で採用へと動く，イノベーションに懐疑的な人々。
▷6　伝統的なアイディアに固執する保守的な人々で，他の大多数の人間がイノベーションを採用しようが，自己の信念を貫く人々。

参考文献
E.M.ロジャーズ（2003 = 2007）『イノベーションの普及（第5版）』三藤利雄訳，翔泳社．

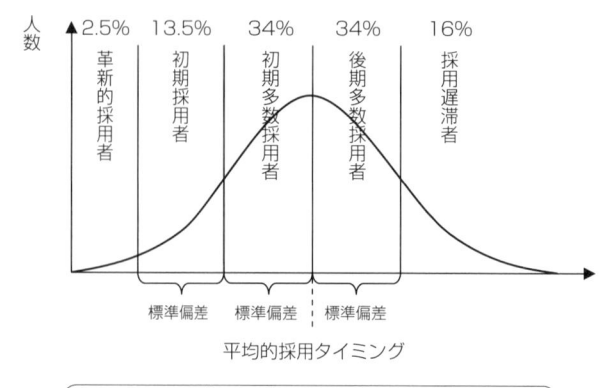

図Ⅳ-8　ロジャーズのイノベーション採用者分類

（出所）ロジャーズ（2003 = 2007）

第 V 章 マーケティング論

Ⅴ　マーケティング論

1　STPマーケティング

1　マーケティングの変遷

　かつて企業はすべての消費者に対して，一つの製品の大量生産，大量流通，大量プロモーションを行っていた。たとえば，コカ・コーラは市場全体を対象に1種類の飲料だけを生産し，それがすべての消費者に受け入れられることを期待していた。この考え方のもとに行われていた**マーケティング**[1]をマス・マーケティングと呼んでいる。マス・マーケティングにおけるメリットは，商品を大量生産するのでコストと価格が最低限に抑えられるということである。

　しかし，時代が進んでくると一つの製品だけではすべての消費者の**ニーズ**[2]にこたえられなくなってくる。企業は特徴や品質やサイズなどが異なる2種類以上の製品を生産するようになる。市場をいくつかのセグメントに分けて，その中の一つのセグメントにいる消費者に多様な製品を提供するようにしたのである。これは製品多様化マーケティングと呼ばれる。消費者には様々な嗜好があるという考え方のもと，このようなマーケティングが行われた。さらに消費者の嗜好が多様化してくると企業は市場全体を細かく細分し（Segmentation），その中からターゲットを絞り込み（Targeting），そのターゲットのニーズに適合するように商品を位置づける（Positioning）。これがSTPマーケティングである。

2　セグメンテーション（Segmentation）

　市場は消費者で成り立っているが，消費者はそれぞれ異なるニーズや購買習慣，購買力などをもっている。しかし，一人ひとりの消費者に合わせた製品を作っていては高価になりすぎてしまう。そこで，市場を構成する消費者を何らかの共通点に着目して，同じようなニーズをもつセグメントに分類することをセグメンテーション（市場細分化）という。消費者間の異質性を考慮する一方で，同一セグメントの中の消費者は同質であると考えている。

　市場はさまざまな変数で細分化することができるが，一般的によく用いられる細分化のための変数には，地理的変数（居住地域，就業・就学地域など），人口動態的変数（年齢，性別，職業，婚姻，所得，家族数，教育水準，ライフステージなど），心理的変数（パーソナリティ，ライフスタイル，価値観），行動的変数（使用場面，ロイヤルティ，使用頻度）などがある。企業は，これらの変数を一つ，あるいは複数使用して自社の製品に最も適応する市場の細分化を模索する。

▶1　マーケティング
時代や場所によって，マーケティングはさまざまに定義されている。
たとえば，アメリカマーケティング協会の定義は1940年，1960年，1985年，2004年，2007年に改定されてきた。最新版の2007年の定義によると，マーケティングとは，顧客，依頼人，パートナー，社会全体にとって価値のある提供物を創造・伝達・流通・交換するための活動，一連の制度，過程である。
一方，日本マーケティング協会の1990年の定義によると，マーケティングとは，企業および他の組織がグローバルな視野に立ち，顧客との相互理解を得ながら，公正な競争を通じて行う市場創造のための総合的活動である。

▶2　ニーズ
基本的な満足が得られていないと感じる状態のこと。
例）（のどが渇いた）今すぐに何か飲みたい。
ニーズを満たす具体的な事物への願望であるウォンツと区別される。
例）（のどが渇いた）コーラが飲みたい。

3 ターゲティング（Targeting）

　市場を細分化したら，次にその複数のセグメントの中でどこをターゲットにするかを決めなくてはならない。それぞれのセグメントの経済的な魅力と自社の目的と経営資源による制約の二つの条件を考慮した評価を行う。ターゲット設定の仕方には基本的に三つのやり方がある。一つ目は単一ターゲットアプローチである。単一のセグメント，単一の市場セグメントのみを対象にして，その市場セグメントに適応した**マーケティング・ミックス**（→ V-2 ）を構築する。これは比較的小規模な企業が絞られたターゲット市場内で圧倒的な強さを確立する場合に見られるアプローチである。二つ目は複数ターゲットアプローチである。これは細分化した市場のうち，対象とするべきセグメントを複数選び出して，それぞれに適応した別々のマーケティング・ミックスを構築するやり方である。リーダー企業が多くとるアプローチであり，たとえば，トヨタは顧客のタイプ別にさまざまな車種を用意している。三つ目は結合ターゲットアプローチである。いったん細分化し，ターゲットを決めた後で同じ戦略でアピールできる他のセグメントを探す。これはコストリーダシップ戦略をとる企業に見られるアプローチである。たとえば，リクルートが発行しているフリーペーパである R25 はもともと25歳以上のサラリーマン向けの雑誌であった。当初はサラリーマン向けの記事ばかりであったが，読者層を調べてみると意外と学生の読者が多いことがわかったので，学生向けの記事を入れることにしたという例がある。

4 ポジショニング（Positioning）

　市場のどのセグメントに参入するかを決めたら，そのセグメントでどのような「ポジション」を占めたいのかを決定しなくてはらない。製品の重要な属性に対して，消費者がどのようなイメージをもっているか，その製品が競争相手の製品に比較してどのような意識をもたれたいかを決定するのである。消費者は，特に生活必需品などでは，購入時に必ずしも毎回製品の再評価をするわけではない。購入プロセスを単純化するために消費者は頭の中で製品を分類する。つまり，製品やサービス，企業を心の中でポジショニングするのである。企業は自社製品がターゲット市場の中で最も有利になるようなポジショニング計画を立てなくてはならないし，計画どおりのポジションを獲得するためのマーケティング・ミックスを設計しなくてはならない。

　ポジショニングを行うにはまず，消費者が製品に対して期待するニーズを二軸で設定する。そして，この二軸で構成される四つの象限に製品を配置し，ポジショニングマップを作成すると，それぞれの製品がどの製品と競合しているかがわかる。

（桑島由芙）

▷3　ターゲティング
ポーター（1980＝1995）の言う集中戦略と似ているが，集中戦略とターゲティングは同じではない。たとえば，フルライン戦略をとる場合にも STP は存在する。集中戦略はどれか一つのセグメントをターゲットとするが，ターゲティングとはどのセグメントをターゲットにするのか明確にすることである。

▷4　たとえば，マツダは自社ブランドをセダンであれミニバンであれ，すべてスポーティに走る，そして乗って楽しい車でなくてはならないと位置づけ，ターゲット顧客を比較的若い，クルマを運転する楽しさを求める人と設定している。

▷5　マツダに対してトヨタはすべてのセグメントに対してそれぞれ異なる車をつくって対応するフル・カバレッジ戦略をとっている。製品ラインはフルラインであり，業界ナンバーワンのリーダー企業にはよく見られる戦略である。

▷6　たとえば，ファストファッションをポジショニングするためには安価／高価軸とファッショナブル／ベーシック軸で分けるなど分類する。

（参考文献）
M.E. ポーター（1980＝1995）『競争の戦略』土岐坤・服部照夫・中辻萬治訳，ダイヤモンド社．

V マーケティング論

2 マーケティング・ミックス

1 マーケティング・ミックス

　企業が顧客を獲得し，維持し，増やすためには企業は消費者に対して積極的に働きかける必要がある。マーケティング・ミックスとは，マーケティング戦略の目標を達成するために利用される統制可能な要素の組み合わせのことである。

　代表的なマーケティング・ミックスの構成要素としては，製品（Product ⇒ V-3），価格（Price ⇒ V-4），流通チャネル（Place ⇒ V-5），広告・販促活動（Promotion ⇒ V-6）の四つの要素があり，マッカーシーの4Pといわれる。市場細分化でターゲットセグメントを明確にした後は，そのターゲットセグメントに合わせた4Pを適切に計画し，管理することが重要である。また，個別のPの決定だけでなく，四つのPの個々の要素が相互に整合のとれたものとなっていなくてはならない。これらが整合的なものになっていないと，短期的には成功したとしても，長期的に成功を持続することはできない。たとえば，高級ブランドの製品を値引きプロモーションしたりすると短期的には売り上げが上がるかもしれないが，長期的にはブランド・イメージの崩壊につながり，消費者が離れていくだろう。逆に低価格品を高級店で販売しようとしてみても，顧客が高級店に求める製品と異なれば売れないだろうと考えられる。4Pの内部でそれぞれが整合的に一貫したものでなくてはならない。

　また4Pの組み合わせと，企業が直面しているマーケティング環境とが相互に整合したものでなくてはならない。その企業が行ったマーケティング・ミックスが，ターゲット顧客にとって魅力的なものであるかどうか，競合に対してそのマーケティング・ミックスは優位性があるか，またその4Pを自社内で実行し続けることができるかどうかなどを考慮したうえで決定しなくてはならない。

2 STPとの整合性

　4Pを考える際には，前節で説明したセグメンテーション，ターゲティング，ポジショニングとの整合性を図ることも重要である。たとえば，高品質のワインを高価格で販売するためにディスカウントストアを使用しても，ターゲットにしたセグメントには到達できないだろうと考えられる。高品質で高価格のワ

▷1　**SNS**
ソーシャル・ネットワーキング・サービス（英語：Social Network Service, SNS）の略で，インターネット上で社会的ネットワークを構築できるサービス。代表的なものに，日本ではmixi（ミクシィ）やgree（グリー），世界的にはFacebook（フェイスブック）などがある。

▷2　**ブログ**
狭義には，インターネット

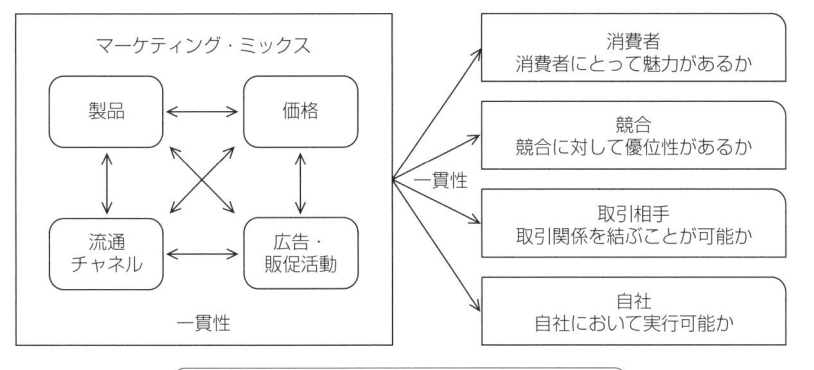

図V-1　マーケティング・ミックスの一貫性

インを販売するには，そのようなワインを嗜好すると考えられる層，たとえば高所得者で子育てもひと段落して生活に余裕があり，ワインを楽しめるような夫婦が住んでいる地域で，彼らが好んでいく高級スーパーなどで販売するなどの一貫性が必要である。

3　進化する4P

マーケティングに関する戦略概念，技術の高度化に伴って4Pの概念は進化し続けている。たとえば，広告・販促活動では，インターネットにおけるSNSやブログ，Twitter（ツイッター）の活用などより効果的なプロモーションやチャネル拡大がされている。これらは**チャネル・ミックス**，**メディア・ミックス**という概念を形成している。SNSやブログ，Twitterなどのインターネットを使って個人や組織が双方向の会話を行うことができるメディアをソーシャルメディアとよぶ。たとえば，デルコンピュータではTwitterでアウトレット品の情報をつぶやき，2007年から2年間で300万ドルの売り上げをTwitter経由で達成した。現在では10以上のアカウントを設置しており，製品ニュース，タイムセール情報，問い合わせへの回答などを流している。ソーシャルメディアは販促ツールとして有効なだけでなく，消費者と双方向のコミュニケーションツールとして活用されている。

価格分野ではたとえば，マクドナルドが人件費高騰などを理由に都市部では商品の価格を上げて，地方では価格を下げた地域別価格制が最近の事例としてあげられる。マクドナルドだけでなく，ディスカウントストアのドンキホーテは**プライベートブランド**「情熱価格」の一部商品について地域によって値下げをしているなど日本国内で相次いで導入されている。

さらには，4Pだけにとどまらず，近年ではフィリップ・コトラーがプロフェッショナル・サービスのマーケティング・ミックスとして物的証拠（Physical evidence），プロセス（Process），人（People）を加えた7Pを提唱している。

（桑島由芙）

上でウェブページのURLとともに，論評や覚書を記録（ログ）しているウェブサイトのことで，ウェブをログするというところからWeblog（ウェブログ）と呼ばれ，それが略されてBlog（ブログ）となった。現在では作者の個人的な日記や感想，あるいはその他の記録などを時系列で記録した記録などのウェブサイトを全般にブログと呼んでいる。

▷3　**Twitter（ツイッター）**
個人が，Tweets（ツイート，日本語ではつぶやきと意訳される）と呼ばれる140字以内の短文を投稿し，閲覧できるコミュニケーションサービス。

▷4　**チャネル・ミックス**
マーケティング活動において，広告，ダイレクトメール，店舗などの顧客への広告宣伝手段の戦略的な組み合わせのこと。たとえばダイレクトメールを発送後にフォローの電話を行うことで効果に差が出ることもある。

▷5　**メディア・ミックス**
製品の広告を行う際に，異なる種類のメディアを組み合わせることで各メディアの弱点を補うこと。

▷6　**プライベートブランド**
製品やサービスの流通業者によって作られ，所有されるブランドのこと。

参考文献

P.コトラー・T.ヘイズ・P.ブルーム（2002＝2002）『コトラーのプロフェッショナル・サービス・マーケティング』白井義男監修，平林祥訳，ピアソン・エデュケーション．
恩藏直人（2004）『マーケティング』日本経済新聞社．
小川孔輔（2009）『マーケティング入門』日本経済新聞社．

Ⅴ　マーケティング論

3　製品

> 1　製品
> 興味，所有，使用，消費の目的で市場に提供され，かつ欲求やニーズを満たすことのできるすべてのもの。

1　消費者は何を買っているのか

製品[1]はマーケティング・ミックスの4Pの中でも別格の地位が与えられている要素である。なぜならば，企業は製品差別化を通じた競争を展開しており，そのもっとも基本的な要素が製品だからである。「自社の製品あるいはサービスとは何か」と考えるとわかりやすそうで実はわかりにくい。自分が実は何を売っているのか，間違うこともしばしばある。消費者は製品の物理的な特徴だけを購入しているのではない。その製品が顧客に満足をもたらすのは，その製品が顧客に特定のサービスを提供しているからである。たとえばメルセデス・ベンツを購入する顧客の中には，自動車を移動の手段としてだけでなく，ベンツの安全性や，ベンツに乗ることでお金持ちである自分を演出することができるといったサービスに満足しているために購入する人もいるだろう。だから企業は，その製品のどのような特徴が顧客を満足させているのか，どのようなサービスを提供すれば顧客のニーズを満たすことができるのかについて考えなくてはならない。有形で購入後にその機能をいつでも利用できるものを製品，無形で即時的にしかその機能を利用できないものをサービスとよぶ。

2　製品の構造

製品の構造を構成要素の次元から見てみると，製品は三つのレベルに分けて考えることができる。もっとも基本的なレベルは製品の中核であり，消費者が本当に買っているベネフィットまたはサービスのことである。そして製品の中核をもとに製品の形態をつくりあげなくてはならない。中核ベネフィットを品質，デザイン，ブランド（→Ⅴ-10），パッケージで表現するのである。最後に，消費者に付加的なサービスとベネフィットを提供することによって，製品の中核と製品の形態の上にさらに製品の付随機能を作り上げなくてはいけない。たとえば製品の保証や取り付け，配送や返品・返金などのサービスがこれにあたる。

このように製品とは単なる物理的な特徴の組み合わせ以上のものである。消費者は自分のニーズを満足させるベネフィットが複雑に結びついた束として製品を見ている。

図V-2 製品の構造

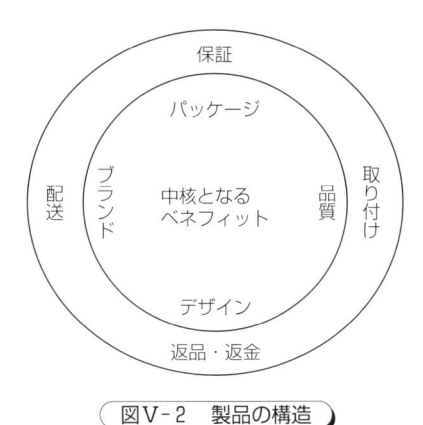

3 製品の分類

製品は使用期間によって二つに分けることができる。住居や家電製品のように長期間にわたって使用できるものを**耐久財**とよび，食料品や文房具などのように短期間で消費するものを**非耐久財**と呼ぶ。

また，製品は使用する消費者のタイプによっても，二つに分けることができる。消費財（Consumer product）と生産財（Industrial product）である。消費財とは，最終消費者が個人消費のために購入する製品である。一般に個々の消費者の購買力は小さく，地理的にも分散している。そのため流通網の構築や販促活動が必要となる。生産財とは個人や組織が加工用あるいは事業に使用する目的で購入する製品である。消費財と生産財の違いは購入の目的にある。ある消費者が自宅で使用するために炊飯器を購入したとしたら消費財であるが，同じ消費者がおにぎりのお店を開くために炊飯器を購入したとしたらそれは生産財となる。

消費財は，消費者の購買習慣に基づいてさらに三つに分けられる。最寄品（Convenience product，もよりひん），買回品（Shopping product，かいまわりひん），専門品（Specialty product）である。製品により，消費者の購買習慣は異なるのでマーケティング方法も変えなくてはならない。

最寄品とは，消費者が頻繁に，すぐに最小限の比較検討と購入努力で買うことが多い消費財であり，たとえば洗剤やチョコレートなどのお菓子が挙げられる。最寄品は通常低価格で，企業は消費者が必要な時にすぐに手に入るようにこうした製品を多数の店舗に置くようにしている。買回品とは，それほど頻繁に買わないもので，消費者は製品の適合性，品質，価格を情報収集の上，じっくり比較検討する。価格はやや高価格であり，家具や衣料品，大型家電製品などがここに含まれる。専門品とは独自の特性あるいはブランド力をもっていて，特別な努力を払って，たとえば遠くてもあえてその商品が売っているお店に足を運んで，購入する消費財のことである。ブランド品や車などがこれに含まれる。

（桑島由芙）

▷2 **耐久財**
耐久財は長期間にわたって所有・使用されるので製品に対する保証やアフターサービスが重要視される。

▷3 **非耐久財**
非耐久財は短期間で消費され，比較的頻繁に購買される。そのため，製品をさまざまな場所で手軽に購買できるようにしておくことが重要になる。

参考文献
P.コトラー・K.L.ケラー（2006＝2008）『コトラー＆ケラーのマーケティング・マネジメント』恩藏直人監修，月谷真紀訳，ピアソン・エデュケーション．

Ⅴ　マーケティング論

4　製品の価格設定

1　価格とは

　価格とは，製品やサービスに対して課された金額，あるいは製品やサービスの所有や利用から得られるベネフィットと交換に消費者が支払う価値の総称である。その製品やサービスに対して顧客が認める価値と企業が提示する価値が一致して初めて購入される。顧客にとっては，その製品やサービスを購入する尺度の一つになっている。また企業にとっては収益を創出するのは売り上げで，売り上げは価格と売上数量の掛け算なので，価格は企業の収益に直接的に影響する。また，製品や流通チャネルなどすぐに変更できない他のマーケティング・ミックスの要素と異なり，迅速に変更できるという特徴もある。

　また，価格はマーケティング・ミックスの他の要素の働きをサポートするという役割をもっている。価格設定の仕方を工夫することで，製品の差別化や流通チャネルの拡大，プロモーションの影響を拡大することができる。

2　安ければ良いわけではない

　経済学的には，価格は安ければ安いほど売れると考えられている。実際に価格の安さは製品の販売を促進するための強力な武器となる。日本マクドナルドは2000年2月に130円だったハンバーガーを平日は65円の半額に値下げした。その結果，マクドナルドのハンバーガーの販売数量は4.8倍に増加し，販売価格は低下したが売上高は倍増した。しかし，マーケティングにおいては，必ずしも安ければよいわけではない。リーバイスジャパンの価格戦略のケースを紹介しよう。リーバイスジャパンは1993年をピークに売り上げが落ち，1999年には11億円の経常赤字を抱えていた。なぜならば，リーバイスの「プレミアム・ブランド」としての位置付けが弱体化して，リーバイスの看板ジーンズである「501」は他の有名ブランドと比較して8900円と価格的にもプレミアム価格ではなくなっていた。そこで，2001年9月，長引くデフレの中，リーバイスジャパンは「501」をあえて8900円から9800円に値上げした。値上げされた価格が，再度リーバイスのプレミアムイメージ構築に貢献し，2001年以降3年連続増収をつづけ2002年11月期には25億円の経常黒字化に成功した。プレミアムな製品においては，値上げがブランド価値を高める場合もあるのである。これは，多くの消費者が価格で品質を判断するからである。消費者が高価格のプレミアム

▷1　当時，他の有名ブランドは1万円前後でジーンズを販売していた。

製品であると認識することで品質も高いと思うのである。これを心理的価格設定と呼ぶ。

3 価格設定における注意点

価格設定に失敗している企業は多い。よくある誤りとしては，**コスト**[2]の積み上げのみで価格をつけること[3]，競合の価格設定への対応のみで価格をつけること[4]，自社の製品ポジショニングを明確にせずに価格をつけることなどがある。

自社の製品ポジショニングを明確にすることは価格設定を行うに当たって重要なことである。製品が自分のニーズをどの程度みたしてくれるかという顧客の評価のことを顧客価値（Customer value）と呼ぶが，顧客価値と価格が一致するように設定するのが標準的な価格設定である。企業としてのマーケティング目的から製品のあるべきポジショニングを決定し，そこからあるべき価格設定をする。そしてその価格で販売できるための製造コストを算出するという方法で価格設定を行っている企業も多い。つまり，売価を先に決めてから，原価企画を行う。この方法は**ターゲット・コスティング**[5]（Target costing）と呼ばれる。

4 顧客価値

顧客価値と価格が一致するように設定するのが標準的な価格設定である。しかし，あえてそこをずらした価格設定を行う場合もある。海外企業との競争において日本企業はこれまで，顧客価値からすると割安の価格設定，という戦略をとって成功してきた。たとえば，メルセデス・ベンツは顧客が高い価値を認識し，高い価格で販売されてきた。そこでトヨタのレクサスはベンツ並みの品質の車を割安な価格で販売し，アメリカでヒットした。ユニクロも，低品質・低価格ではなく，良い品質のものを相対的に安く提供することで，日本のアパレル業界のなかでシェアを拡大した[6]。

顧客価値よりも高い価格で販売すると，一時的には利益を得られるかもしれないが，顧客は「ぼられた」と感じるため長続きしない戦略になるだろう。ここで注意が必要なのは，顧客価値とは，「顧客の」評価である。「うちの製品の品質は良いんだけど売れないんだよね」という企業ではほとんどの場合，実際の製品の価値が顧客に認識されていないのである。顧客が考えるその製品の価値と企業が考える価値（品質）に差があるため，顧客が割高な価格設定だと感じており，製品が売れないということになるのである。

これは消費財だけの話ではない。生産財でも製品の品質だけが顧客価値を形成しているわけではない。営業マンの対応・サービス，企業のブランドなど総合的な製品力が顧客価値を形成しているのである。 （桑島由芙）

▷2 **コスト**
コストとはある生産水準における固定費と変動費との合計をいう。固定費とは製造や販売の水準によって変化しない費用のことであり，変動費とは生産水準と連動して変化する費用のことである。

▷3 **コストプラス型価格設定**。製品のコストに標準的な利幅を付加したもの

▷4 **競争基準型価格設定**。自社のコストや需要には注意を払わず，主な競合他社の価格と同じか高く，あるいは低く価格を設定すること。

▷5 **ターゲット・コスティング**
製品のあるべき価格を設定し，その後にその価格で販売するためのコストを設定すること。

▷6 「ユニクロのTシャツを買って調べたら三倍の値段で売っているウチの商品と品質がほとんど変わらないと分かった」と大手百貨店の幹部が発言しているほどである（『日本経済新聞』2000年4月6日付夕刊）。

参考文献

上田隆穂（2003）『ケースで学ぶ価格戦略・入門』有斐閣.

V　マーケティング論

5　流通チャネル

1　流通の役割

　流通とは，生産者から消費者までの製品の流れとそれにかかわる一連の諸活動のことである。流通の役割は，生産者と消費者の懸隔(けんかく)を架橋し，製品やサービスの効用を高めることである。

　生産者と消費者の間には隔たりがあり，生産者によって作られた製品がすんなりと消費者の手に渡るわけではない。そこには大きく分けて四つの隔たりがある。まず，生産者と消費者が違うという人の隔たり，そして生産地と消費地が違うという空間の隔たり，生産時点と消費時点が違うという時間の隔たり，最後に生産者と消費者が持っている情報が違うという情報の隔たりである。つまり，流通とは，それらの隔たりを結んでズレを少なくするように生産者から消費者にむけて商品が流れる一連の過程のことをいう。

2　流通の機能

　生産者から消費者までの流れには三つの流れがある。一つは商取引の流れとしてどのような経路をたどるのかという商流である。製品は流通業者や顧客が買い取ることで，倉庫や店舗を経由しながら最終的な顧客の手元に届く。この売買や取引の流れを商流という。二つ目はモノの輸送・保管に関してどのような経路をたどるのかという物流(ロジスティクスともいう)である。物流は生産者と消費者の間にある空間的隔たりと時間的な隔たりを埋める役割を果たす。その基本的な手段は保管と輸送である。最後はそれに伴う情報流である。保管や輸送をスムーズに行うためには配送拠点と店舗の間に正確な受発注情報のやりとりが必要である。近年は情報システムを導入することで保管や輸送の管理を一元化する**サプライチェーン・マネジメント**(SCM)に取りくむ企業も多い。そしてこれらの構成員がさまざまな活動を遂行することによって，流通が実現する。つまり，流通機能とは各々の流通フローのために必要とされる活動を機能レベルで捉えた概念である。商流は生産者と消費者との人の隔たりを取り結ぶ活動であり，物流は時間・空間の隔たりを取り結ぶ活動である，そして物流と商流を補助する活動として商品の宣伝広告などの情報活動などの情報流，売買代金の決済に関わる金融活動がある。

▷1　**懸隔**(けんかく)
二つの物事の間に大きな隔たり，ズレがあること，かけはなれていること。

▷2　**サプライチェーン・マネジメント**(Suppy Chain Manegement)
供給連鎖管理と訳される。生産から消費にいたる商品供給の流れを「供給の鎖」(サプライチェーン)ととらえ，それに参加する企業間で情報を共有・管理し，統合的な物流システムを構築するためのマネジメント。

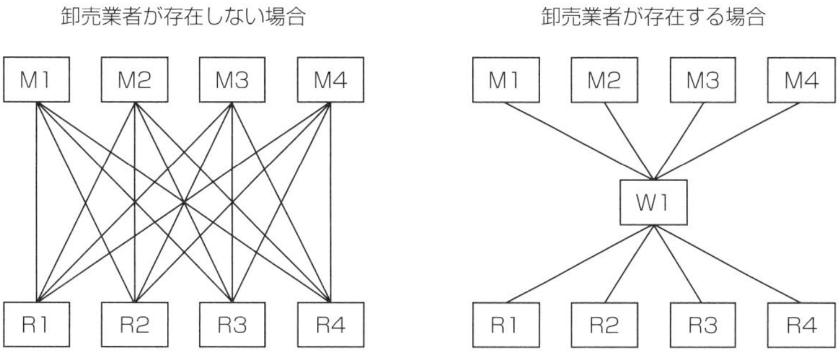

卸売業者が存在しない場合　　　　　卸売業者が存在する場合

図Ⅴ-3　卸売業者が存在する場合としない場合

3　流通活動の担い手

　流通活動の基本を担当するのは流通業者である。流通業者は大きく卸売業者と小売業者に分かれる。通常の製品は生産者→卸売業者→小売業者→消費者という経路をたどる。一次卸，二次卸など多数の卸売業者を通って消費者にたどりつく製品もあれば，生産者から消費者に直接届けられる製品もある。

　卸売業と小売業の区別は必ずしも明らかではないが産業分類上の基本原則となっているのは買い手による分類である。消費者に販売することが小売で，消費者以外に販売することが卸売である。買い手となるのは，購入した製品を産業用使用のために投入する企業や政府，購入した製品を再販売する企業である。問屋と卸売業との違いは，問屋は卸売業者のうち独立商業資本のものをさす。商業資本によって設立・運営されている卸売業者のことである。しかも，商品所有権や譲渡に関する危険を自ら負担するものと定義されている。つまり，メーカーの資本によって設立された販売会社や商品の売買代行や斡旋を行い，手数料収入を得る代理人，仲立人は卸売業であっても問屋とは呼ばない。

4　なぜ卸売業が存在するのか

　なぜ生産者は卸売業者に販売業務の一部を委託するのだろうか。流通過程における卸売業者介在の根拠の一つとして利用されてきたものに，取引数単純化の原理（Hallの第一法則）がある。図Ⅴ-3に見るように，卸売業者が介在することで多数の生産者と多数の小売業者が直接取引する場合に比べて，取引総数を減少させることができるのである。たとえば，ある市場に四つのメーカーと四つの小売店が存在していたとする。卸売業者が存在しない場合はそれぞれのメーカーと小売店が直接取引をするので取引総数は $4 \times 4 = 16$ となるが，間に一つの卸売業者が入った場合，取引総数は $4 + 4 = 8$ と半減する。流通コストが取引回数の関数であるとみなすと，中間業者としての卸売業者の役割が明確になる。

（桑島由芙）

▷3　間接流通。生産者と消費者の間に流通業者が入って販売すること。
▷4　直接流通。生産者が消費者に直接製品を販売すること。メーカーの系列の販社などが介在することもある。

参考文献

矢作敏行（1996）『現代流通：理論とケースで学ぶ』有斐閣アルマ．
宮副謙司（2010）『コア・テキスト流通論』新世社．

V マーケティング論

6 マーケティング・コミュニケーション戦略

1 プロモーションの種類

　今日のマーケティングは，ただよい製品を開発し，魅力的な価格を設定し，ターゲット顧客に入手しやすくするだけでは十分ではない。企業は顧客とコミュニケーションも行ってチャンスをしっかりつかまなくてはいけない。

　プロモーション・ミックスと呼ばれる企業のトータル・マーケティング・コミュニケーション・プログラムは広告，人的販売，販売促進，企業が広告やマーケティング目的を追求するのに使うPRツールをさまざまに組み合わせたものである。主なプロモーションツールは四つあり，それぞれ以下のように定義されている。

・広告：明示された広告主が，目的を持って，想定したターゲットにある情報を伝えるために，人間以外の媒体に料金をはらって利用して行う情報提供活動。
・人的販売：販売を成立させ，顧客リレーションシップを築くことを目的に，企業の販売部隊が行う人的プレゼンテーション。
・販売促進：製品，サービスの購入や販売を促進するための**短期的インセンティブ**。◁1
・PR活動（パブリシティ）：好意的な評判を得て，良い企業イメージを築き，悪い噂や事件を未然に防いで，利害関係集団と良好な関係を形成すること。たとえば，広告ではなく，新聞や雑誌記事にその企業のことを取り上げてもらうよう働きかけること。◁2

▷1　**短期的インセンティブ**
試供品，クーポン，ノベルティ，値引きなどのツールがある。

▷2　スポンサーが費用負担しないので，広告よりも信頼性があり，消費者の警戒心を解く効果もある非常に重要なコミュニケーションツールである。

2 プッシュ戦略とプル戦略

　マーケターはプッシュ戦略とプル戦略という二つの基本的なプロモーション・ミックス戦略のどちらかを選ぶことができる。プッシュ戦略とは流通チャネルを通じて消費者に製品を「プッシュ」することである。販売部隊や流通業者へのプロモーションを利用して，製品が店頭に出て行くようにチャネルに働きかけるプロモーション戦略のことである。つまり，生産者が消費者に製品をプッシュすることである。一方，プル戦略を使う場合，生産者は消費者に製品を買う気にさせるため，彼らに向けてマーケティング活動（主に広告と消費者向けプロモーション）を行う。消費者が生産者から製品をプルするようしむけるの

である。

3 コミュニケーション戦略策定

　コミュニケーション戦略を策定するには次のステップを踏む。まず，①ターゲットとする顧客を明確化する。場合によっては直接購買する人ではなく，購買決定者に影響を与える人がアピールすべきターゲットであることもある。たとえば，車の購買者は男性であるかもしれないが，家庭での意思決定に対する女性や子供の影響力は無視できない。誰をターゲットにするかを考える必要がある。

　次に，②コミュニケーションの目的・目標の決定をする。顧客からどのような反応を得たいのか。具体的には，認知させたいのか，態度を変えさせたいのか，行動を起こさせたいのかを決めなくてはいけない。コミュニケーションの目的を考えるに当たってはAIDMA（アイドマ）などの消費者購買プロセスモデル（→V-7）が有効である。AIDMAとは，消費者が何かを購買するにいたるには，Attention（注意），Interest（関心），Desire（欲望），Memory（記憶），Action（行動）というプロセスをたどるというモデルである。つまり，何かの商品に気づいて，関心をもち，欲しいと思ってそれを覚えて購入するということである。どの段階にいる消費者に働きかけるのかを考えなくてはならない。

　そして，③メッセージの作成をする。顧客に望む反応を特定したら，その望ましい反応を引き出すようなメッセージを探さなくてはいけない。そして④コミュニケーションチャネルを選択する。コミュニケーションチャネルには人的コミュニケーションと非人的コミュニケーションがある。人的コミュニケーションは相手に直接接触し，フィードバックを得られることが多いのがメリットである。人的コミュニケーションの代表的なものに人的販売がある。企業は人的販売によって，自社製品や自社についての情報を伝達したり，販売したりする。家電量販店などにメーカーの販売員が常駐し，顧客からの質問に答えている姿はよく見かける光景である。販売を達成する手段として，人的販売は特に有効であると言われている。非人的コミュニケーションチャネルはメディア（TV，ラジオ，新聞，雑誌，ダイレクトメール，インターネットなど）やイベントなどが含まれる。次に，⑤コミュニケーション総予算を決定する。財務的に支出可能な範囲内でコミュニケーション予算を決定する方法は投資としてのプロモーションの役割を無視している。プロモーション目標を設定し，その達成のために必要なタスクを決定して必要なコストを決める方法が合理的だろう。そして予算に沿って，⑥コミュニケーション・ミックスを決定し，⑦実施，そしてその⑧結果を測定し，⑨全体プロセスの再設計を行い次回のプラン策定へのフィードバックをする。

（桑島由芙）

▷3　近年では，インターネットでの消費者行動モデルとして，広告代理店の電通などによりAISAS（アイサス）が提唱されている。Attention, Interest, Search（検索）, Action, Share（共有）の略語である。つまり，何かの製品に注意を引き，興味を持ち，それについて検索し，購入し，感想を他の人と共有するというモデルである。

▷4　クチコミも人的コミュニケーションチャネルの1つである。クチコミは非常に影響力が強いツールであるが，ネガティブなクチコミが広がらないように迅速なクレーム対応を徹底しておくことが重要である。

参考文献

田中洋・清水聰編（2006）『消費者・コミュニケーション戦略：現代のマーケティング戦略④』有斐閣アルマ.

V　マーケティング論

7　消費者行動モデル

1　消費者とは

　消費者とはだれだろうか。市場に存在する製品，サービス，アイディアを購買，使用，消費する人，もしくはそれをこれから検討する人，あるいはすでに検討した人を消費者とみなす。製品の購買を検討した人であれば，たとえ当該製品を購入しなくてもその人は消費者とみなされる。

　ただし，企業にとって顧客とは消費者だけではない。他の企業や政府などの組織が顧客となることもある。「V-3 製品」で説明したように，個人や組織が加工用あるいは事業に使用する目的で購入する製品のことを生産財と呼ぶが，生産財における購買行動は消費財の購買行動とは異なる。以下では消費者が消費財を購買するときの行動について説明する。

2　消費者の購買プロセス

　消費者の購買プロセスを図V-4のフレームワークにあてはめて説明しよう。まず，消費者の購買プロセスは問題を認識するところから始まる。ここでいう問題とは，たとえば洗剤がなくなったであるとか，アナログTVではデジタル放送がみられないであるとかなどがある。そしてその問題を解決するために消費者は製品を購買しようと考える。たとえば，なくなった洗剤を買おうであるとか，デジタル放送をみるためにデジタルTVを購入したりしようと考える。

　購買意欲が高まったところで，情報検索を始める。情報検索には内的情報検索と外的情報検索の2種類がある。たとえば，なくなった洗剤を買いに行くたびにインターネットで調べたりなどの情報検索は行わないだろう。まず自分の頭の中でどこのお店で洗剤が売っているかについて情報検索が行われると考えられる。これを内的情報検索という。一方，デジタルTVを初めて購入する際には，どのメーカーのTVを購入したら良いのか，どの大きさがちょうどよいのか，あるいはどこのお店で購入したら安いのかなど全くわからないため，人に聞いたり，インターネットで調べたり，あるいは直接店舗に足を運んだりして情報検索をする。これを外的情報検索という。当該製品に対して**関与度**の高い消費者ほど熱心に情報検索を行うとされる。

　そしていくつか購入しようとするTVの選択肢が挙げられる。いくつかの

▶1　**関与度**
消費者にとって，当該製品の購買がどれくらい重要であるかの度合いのこと。

V-7 消費者行動モデル

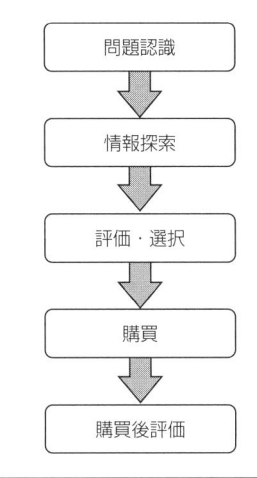

```
┌──────────┐
│ 問題認識  │
└────┬─────┘
     ▼
┌──────────┐
│ 情報探索  │
└────┬─────┘
     ▼
┌──────────┐
│ 評価・選択 │
└────┬─────┘
     ▼
┌──────────┐
│   購買    │
└────┬─────┘
     ▼
┌──────────┐
│ 購買後評価 │
└──────────┘
```

図V-4　消費者の購買プロセス

　選択肢が挙がったら，その中から評価・選択が行われる。ブランドの選択とともに店舗の選択も行われる。購買時には店員の態度や身だしなみ，店舗の雰囲気なども選択や購買額に影響を与える。

　そして購買プロセスの最後が購買後の商品評価である。ここで満足が得られなければロイヤルティをもってもらえない。満足させても，積極的に関係性を結ぶ努力をしなければ顧客は他に流れてしまう。顧客に満足を与えるとともに，顧客維持の努力も重要なのである。

　もちろん，すべての商品についてこのプロセスを経るわけではない。先ほどの初めてデジタルTVを購入するというときであれば，情報検索や評価選択に時間を費やすだろうが，洗剤を購入する場合に，いつも買いなれたブランドがあれば何も考えずにその商品を手に取るかもしれない。また，衝動買いであれば購買行動は一瞬ですべてのプロセスが完了してしまう。ここで述べたプロセスは購買行動の雛型である。

③ 消費者行動の心理プロセス

　購買プロセスに並行して，消費者は心理的にもいくつかのプロセスをたどる。同じ商品を購入するにしても顧客にとってその動機が異なる場合がある。たとえば同じメルセデス・ベンツを購入するにしても，ある顧客はその安全性を求めて購入するかもしれないし，他の顧客はプレステージ性やステータスなど心理的欲求を満たすために購入するかもしれない。また，消費者は商業的刺激にさらされたり，商品を使用したりすることで学習し，その情報を脳に記憶する。それから心理的プロセスに知覚がある。知覚とは五感から取り入れた情報を脳で解釈する過程である。そして，学習，知覚のプロセスを経て消費者に製品やブランドに対する態度が形成される。

（桑島由芙）

▷2　近年では顧客との関係性を重視する「リレーションシップ（関係性）・マーケティング」が注目されている。

参考文献
田中洋（2008）『消費者行動論体系』中央経済社．

Ⅴ　マーケティング論

8　CRM (Customer Relationship Management)

1　CRM とは

　CRM とは Customer Relationship Management の略で[1]，情報システムを応用して企業が顧客と長期的な関係を築く手法のことである。顧客の売買履歴や属性などの詳細な顧客データベースをもとに，個々の顧客とのすべてのやり取りを一貫して管理することにより実現する。顧客の利便性と満足度を高め，一人ひとりの顧客の顧客生涯価値を最大化することを目的としている。

2　顧客生涯価値 (Life Time Value)

　顧客生涯価値とは，取引を開始した平均的な購入客から一定期間にわたって予測できる累積の損益額のことである。顧客生涯価値の計算には，まず特定の顧客との取引を将来にわたって継続した場合，企業にもたらされる売上高や利益の推定が行われる。初めの売上高は小さくても，取引が継続することで売上高が膨らむことがある。つまり，顧客から得る利益を，ある一時点のスナップショットではなく，一定期間のムービーで見ようということである。とはいっても，一人ひとりの顧客を実際に映像で撮って分析することは現実的ではない。ムービーを撮る代わりに，たとえば顧客にポイントカードをもってもらうなどということが行われている。**ポイントカード**[2]によって顧客の売買履歴を記録し，データベースを構築しているのである。

　これは，顧客生涯価値の高い顧客，つまり頻繁に買い物をする優良顧客を優遇しよう，優遇することによって長期間に渡って自分のお店に囲い込もう，という考え方で，フリークエント・ショッパーズ・プログラム (FSP) と呼ばれる。優良顧客に対してサービスを手厚くしようとする場合，同じ商品を購入した顧客なのにもかかわらず，サービスの内容を変えてしまうと顧客の反発を受ける可能性がある。フリークエント・ショッパーズ・プログラムは，自分が買い物をした金額に対してポイントがつくので，あらゆる顧客が平等に参加でき，その反発を回避できる。もともとは，アメリカ合衆国で発達したプログラムである。アメリカは国土が広く，競合店が離れているため，自分のお店に呼び込めば，競合に顧客を奪われることも少ない。しかし，日本では狭い商圏に競合店がひしめいている。たとえば，百貨店の激戦区と呼ばれる新宿には，駅前だけで，小田急，京王，高島屋，伊勢丹など複数の百貨店がある。そこで，フ

---

[1]　Customer Relationship Marketing の略だと勘違いすることも多いので注意。

[2]　ポイントカード
買い物をする際に，ポイントカードを差し出すことで，顧客はカードにポイントを貯めることができる。カードの種類によって，次回利用時から1ポイント＝1円として利用可能なものと，一定額（500円，1000円など）たまったらお買い物券に交換するものなどがある。また，翌年（翌月），前年（前月）の利用額に応じてボーナスポイントを加算するものも多い。

リークエント・ショッパーズ・プログラムを実施しても，自分の店でお買い物をした顧客は何かが気に入らなければすぐに隣の店にも行ってしまうということになる。そうすると顧客へのポイントはそのままただのコストとなって跳ね返ってくることになる。つまり，ただ単にポイントカードを発行することだけではCRMではない。ここでは，その問題を克服し，CRMにしている事例として，小田急OXの事例を紹介しよう。

3 小田急OXの事例

小田急OXとは小田急線沿線にあるスーパーマーケットである。そして小田急グループ共通の「小田急ポイントカード」に加盟している。そこでは顧客の8割がカードを提示する。小田急OXでは購買金額の0.5％がポイントで還元されるしくみになっていた。2006年末までは前月の購買金額に応じて顧客を5分類していた。そして翌月のポイントをAランクは5倍，Bランクは4倍，Cランクは3倍，Dランクは2倍，Eランクは1倍と分類していた。しかし，その結果ポイント経費率が1％を超え，ポイントが売り上げを圧迫するようになっていた。

▷3 顧客や製品を購買額や売上高，利益の大きい順に並べて，上位20％に的を絞った重点的なマーケティングを展開する手法に「ABC分析」がある。

そこで，小田急OXは優良顧客への集中を打ち出した。翌月のポイントをAランクは5倍，Bランクは3倍，Cランク以下は1倍とし，ポイント経費の削減を図ったのである。その結果，売上高は数カ月落ち込んだ。その減少はポイント経費削減効果を打ち消すものであった。優良顧客を優遇するという長期的な目標は目先の売上高を上げることとは相反することだった。しかし，たとえば冬の寒いシーズンには鍋などのメニューを提案し，鍋に使われる野菜と鍋の汁を一緒に買うとポイントアップするキャンペーンなどを行った。利益率の低い商品と高い商品を組み合わせることで，ポイントを多く贈呈しても利益を圧迫しないような工夫をしたのだ。そして，そのような施策に対してよりよく反応してくれたのは優良顧客だった。数量的には数パーセントのAランク顧客の購買金額が総売り上げの1/4を占めるようになった。そしてそのような優良顧客を維持するべく，優良顧客に対しては誕生日プレゼントなども行った。

そのような工夫の結果，半年後から売り上げと利益は回復に向かった。優良顧客に対して，CRMを行った結果，離れていった顧客は購買金額が少ない顧客であり，優良顧客は維持できたのである。

顧客のライフサイクルを考えると，見込み客→初回購入者→初期リピート購入者→コア顧客→離脱者となる。顧客生涯価値を増やすためには，初期購入者を初期リピート顧客にし，さらにコア顧客にする。そしてそれを維持するということが重要になってくる。それには，顧客の属性や購買履歴の属性に基づいたマーケティングを行う必要がある。小田急OXの事例はそのためにCRMを行い成功した一つの事例である。

(桑島由芙)

(参考文献)

A.M.ヒューズ（1994＝1999）『顧客生涯価値のデータベース・マーケティング：戦略策定のための分析と基本原則』秋山耕・小西圭介訳，ダイヤモンド社.

V　マーケティング論

9　インターネット・マーケティング

1　インターネットが変えたもの

　近年の情報通信における技術革新は，企業のマーケティング戦略に対して，さまざまな影響を与えてきた。インターネットがマーケティングに及ぼした影響には二つの面がある。一つには，インターネットを通じて消費者に製品情報や企業情報をとどける広告・販促のメディアとしての一面による影響である。もう一つにはインターネットを通じた直接販売としてのEC（electronic commerce, 電子商取引）という新チャネルとしての一面によるものである。いずれもインターネットという技術によって，メーカーは市場を従来よりも広範囲に広げることが可能となった。

　また，V-2でも言及したが，近年ではソーシャルメディアによるマーケティングも注目を集めている。従来の企業と消費者のコミュニケーションは，広告などの一方通行的なものであったが，ソーシャルメディアの台頭によって消費者間のコミュニケーションがより活発に行われるようになってきている。それによって，消費者間の影響が企業としても無視できない大きさになっている。

2　統合型マーケティング　IMC (Integrated Marketing Communications)

　インターネットの広告・販促目的での利用は，インターネットを使って広範囲に大量の情報を低コストで双方向に交換できるというメリットを目的としたものである。V-6で扱ったマーケティング・コミュニケーション戦略と密接に関連している。これまでのTVなどのマスメディアによる広告は，広範囲だが，限られた量の情報しか提供できず，また情報の流れが企業から消費者への一方通行だった。他方で，人的なコミュニケーションでは，双方向で大量の情報を交換できるが，ごく限られた範囲の顧客としか交換できず，しかも高コストになるというデメリットがあった。そこで，広範囲に大量の情報を双方向に伝達できるというインターネット技術が注目されたのである。

　また，潜在的な需要者がインターネットを用いて製品についての情報を効率よく集めることができる。消費者は情報収集手段として積極的に利用し，メーカーはウェブサイトを開設することで効率的に製品や企業の情報を消費者に幅

▷1　EC（電子商取引）
インターネットなどのネットワークを利用して契約や決済などを行う取引形態。

広く届けられる。ただし，インターネットによる広告・販促活動には次のような問題がある。それは，メーカーのウェブサイトを潜在的な需要者に閲覧してもらわなければ彼らに情報を届けることはできないが，彼らをウェブサイトにどのように引きつけるのかということである。つまり，潜在的な需要者がインターネットで情報収集をする際に，企業名やブランド名が知られていなければ，その企業サイトに到達しない。

そこで，インターネットを広告・販促目的で利用しようとするメーカーはウェブサイトを検索エンジンにかかりやすくする努力を展開するとともに，テレビ，新聞，雑誌などのオフライン・メディアなどでの広告を利用して，潜在的な需要者を自らのウェブサイトに誘導して反復的な購買を促したりするような努力が必要になる。一時期，さまざまなTVCMで「続きはウェブで！」と言っていたのは潜在的な需要者をウェブサイトに連れてこようとする努力だったのである。オフライン・メディアからウェブサイトに連れてきて，そこで個人情報を入手し，イベントに誘ったり，懸賞やクーポンなどを送ったりする。そしてそれを販売促進につなげるというオフラインとオンラインを統合した統合型マーケティング（IMC）をさまざまな企業が展開している。

3 インターネットを利用した直接販売

インターネットでは広範囲に，大量の情報を低コストで送ることができる。そして消費者からの情報も電子情報化されているため，その記録を残したり，他に利用したりすることができる。顧客からの注文のデータをそのまま物流処理のデータに用いることで，効率的な販売・物流を可能にする。また，電子情報として処理されるため，消費者の取引データや登録データに基づいて顧客リストを作成し，**データベース**マーケティングを行うコストも安くなる。

これらの特徴からインターネットは効率的な直接販売のチャネルとして利用されている。つまり，メーカーが自ら電子商取引を行うウェブサイトを開設し，そこで顧客からの注文を受け付けることで，これまでのように直営の販売拠点を設けることに比較すると，はるかに容易に低コストで直接販売に進出することができるようになった。しかし，インターネットでは需要者からの探索に応じる形で販売の情報を提供しているため，インターネットでの直接販売をしやすいのは，よく知られた企業の製品である。そのような製品では，メーカーはすでに小売店舗を利用して幅広く消費者に販売している実績がある場合が多い。メーカーがインターネットによる直接販売に移行しようとすれば，これまでその製品を取り扱ってきた流通業者との衝突は避けられない。この問題を回避するには，既存の流通業者と競合しない周辺事業や新規事業の製品に限定して，インターネット販売を展開することが現実的な選択肢となる。　　　　（桑島由芙）

▷2　**データベース**
顧客への販売手がかりを作りだしたり，製品やサービスを販売したり，顧客リレーションシップを維持するために使用される，顧客に関する個人情報を集めたデータベース。V-8で取り扱ったCRMのために用いられる。

▷3　たとえば，アサヒビールのオンラインショップでは，ビール類は扱っておらず，オンラインショップ限定のウイスキーやワインなどを取扱っている。

参考文献
W.ハンソン（1998＝2001）『インターネットマーケティングの原理と戦略』上原征彦監訳，長谷川真実訳，日本経済新聞社．

V　マーケティング論

10　ブランド

1　なぜブランドが必要か

　なぜブランドが必要なのか，ということを考えるのに図V-5を見てほしい。どちらもアメリカでビールのテイスティングを行い，消費者に味を表現してもらったものをマッピングしたものである。左の図はそれぞれのビールのブランドを明らかにしてテイスティングしてもらったものであり，右の図はブランドを明らかにせずにブラインドテイスティングしてもらったものである。ギネスのみが他のビールと離れたところにポジショニングしているが，その他のビールは固まったひとまとまりになってしまっている。

　一言でいうと，ブランドは左の図のように競合他社の製品と差別化するためのものである。競合他社の製品と同じであると思われないためのもの，それがブランドである。そしてブランドは事業の収益性や成長性を高める。たとえば，優れたブランドには価格プレミアム効果があり，ブランドがない場合より高い価格で販売することができる。また，同様にプロモーション活動を支援したり，流通業者に対する交渉力を高めたりする。そのため，ブランドは企業の資産として評価される。

　ブランド戦略は V-2 で扱ったマーケティング・ミックスと密接に関連している。どのような製品をつくるか。どのような価格でどの流通業者を使って売り出すか。またどのように消費者とコミュニケーションをとるか。すべてど

ブランドを明らかにした場合　　　　　　ブランドを明らかにしない場合

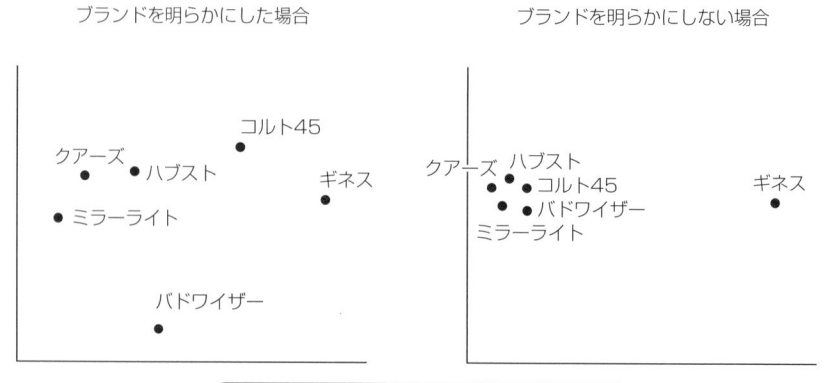

図V-5　ビールのポジショニングマップ

（出所）Percy（2003）

のようなブランドを構築したいかに関わってくる。

2 ブランドとは

　ブランド，と聞くとルイ・ヴィトンやBMWのようなヨーロッパの高級品のみを指すのではないか，ブランドは商品のことを指しているのではないか，あるいはマークや商標のことではないか，そしてブランドは広告やキャンペーンで作られるものではないかと誤解している人がいる。高級品のみがブランドであるのではないし，必ずしも商品だけがブランドになるわけでもない。もちろん，マークや商標のことでもなく広告のみで作られるのでもない。ブランドとは，買い手に対して特定の特徴，ベネフィット，サービスを継続して提供するという売り手の約束の印なのである。ブランドとは，個別の売り手または売り手集団の製品やサービスを識別させ，競合する売り手の製品やサービスと区別するための名称，言葉，記号，シンボル，デザイン，あるいはこれの組み合わせである。

　探索財の場合は，製品の品質がある程度分かるものの，**経験財**や**信頼財**の場合は製品属性，ベネフィットの評価，解釈が困難であるのでブランドが品質に関する重要なシグナルになるのである。

3 ブランド・エクイティ

　強力なブランド名は消費者の絶大な支持を得ている。そして強力なブランドは**ブランド・エクイティ**も高い。ブランド・エクイティとはブランドの資産価値のことで，ブランドがない場合と比較して，どれくらい資産価値があるかをもとに算出される。ブランド・エクイティが高ければ，ブランド・ロイヤルティ，ブランド認知，知覚品質が高まり，そしてブランド連想，特許，商標登録，流通関係といった資産も高くなる。高いブランド・エクイティは競争優位をもたらす。先のビールの例でいうと，他のブランドと明らかに違うとわかるブランド，たとえばギネスを愛してやまない消費者はその他のビールがたとえ安売りされていたとしてもギネスを購入するだろう。強力なブランドは激しい価格競争においても防御力を発揮するのである。なぜ，ギネスを飲みたいと思う消費者がいるかというと，それはギネスが他のビールと異なるブランド・アイデンティティを確立しているからである。ブランド・アイデンティティを確立するためには，自社の顧客，競合企業，事業戦略を十分に理解しなければならない。最終的にブランド価値を左右するのは顧客である。顧客のことを十分に理解して，顧客を満足させることのできるブランド・アイデンティティを確立しなくてはならない。また，競合企業の分析も重要である。なぜならばブランド・アイデンティティには長期間にわたって維持可能な差別化のポイントが必要だからである。

（桑島由芙）

▷1　探索財
購入前にスペックなどで比較検討できる財。
▷2　経験財
サービスのように事前情報が少なく，明確な評価基準もあまりない，経験して初めてその品質が分かる財。
▷3　信頼財
弁護士や医者が提供するサービスのように，専門性が高く，一般消費者には評価しづらい財。弁護士や医者を信頼して任せるしかないので信頼財と呼ぶ。
▷4　ブランド・エクイティ
そのブランドがどの程度高いブランド・ロイヤルティ，名称の認知度，知覚品質，強いブランド連想，特許，商標登録といったその他の資産を持っているかに基づく。
▷5　ブランド・アイデンティティとは，ブランド戦略策定者が創造したり維持したいと思うブランド連想のユニークな集合である。ブランド・イメージとは異なり，ブランド・アイデンティティは組織がそのブランドに象徴させたいと望むものである。

参考文献
D.A.アーカー・E.ヨアヒムスターラー（2000＝2000）『ブランド・リーダーシップ：「見えない企業資産」の構築』阿久津聡訳，ダイヤモンド社．
Percy, L. (2003) "Advertising and Brand Equity," In Flemming Hansen & Lars Bech Christensen (Eds.), *Branding and Advertising*, Herdon, VA: Copenhagen Business School Press, pp.12-21.

コラム

マーケティング・リサーチ

1 マーケティング・リサーチとは

　マーケティング・リサーチとは，組織が直面している特定のマーケティング状況に関するデータと結果を系統的に組立て，収集し，分析し，報告することである。マーケティング・リサーチャーは，新製品を導入する際の市場の可能性やシェア調査，既存顧客の満足度，価格設定，プロモーションの調査など様々な活動に携わる。マーケティング・リサーチのプロセスは4段階から成り立つ。問題と調査目的の明確化，調査計画の策定，調査計画の実行，調査結果の解釈と報告である。マーケティング・リサーチにおける調査は探索型調査，記述型調査，原因結果型調査の3種類に分けることができる。問題が明確にされていない場合は探索型調査が行われる。製品の市場可能性や潜在的消費者の人口動態等を調査する場合には記述型調査，因果関係についての仮説を検証する場合には原因結果型調査が行われる。

2 マーケティング・リサーチのプロセス

　まず，マーケティング・マネージャーとマーケティング・リサーチャーは，問題を明確にするために調査目的を一致させなくてはならない。問題と調査目的の明確化はプロセスの中で最も難しい段階であることが多い。マネージャーは何かがおかしいということが分かっていてもその原因を特定できないことがある。
　第二段階として必要な情報は何かを決め，情報を効率的に集めるための計画を立てる。マネージャーの情報ニーズにこたえるために，リサーチャーは一次データ，二次データ，またはその両方を収集する。リサーチャーは通常，二次データの収集から始める。なぜならば新たに情報を収集するよりもすでに集められたデータを収集する方が時間と費用の節約になるからである。ただし，当該目的のために集めたデータではないため，必要とする情報が必ずしも全部は手に入れられないことが多い。
　一次データを収集する場合，情報は郵便，電話，対面インタビュー，インターネットによって収集できる。郵送質問票は大量の情報を回答者1人当たりのコストを低く抑えて収集する場合に使える。個人的な質問に正直に答えてくれる可能性が高いが，郵送による調査は時間がかかるし回答率も低くなりがちである。電話インタビューは郵送質問票より融通がきき，回答率も高いが，回答者1人当たりのコストが郵送より高い。グループインタビューは6人～10人の人数を集めて，製品やサービス，企業について討論させるものである。1人あたりのコストは高くなる。インターネットによる調査は大量の情報を1人当たりのコストを郵送よりもさらに抑えて収集することができる。ウェブサイト上でアンケートを実施するので時間もかからずに大量の情報を得ることができる。
　最後に重要なことは，調査を実施し，分析が終わったら，調査すること自体が目的にならないように結果を報告し，マーケティングに活用することである。

（桑島由芙）

▷1　当面の目的のために収集される情報。
▷2　別の目的のために収集され，すでにどこかに存在する情報。政府刊行物や定期刊行物，書籍，商用データなど。
▷3　すべてに回答した質問票を返送してくれる人の割合
▷4　フォーカス・グループ・インタビューと呼ばれる。インタビュアーがグループの討論を重要な問題へと一定の方向にしぼらなくてはならない。
▷5　回答者はインターネットで回答できる人にかぎられてしまうので，バイアスがでる可能性がある。また，回答する側がきちんと回答してくれているかどうか分からないという問題点もある。

第 VI 章 製品開発論

Ⅵ　製品開発論

1　製品開発とは

1　設計情報の「流れ」としての企業活動

　企業が開発している「製品（サービス）」とは，いったい何だろうか？それに対する一つの考え方が，製品を「設計情報」とその「媒体」の合わさったものとして捉えることである。「設計情報」とは，顧客にとっての価値であり，製品の設計図や顧客対応マニュアルなどといった形をとる。「媒体」とは，この設計情報を顧客へ伝達するための有形・無形の財である。たとえば，液晶テレビとは，美しい映像を適切に視聴者の目に届けるという機能（設計情報）を，液晶パネルや画像処理 LSI，スピーカーなどといった「媒体」で実現するものであり，予備校サービスとは，受験に合格するために必要となる知識や技巧（設計情報）を，教科書やビデオ教材，教師の声（空気の振動）を媒体として，受験生に伝える為の一連の活動である，ということになる。この見方に立てば，企業活動は，一連の「設計情報の流れ」であると解釈できる。その場合，「製品開発」とは，設計情報の創造であり，「生産」とは設計情報の媒体への転写であり，「販売」とは，設計情報の顧客への発信であり，「消費」とは，顧客によって設計情報が解釈される，という活動である。持続的に成功・成長していくために，企業はこれら一連の活動を行うための組織をつくり運営しており，その「流れ」の良し悪しを日々競い合い切磋琢磨しているともいえるのだ。

2　技術と市場をつなぐ流れを生み出す活動＝製品開発

　企業は，製品・サービスを顧客へ提供することで収益をあげている。そこで提供される製品・サービスの品質や開発コスト，開発期間において優れていることが，企業の競争力の根本的な支えとなる。この製品・サービスをつくるための一連の活動が「製品開発」と呼ばれる。つまり，企業が新しいデザイン・構造・技術などを盛り込んだ製品を発売するための準備作業である。いかに有効的かつ効率的に製品開発活動を行うことができるかが，企業の長期的な成長や存続に大きな影響を与えることになる。しかし，成功できる製品を開発できる企業の数は限られており，たとえ優れた製品を提供して顧客を獲得できたとしても，それが長続きすることは多くはない。製品開発の戦略や開発組織・プロセスのマネジメントの巧拙が，持続的に成長できる企業とそうでないものを分ける重要な決め手となる。

▷1　詳しくは，藤本(2001)を参照のこと。

▷2　ここでは，これら三つの指標を総称して，製品開発のパフォーマンスと呼ぶ。

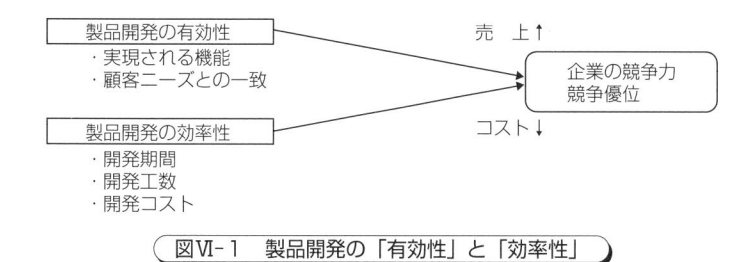

```
┌──────────────────┐
│ 製品開発の有効性  │──────┐   売 上 ↑
│ ・実現される機能  │      ↘  ┌──────────┐
│ ・顧客ニーズとの一致│      │ 企業の競争力│
└──────────────────┘      │ 競争優位   │
┌──────────────────┐      ↗  └──────────┘
│ 製品開発の効率性  │──────┘   コスト ↓
│ ・開発期間       │
│ ・開発工数       │
│ ・開発コスト     │
└──────────────────┘
```

図Ⅵ-1　製品開発の「有効性」と「効率性」

　企業が新たな「もの」を生み出すための活動として，大きく「基礎研究」と「応用研究」と「製品開発」がある。「基礎研究」は，自然・社会現象に関する科学的知識の獲得そのものを目的とする活動であり，「応用研究」は，獲得された知識を現実に応用するための活動である。そして，ここでいう「製品開発」とは，事業化・商品化を前提とした新製品・新工程などの設計，試作，実験などのことである。製品開発のプロセスは，大きく分けて，コンセプト創造，製品計画（機能設計），製品設計（構造設計），工程設計からなる。コンセプト創造では，顧客へ提供する価値が言葉等（製品コンセプト）で表現される。製品計画では，その製品コンセプトを実現するような性能目標や内装・外装デザイン，部品技術の選択などが行われる。製品設計では，「設計→試作→テスト」の繰り返しを通じて詳細設計図が作成される。最後の工程設計では，製品を生産する工程のレイアウトや機械設備，作業設計，量産試作などが行われる。

3　企業の競争力を支える製品開発力

　製品開発論の目的は，製品開発を有効的かつ効率的に行うことのできる，戦略や組織のあり方を明らかにすることであるといえる。製品開発の「有効性」とは，設計情報が，顧客の顕在・潜在ニーズを満たせている程度であり，競争力の高い製品を継続的に開発するための戦略について考えることが必要である。一方，製品開発の「効率性」とは，設計情報を創造するために要する資源の程度であり，これが少ないほど良く，そのためには製品開発の組織やプロセスを効率的にマネジメントすることが必要である。製品開発をめぐっては，効果的な製品開発組織のあり方（プロセス，構造，能力，ルーチン等など）に関する研究や開発組織と開発成果との関係について一連の実証研究が行われている。

　これら製品開発の「有効性」と「効率性」は相互に関連している。たとえば，顧客ニーズをよりよく満たすために機能を増やせば，開発コストや開発リードタイムが増大する。また，リードタイムを短縮することで顧客ニーズの予測精度が高まり，製品ヒット率が向上する，という関係にある。これら，製品開発の「有効性」と「効率性」を高めることは，企業の競争力を高めることにつながるのである。

（福澤光啓）

▷3　藤本・クラーク（1991＝2009）では，問題解決活動として製品開発活動を捉えて，そのための効果的な組織構造やプロジェクト・マネジャーの行動とは何かなどが明らかにされている。なかでも，注目されるのは，製品開発組織における調整パターンのあり方として，機能別組織，プロジェクト組織，軽量級プロジェクト・マネジャー，重量級プロジェクト・マネジャー，という四つの視点が提示されていることである。

参考文献

藤本隆宏（2001）『生産マネジメント入門Ⅰ・Ⅱ』日本経済新聞社．この文献では，一連の企業活動を設計情報の創造と転写の流れとして捉えている。
藤本隆宏・キム．B．クラーク（1991＝2009）『増補版　製品開発力：自動車産業の「組織能力」と「競争力」の研究』田村明比古訳，ダイヤモンド社．

Ⅵ 製品開発論

2 コンカレント・エンジニアリング

1 製品開発に関わる一連の活動

　製品開発に関わる活動には，研究開発や商品企画，開発管理，要素技術開発，設計・開発，デザイン（意匠など），シミュレーション・解析，試作，テスト，生産準備などといった，多くのものがある。これらの活動を担当する組織がそれぞれ存在し，そこを設計情報がよどみなく流れることによって，有効かつ効率的な製品開発が行えるようになる。しかし，多くの場合，これらの一連の活動は，一つが終われば次の活動，というように，逐次的なプロセスで進められることはほとんどないし，最初に計画したスケジュール通りに進めることも難しい。たとえば，狙った通りの製品の設計図や試作品が一発でできあがることはほとんどないし，開発中に予想もしなかったような新たな用途が見つかったり，設計図通りに部品を組付けようとしても，工場に行って不可能であるということがわかる場合もある。これらの場合には，それぞれを担当している部署間で情報のやりとりや共同作業を行う必要がでてくる。

2 複数の業務活動の同時並行

　このように，現実の製品開発活動では，それに関わる多くの活動が，時には後戻りしながら，同時並行的に進められることが多い。とすれば，厳格に手続きやルールを作って遵守するよりも，必要に応じて柔軟な変更や同時連携を行えるような開発組織の体制や手順をもち合わせておくほうが，開発の効率性が高くなる場合が多い。しかし，いろいろな部署が同時に相互連携をとりながら開発を進めるということは，想像以上に難しい。なぜならば，同時並行で，異なる仕事をしている複数の人間・サブグループが，相互に上手く調整をとりながらも，横目で隣の人の仕事の進捗度合いやその人達の力量を図りながら，自分の作業を進めていかなければならないからである。

　このような製品開発活動のパフォーマンスを高めるためには，コンカレント・エンジニアリング（concurrent engineering：並行開発）をうまく行うことが重要である。コンカレント・エンジニアリングとは，各機能部門が個別に業務を完了させてから，次の機能部門へと引き継ぐのではなくて，業務を並行させて開発活動を行う手法のことである。同時並行させない場合には，シーケンシャル（逐次的）なプロセスと呼ばれる。他の条件を一定とすれば，シーケン

▶1　藤本・クラーク（1991＝2009）や藤本隆宏・延岡健太郎（2006）「競争力分析における継続の力：製品開発と組織能力の進化」『組織科学』，39（4），pp.43-55. を参照のこと。

▶2　プラットフォームによって，自動車を構成する他の部品（ボディ，エンジン，駆動系など）を含めた製品枠組みが決まり，新製品の基本的な性能の大部分が規定される（延岡，1996）。革新的なプラットフォームを開発する組織能力は企業にとってのコアコンピタンスとなる。プラットフォームの開発には多様な機能部門の知識が集結されるので，モジュール化された標準部品のように，簡単にプロジェクト間で移転できるものではなく，工夫されたマネジメントが必要である。

▶3　延岡（1996）では，「コア技術が新規に開発されたか，企業内の他のプロジェクトから移転されたのか」という軸と，「コア技

シャルに開発を進めるよりも，それぞれの活動を並行的に進める方が，開発期間を短縮することができる。

しかし，単に時間的に並行させるだけでは，開発期間は短くならない。たとえば，設計と金型開発という二つの業務を考えてみよう。金型の開発を開始するためには，製品の設計図面が必要である。したがって，両者を並行的に進めるためには，設計図面を書きながらも，その情報が金型の開発部署に対して事前にやりとりされなければならない。設計図面が固まる前の情報であるため，その時点では曖昧な情報であり最終的には変更されるおそれもある。しかし，それでも上手く開発が進められるためには，設計部署と金型開発部署が，いわば一つのチームとして活動することが求められる。これまでの研究では，日本企業には，そのような部署を越えたコミュニケーションや信頼関係が構築されているため，コンカレント・エンジニアリングを有効に行うことができ，欧米企業と比べて高い開発パフォーマンスを実現していた。

3 複数製品プロジェクトの同時並行開発

複数の製品ラインにもとづいて競争する際に成功を収めるためには，それら製品ライン間の関係と製品世代間の関係の両方を組み合わせて，製品開発を戦略的に企画して組織的に実行することが重要であると主張されており，それは「マルチプロジェクト戦略」と呼ばれる（延岡，1996）。マルチプロジェクト戦略における中心課題は，コア技術をどの時点で，どの製品開発プロジェクトで新規に開発して，そのコア技術をどの製品ラインへ，どの時点で移転するのかということである。自動車を例に取ると，自動車のコア技術は，プラットフォーム（車台）である。1990年代前半の日米欧の自動車メーカーにおけるマルチプロジェクト戦略と開発パフォーマンスとの関係に関する分析によれば，新規のプラットフォームを共有する複数の製品開発プロジェクトが，その開発期間を重複させつつ連携的に進める戦略を採る場合には，開発パフォーマンス（とくに開発工数に関して）が良くなる。このような開発方法をとると，新製品導入頻度を高めつつ，新規プラットフォームを迅速に複数製品に展開できるようになるので，企業全体の市場競争力が向上し，市場占有率が上昇する傾向にある。しかし，この戦略を実行するためには，①複数の製品に関する長期的な製品戦略を確立することが必要であり，②製品開発の組織構造やプロセスにおいて，個別プロジェクト管理を重視した組織管理とは異なった管理方法が要求されるという難しさがある。しかも，失敗したプラットフォームを複数車種に展開してしまう問題もある。

このように，複数の製品開発プロジェクトを効率的に運営する上では，プラットフォームの共通化や流用・ヨコ展開が重要であり，それを効率的に行えるような組織体制を構築する必要があるのだ。

（福澤光啓）

術を移転する際に，移転元となったプロジェクトとの関係」という軸の二つによって，マルチプロジェクト戦略は，「新技術戦略」，「並行技術移転戦略」，「既存技術移転戦略」，「現行技術改良戦略」という四つのタイプに分類されている。なかでも，新たなプラットフォームを，他の製品ラインへ同時並行的に展開する「並行技術移転戦略」が，競争上有効であることが実証されている。

▷4　並行技術移転戦略と他の戦略における組織プロセスの違いとして，①移転元プロジェクトと新製品プロジェクトとの間でのオーバーラップがあり，その中で相互情報交換や共同設計作業が実施できること，②両プロジェクトにおける時間的なラグが短いことが挙げられている。複数プロジェクトを総括的に管理する役職が存在しており，この人たちの役割が重要である。

▷5　複数プロジェクトを管理するための方法として，①プロダクト・マネジャー間の相互調整，②プロダクト・マネジャーを統括する管理者による調整，③機能部門長による複数プロジェクトの調整，④個々のプロジェクトの担当者間での直接的な相互調整が挙げられる。この中で最も効果のあるのは，プロダクト・マネジャー間での調整である。

参考文献

藤本隆宏・キム，B.クラーク（1991＝2009）『増補版　製品開発力：自動車産業の「組織能力」と「競争力」の研究』田村明比古訳，ダイヤモンド社．

延岡健太郎（1996）『マルチプロジェクト戦略：ポストリーンの製品開発マネジメント』有斐閣．

VI 製品開発論

3 フロント・ローディング

1 問題解決の前倒し

　前節で説明したコンカレント・エンジニアリングの目的は，開発期間の短縮だけではなく，部門横断的に発生する問題を，開発プロジェクトのなるべく早い段階に前倒しして解決することにある。部門横断的な問題には，商品企画，設計，生産といった機能部門間や部品開発部門間で生じるものがある。起こりうる問題を早い段階からできるだけ洗い出して，それをできるだけ早期に解決することを，フロント・ローディング（frontloading）と呼ぶ。

　フロント・ローディングは，開発生産性や総合製品品質の向上にも役立つ。たとえば，設計と生産準備という二つの活動を取り上げよう。設計図面が完成してから，次に，実際に工場設備やレイアウトなどを考える生産準備を始めたとする。その場合，生産準備の段階になって，はじめて，作業しづらい設計図になっていることがわかったり，図面通りに作るためにはこれまでにはない加工ができるような新型の設備が必要であることが判明したりする。そうなってしまうと，再度図面を書き直す必要が生じてしまい，一度で終わらなければ，数回後戻りを繰り返すことになる。そのような後戻りをすることにかかるコストは，その問題が発見される時期が遅ければ遅いほど大きくなる傾向にある。工場の設備を搬入・設置し終えてから，この設計では生産が難しいことがわかり，「もっと前から，設計者とやりとりしておけばよかった」ということが起きないようにする必要がある。

　それに対して，事前に設計と生産準備の両担当者が一緒になって，どのような設計にすれば無理なく効率的に生産できるのか，ということを考えるようにすれば，後戻りをする必要もなくなる。このような取り組みは，製造しやすい設計（design for manufacturing：DFM）と呼ばれる。さらに，製品設計の途中の図面を生産準備部門に渡しておくことによって，スムーズかつ早い段階から生産準備を進めることができるようにすることができる。

　製品開発のプロセスが進むにつれて，設計図面や生産設備，必要な部品などが揃ってくるため，後になればなるほど，設計や設備等の変更にともなってムダになる作業や変更の影響が多岐にわたることになる。たとえば，初期段階では個別の部品を独立に設計していても，設計が進むにつれてそれらの間の整合性を確保していくことになる。設計図が完成する手前で，一つの部品の設計図

を変更しなければならない場合には，関連する部品への影響が大きくなる。そのため，前倒しで問題解決しておくほど，ムダを抑えつつも開発期間を短くすることが可能になる。このようなフロント・ローディングを実現するためには，単に，事前に問題を前工程へ送りさえすればよいわけではなく，関連する機能部門間・エンジニア間でうまく連携・調整することが必要である。

2 設計図面の三次元化とフロント・ローディング

フロント・ローディングを推進するためのツールの一つとして，三次元CAD（Computer-Aided-Design）が用いられている。もともと，設計図は「手書き図面」であったが，その後「二次元CAD」が用いられるようになり，そして近年では三次元CADへと設計技術が進歩している。設計図面の三次化によって，扱う製品そのものの立体的な情報が視覚的に共有されるので，製品開発の初期段階における製品設計者と生産技術者間のコミュニケーションが促進される。三次元CADを用いることにより，実機での試作前に，コンピュータ・シミュレーションを用いて試作をすることも可能になる。この三次元CAD上の試作品は，デジタル・モックアップ（Digital Mock-Up：DMU）と呼ばれる。また，三次元CADを用いることにより，設計者自身が自ら生産条件を盛り込んだ設計図面を作成しやすくなるので，フロント・ローディングが促進される。加えて，三次元で表現することで，部品の裏側の状態や，部品干渉の状況を視覚的に把握することができる。それによって，実物の試作品で不具合が生じてしまうよりも前に，事前にコンピュータ・シミュレーションを用いて不具合について検証することができるため，開発コストを低く抑えることが可能となり，開発期間も短縮できるようになる。このような情報は，もともと生産技術者しか持ち得ない情報であったが，それを，製品設計者もその情報を考慮しながら設計することができDFMを効率よく実現できるようになっている。

さらに，三次元データを用いることで，設計者が実機の試作をしなくても，設計したらすぐにコンピュータ上で試作をして自分の設計の良し悪しを判断することが可能になる。それにより，試作・実験の担当者とのやりとりを行う前に，ある程度正確な解析結果を設計者自身が確認できるため，実機試作をしても，その回数を減らしたり精度を高めることができる。

このように，フロント・ローディングを促進するツールとして三次元CADには大きな効果が期待されるが，そのツールを使う側の組織の能力が高くなければ，狙ったとおりの効果を得ることは難しい。三次元CADを有効活用するためには，大前提として，フロント・ローディングを行うための組織能力がベースとして必要なのである。したがって，安易に三次元CADを導入しても，フロント・ローディングを有効に実現できるわけではない，ということには注意すべきである。

（福澤光啓）

▷1 この影響は，インテグラル型製品の場合には，より大きくなる。インテグラル型製品については，Ⅵ-5 を参照のこと。

▷2 自動車用の三次元CADの代表的なものとして，フランスのダッソー社のCATIAがある。また，エレクトロニクス製品の三次元CADの代表的なものとして，日本の図研社が提供しているソフトウェアがある。

▷3 藤本・延岡（2006）では，日米欧の自動車企業の比較では，1990年代後半では，三次元CADの導入は，欧米企業の方が日本企業よりも先行していたことが示されている（欧米企業は100％に対して日本企業は49％）。にもかかわらず，製品開発効率は日本企業の方が高く，改善も進んでいた。これは，三次元CADの導入如何よりも，むしろ，開発の早い段階から関連するエンジニアが共同で問題解決に取り組む組織ルーチンができているかどうかが重要であることを示唆している。

【参考文献】
藤本隆宏・延岡健太郎（2006）「競争力分析における継続の力：製品開発と組織能力の進化」『組織科学』39(4)，pp.43-55.
Thomke, S. & T. Fujimoto (2000) "The effect of 'front-loading' problem-solving on product development performance," *Journal of Product Development Management*, 17, pp.128-142.

VI 製品開発論

4 研究と開発のベクトル合わせ

1 眠れる要素技術

　企業が新製品を生み出すまでには，主として，研究・技術開発活動と製品開発活動の二つを上手く行う必要がある。研究・技術開発活動とは，新製品を実現する上で重要な要素技術を生み出すための活動であり，製品開発活動とは，それらの要素技術を利用して顧客のニーズを満たすような具体的な製品を作りだす活動である。要素技術とは，製品を構成する部品および原材料などの要素や，それらを生産するための技術のことである。自動車では，エンジンやサスペンション，ボディ，タイヤ，ウィンドウガラス，ハンドル，ブレーキ，自動車用特殊鋼板などの部品要素技術や，プレスや溶接などの生産要素技術が挙げられる。研究・技術開発活動を通じて，大規模な投資を行っても新技術を生み出せなかったり，せっかく画期的な要素技術を生み出せたとしても，それを上手く実際の製品にまでつなげなければ，顧客に販売して収益を上げることはできない。企業の基礎研究所や中央研究所などと呼ばれるところには，そうした「眠れる優れた要素技術」がたくさん蓄積されている。これらは目を覚まさせてくれることを，ずっと待っているのだが，近年のように，環境変化のスピードが速い場合には，そのまま永遠に目覚めること無いまま陳腐化してしまうことも少なくない。また，研究部門で生み出された要素技術が眠らないとしても，狙ったとおりの製品にうまく用いられるとも限らない。基礎的な技術の開発にかかる時間が長期化する一方で，市場のニーズは急速に変化するため，製品開発にかけられる時間は短くなっている。そのため，多くの企業において，基礎技術の開発と製品開発との間のギャップが大きくなってきている。しかし，利益を追求する企業としては，これをそのまま見過ごすわけにいかない。

2 新たな要素技術を実際の製品開発に結びつける活動

　研究・技術開発活動で生み出された新たな要素技術を，製品開発活動において上手く利用していくことが必要であるが，長期的な時間的視野を持った研究活動（数10年単位）と，短期的な時間的視野を持った製品開発活動（多くは数年単位）とを，いきなり結びつけることは難しい。そのため，両者を結びつけるような活動を行う必要があるが，それを上手く行えるかどうかによって，技術・製品開発のパフォーマンスが大きく影響を受けることとなる。◁1

▷1　このような活動のことを，イアンシティ（1997 = 2000）は，技術統合（technology integration）と呼んだ。

従来，研究活動で生み出された新規技術は，半ば自動的に製品開発活動で利用されるということが想定されてきた。しかし，環境の不確実性，複雑性が高い場合には，①せっかく開発した技術が陳腐化する可能性が高まり，②そもそもどのような技術を用いれば，顧客にとって魅力的な製品を開発できるのか（製品自体の技術や製造技術）が不明確であり，③特定の技術を選択しても，それがうまく製品化できない可能性が高くなる。とすれば，製品開発活動開始前，すなわち，製品コンセプト決定以前に，研究活動において生み出された技術の選択肢の中から，環境に適したものを選び出せるかどうか，さらには，そのような環境に適する技術を開発するための仕組みをもっていることが重要となる。研究部門の使命は，将来利用可能な技術の選択肢を日々増やすことであり，開発部門の使命は，製品コンセプトを実際の製品として具現化することである。そして，将来のニーズを見据えながら，研究活動と製品開発活動とのベクトルあわせを早い段階から行う使命をもつのがここで取り上げている活動である。

このような活動を上手く行えている企業では，開発の初期段階で，マネジャーや開発エンジニアが中心となる統合チームが組織されていて，製品開発の各段階における技術的な選択が，最終的な製品や生産システムに対してどのような影響を与えるのかが調査されて，製品開発プロジェクトの基本計画が決められる。さらに，この事前の評価や基本計画の作成に要する時間の割合が，製品開発リードタイムに対して高いほど，製品開発パフォーマンスが高くなる傾向にある。

③ 研究と開発のベクトル合わせ——自動車メーカーにおける「先行開発」活動

近年の自動車メーカーにおいて，研究活動と開発活動の統合を担う「先行開発」と呼ばれる活動の重要性が増大している。たとえば，トヨタ自動車は東富士事業所を中心とした先行開発機能の強化を図り，日産自動車は日産先進技術開発センター（Nissan Advanced Technology Center：NATC）という先行開発機能を集約した組織を作った。先行開発の仕事は，研究部門から出てきた要素技術を製品に搭載可能な状態まで変換して車両開発部門に受け渡すことである。その意味で，研究所と製品開発センターをつなぐ重要な役割を果たしているが，従来はあまり目立つ存在ではなかった。

競争環境も顧客の要求も厳しくなっている現在の市場では，個々の要素技術のコンセプトと顧客から見た車両のコンセプトの両方が上手く一致していなければならない。近年では車両開発期間が短縮されているため，要素技術開発のスピードとのズレが大きくなり，せっかく開発した新技術が不発に終わることもある。しかし，先行開発部門が有効に機能すれば，優れた技術開発成果を，車両の商品力に確実に反映して競争優位を獲得できる。

（福澤光啓）

▷2 藤本隆宏（2006）「自動車の設計思想と製品開発能力」"MMRC Discussion Paper Series," No.74.

▷3 先行開発部門の大きな役割の一つが，自社の研究所やサプライヤの技術部門などから出てくる要素技術群のコンセプトと，開発される車両のコンセプトとのベクトルあわせをすることである（藤本，2006）。そうすることで，新規の要素技術を車両の商品力に確実につなげることができるようになる。

▷4 たとえば，世界初の要素技術の開発に成功しても，それをファミリー向けの車両に登載してしまったら，技術と製品のコンセプトがちぐはぐとなり，せっかくの新技術を十分に顧客へアピールすることができない。

参考文献

M.イアンシティ（1997＝2000）『技術統合：理論・経営・問題解決』NTTコミュニケーションウェア訳，NTT出版．

VI 製品開発論

5 製品アーキテクチャ

1 設計者の頭の中は？

日常われわれが利用している製品を設計・開発した人達が，いったい何を考えていたのだろうかということを意識することはあまりない。たとえば，自動車やパソコン，携帯電話や液晶テレビ等がどのような設計図からできているのだろうかなどと，多くの消費者は意識することはない。しかし，企業にとっては，顧客に提供する「機能」とそれを実現するための製品の「構造」を決めることは，製品開発活動の要であるといっても過言ではない。製品の「機能」がどのような「構造」によって実現されているのかを分析するのが，製品アーキテクチャ論である。製品アーキテクチャとは，「どのようにして製品を構成部品（コンポーネント）に分割し，製品機能を配分し，部品間のインタフェースを設計・調整するかに関する基本的な設計構想」のことである。製品計画（機能設計）と製品設計（構造設計）のつながりとして製品アーキテクチャを捉えることができる。機能設計では，製品コンセプトにもとづいて，当該製品で実現すべき機能を決める。自動車であれば，走行安定性，乗り心地，燃費などである。構造設計では，当該製品の機能を実現するための製品構造を決めることになる。

2 設計の戦略としてのアーキテクチャ

あるシステムのアーキテクチャとは，「構成要素間の相互依存関係のパターンで記述されるシステムの性質である」と定義される。アーキテクチャを把握する視点としては，①モジュール化／インテグラル化という視点と，②オープン化／クローズ化という視点の二つがある。①の視点のモジュール化とは，システムを構成する要素間の相互関係に見られる濃淡を認識して，相対的に相互関係を無視できる部分をルール化されたインタフェースで連結しようとする戦略である。また，モジュールとは，半自律的なサブシステムであって，他の同様なサブシステムと一定のルールに基づいて互いに連結することにより，より複雑なシステムまたはプロセスを構成するものである。逆に，インテグラル化とは，要素間の複雑な相互関係を積極的に許容して，相互関係を自由に解放して継続的な相互調整にゆだねる戦略である。

モジュラー型アーキテクチャでは，機能と構造との対応関係が一対一に近く，各部品（モジュール）に自己完結的な機能が付与され，たとえば，パソコンの

▶1 青島・武石（2001）を参照のこと。
▶2 「モジュール」とは，ある製品において，特定の機能を実現することのできる機能部品（コンポーネント）のことである。
通常は，いくつかの部品が組み合わさって，一つのモジュールとなることが多い。一方，「モジュラー」という場合には，あるシステム（たとえば製品）のアーキテクチャの特定の「状態」を意味している。
つまり，製品のコンポーネント（モジュール）と機能との対応関係，および，コンポーネント間の対応関係がどのようなものであるかによって，当該製品のアーキテクチャがモジュラー型であるとか，インテグラル型であるという表現がなされる。

VI-5 製品アーキテクチャ

部品設計の相互依存度

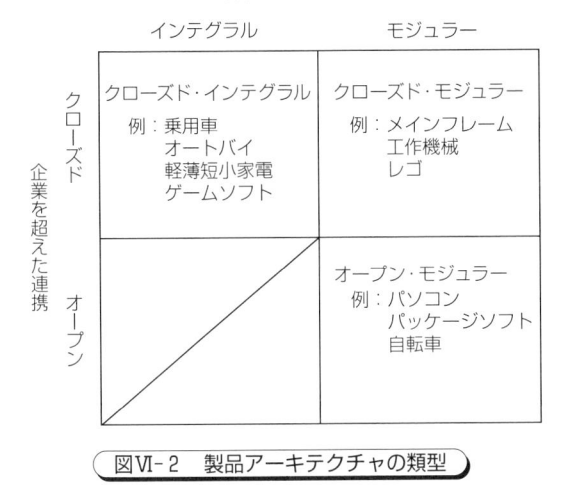

```
                インテグラル          モジュラー
          ┌──────────────────┬──────────────────┐
          │ クローズド・      │ クローズド・     │
   クロ   │ インテグラル      │ モジュラー       │
   ーズ   │ 例：乗用車        │ 例：メインフレーム│
   ド    │   オートバイ      │   工作機械       │
 企業    │   軽薄短小家電    │   レゴ           │
 を超    │   ゲームソフト    │                  │
 えた    ├──────────────────┼──────────────────┤
 連携    │                   │ オープン・       │
          │                   │ モジュラー       │
   オ    │                   │ 例：パソコン     │
   ー    │                   │   パッケージソフト│
   プ    │                   │   自転車         │
   ン    │                   │                  │
          └──────────────────┴──────────────────┘
```

図Ⅵ-2 製品アーキテクチャの類型

（出所）藤本（2003）p.90，図3・2を加筆修正

ように，部品の寄せ集めでも十分に製品機能が実現される。モジュール化によって，各モジュール内部での進化のスピードは速くなるが，実現可能な最大のパフォーマンスには一定の制約がかかる。モジュラー型アーキテクチャの製品を開発する上では，組織内での相互調整が究極的には不要である。一方，インテグラル型アーキテクチャでは，機能と構造との対応関係が錯綜しており，ある機能の実現のためには複数の部品が必要であり，部品間のすりあわせの優秀さで製品の完成度を競う。代表的な製品として乗用車が挙げられる。乗用車が提供する機能として，乗り心地や燃費，走行安定性などがあるが，それぞれの機能を専門的に実現するための「部品」は存在しておらず，複数の部品の複雑な組み合わせのこのタイプの製品では，全ての構成要素に自由な相互作用が許されているので，実現可能な最大のパフォーマンスは限りなく高くなるが，構成要素間の調整が複雑であるため，これを上手く開発・生産するためには組織内での高い相互調整能力が必要である。

②の視点のオープン化とは，「システムの構築，改善，維持に必要とされる情報が公開され，社会的に共有・受容される動き」のことをいう。逆に，クローズ化とは，「情報の社会的な共有・受容が制限される動き」のことをいう。

オープン型アーキテクチャは，基本的にモジュラー型であり，インタフェースが企業を超えて業界レベルで標準化されているため，企業を超えた寄せ集め設計が可能となる。一方，クローズド型アーキテクチャは，インタフェースの設計ルールが一社内で閉じている（たとえば，自動車）。基本的に，日本企業が得意とするのは，部品間の微妙な相互調整や緊密な部門間調整，顧客との接点の質の確保など，社内外でのすりあわせが競争力を決める製品・産業であるとされる。◂3

（福澤光啓）

▶3 詳しくは藤本（2001）を参照のこと。

参考文献

Baldwin, C.Y. & K.B. Clark (2000) *Design Rules*, Cambridge, MA: MIT Press.
藤本隆宏（2001）「アーキテクチャの産業論」藤本隆宏・武石彰・青島矢一編著『ビジネス・アーキテクチャ：製品・組織・プロセスの戦略的設計』有斐閣, pp.3-26.
青島矢一・武石彰（2001）「アーキテクチャという考え方」藤本隆宏・武石彰・青島矢一編著『ビジネス・アーキテクチャ：製品・組織・プロセスの戦略的設計』有斐閣, pp.27-70.
藤本隆宏（2003）『能力構築競争』中央公論社.
Ulrich, K. (1995) "The role of product architecture in the manufacturing firm," *Research Policy*, 24, pp.419-440.

Ⅵ 製品開発論

6 アーキテクチャと組織能力

1 アーキテクチャのタイプと組織のあり方の適合

　製品アーキテクチャのタイプ（インテグラル型かモジュラー型か）とそれに適した組織のあり方（部門間調整や企業間での分業形態）との間には，ある一定の適合関係が存在している。さらに，製品アーキテクチャのタイプと適合関係にあるのは，担当している業務の範囲（たとえば，組立メーカーと部品サプライヤといった違い）よりも，むしろ保有している知識の範囲であるということも主張されている。[1]

　たとえば，構成部品間の相互依存性が高い場合（インテグラル型アーキテクチャ）には，それぞれのコンポーネントを開発している組織あるいは企業間での緊密な相互調整が必要であり，インテグラル型の開発組織が適している。一方，構成要素間の相互依存性が緩やかな場合（モジュラー型アーキテクチャ）には（特に，構成要素間のインタフェースが標準化されている場合），それぞれのコンポーネントを開発している組織や企業間での相互調整の必要性が低い（あるいは必要ない）ため，モジュラー型の開発組織が適している。

2 アーキテクチャのタイプと知識のタイプ

　さらに，製品開発活動のあり方によって，コンポーネント知識に関する学習とアーキテクチャ知識に関する学習の起こり方が異なる。インテグラル型の製品の開発を行う場合には，アーキテクチャ知識に関する学習（architectural learning）は，逐次的な製品開発プロセスを通じて引き起こされる。つまり，製品開発活動を通じて，アーキテクチャに関する知識，すなわちコンポーネントの結びつき方や結びつけ方に関する知識が次第に蓄積されることとなる。

　一方，モジュラー化された製品の開発においては，事前に完全にアーキテクチャが決まっているので，それぞれのコンポーネントに関する学習が独立的に行われるので，情報のロスが少ないというメリットがある。さらに，多くの製品バリエーションを短期間で市場に投入できるので，当該市場についての学習も促進される。さらに，モジュラー型の製品アーキテクチャにおいて，完全に標準化されたインタフェースを作るためには，各コンポーネントがどのように機能して，それらがどのように相互依存しているのかということに関する，深いアーキテクチャ知識が必要とされる。

▶1　この点に関するより詳細な議論については，下記の文献を参照されたい。
武石彰（2003）『分業と競争』有斐閣.
中川功一（2008）「製品アーキテクチャ変化の本質的影響：記録型DVDのイノベーションの事例より」『組織科学』41（4），pp. 69-78.
具承桓（2008）『製品アーキテクチャのダイナミズム』ミネルヴァ書房.

▶2　新宅純二郎（1994）『日本企業の競争戦略』有斐閣．具（2008），福澤（2008）を参照のこと。

▶3　組織能力には重層構造がある。トヨタ自動車の場合，静態的能力とは，トヨタ的システムを構成する

企業が複雑性を処理する能力には一定の限界があるので，モジュール化を行うことによって，各モジュール内部では，それ以前よりも高い複雑性を処理することができるようになる。つまり，モジュール化を行うことによって，構成要素間の擦合せに伴う複雑性の分だけシステム全体の複雑性が減少するため，企業が複雑性を処理する能力に余裕が生まれ，この余裕を，各モジュール内部での複雑性の増大の処理に利用することができるようになる。

モジュラー型アーキテクチャの製品を開発する際には，モジュラー型の組織が適しているけれども，モジュラー化を進めるためには，インテグラル型知識（アーキテクチャ知識）を保有する組織が必要となる。いずれの場合にも，自社が開発する製品のアーキテクチャに適した組織能力を備えている必要がある。組織能力（Organizational Capability）とは，組織に体化された，資源の組み合わせとその活用のパターンである。組織能力の特徴として，個々の企業に特有の属性であり，組織全体がもつ行動力や知識の体系であり，競合他社が模倣しにくく，独自に地道に構築する必要があるということが挙げられる。

このような組織能力は，歴史的な経緯などにより，国別・企業別に偏在することがある。たとえば，戦後日本には，歴史的・地理的な経緯から，調整型の組織能力が発達する傾向があった。これらの企業は，敗戦や冷戦，高度成長，慢性的な資源不足を経験しており，このことが，多能工のチームワークに依拠する組織能力をもたらした。この組織能力は，開発や生産の現場で多くの調整活動を必要とする製品，すなわち製品アーキテクチャがインテグラル型である製品で競争優位を発揮しやすいという傾向にある。一方，単能工が多く存在し，分業型の組織能力が偏在する地域は，調整節約的なアーキテクチャ，すなわちモジュラー型アーキテクチャと相性がよい傾向にある。

❸ デジタル化の進展に伴う複雑性の増大にいかに対処するか

近年では，情報家電や携帯機器，自動車などといった多くの製品分野において，多機能化や統合的な機能の提供により製品の複雑化が進展している。その主たる要因は，製品に用いられる組込みソフトウェアの増大である。たとえば，機械製品の代表であった自動車においても，今やマイクロコンピュータと組込みソフトウェアからなる電子制御ユニット（ECU）が上級車では100個程度搭載されて，多数の機能が実現されている。これらの機能を高い品質で提供するためには，複数のECUをいかに上手く統合的に制御していくかが重要であり，自動車メーカーや部品サプライヤ各社にとって喫緊の課題となっている。

このように，製品機能や機能を実現する手段の多様化が進み，機構部品，電子部品，組込みソフトウェア，およびこれらのミックスにより製品アーキテクチャを考える必要が生じている。それを上手く行うための組織能力の構築が，多くの企業にとって今後の重要な課題である。

（福澤光啓）

組織ルーチンであり，かんばん方式，TQC，継続的改善運動，長期取引と多面的能力評価による購買管理，多能工育成型の人事管理，問題解決の前倒しによる迅速な製品開発がある。改善能力（ルーチン的な変革能力）とは，組織全体の問題解決能力，年間百万件近い改善提案，現場の問題がいやでも顕在化する問題発見の仕掛け，標準化した問題解決手法の全社員への徹底教育である。

進化能力（ルーチンを変革する能力）とは，ルーチン的な静態的能力，改善能力を生み出してゆく非ルーチン的変革能力であり，組織能力の中身が時間の経過とともに強化される。

▷4　アーキテクチャと組織能力の適合性を重視する設計立地の比較優位論の詳細については，藤本隆宏・天野倫文・新宅純二郎（2007）「アーキテクチャにもとづく比較優位と国際分業：ものづくりの観点からの多国籍企業論の再検討」『組織科学』40（4），pp.51-64．を参照のこと。

▷5　機能間連携や部品間連携といった相互依存問題の大部分が組込みソフトウェアの開発に集中するようになっている。

参考文献

藤本隆宏（2001）「アーキテクチャの産業論」藤本隆宏・武石彰・青島矢一編著『ビジネス・アーキテクチャ：製品・組織・プロセスの戦略的設計』有斐閣，pp.3-26．

藤本隆宏（1997）『生産システムの進化論』有斐閣．

福澤光啓（2008）「製品アーキテクチャの選択プロセス：デジタル複合機におけるファームウェアの開発事例」『組織科学』41(3)，pp.55-67．

VI　製品開発論

7　製品開発組織の構造

1　製品開発組織における専門化と調整

　ほとんどの場合，製品開発活動は組織で行われる。そして，その組織の設計・運営の良し悪しが，製品開発パフォーマンスに対して重要な影響を与えることになる。ここでは，製品開発組織の構造と製品開発パフォーマンスとの関係について考えよう。組織設計の基本的な原理は，「専門化」（部門別，製品別，部品別など）と「調整」（部門間，製品間，部品間など）の二つである。通常，製品開発組織の部門は，研究，製品企画，製品設計，試作，実験，工程設計といった開発フェーズ別に編成されることが多い。取り扱い品種が増えた場合には，これらの機能毎に製品別の部門が形成される。また，複数の部品を要する製品の場合には，部品別に設計部門が分かれる場合もある（自動車の場合，ボディ設計，シャシー設計，エンジン設計，電子設計など）。

　専門化が進んだ組織では，それぞれで作られる製品や部品を上手くまとめあげるために，部門間の調整・統合が必要になる。当該製品の開発のためのプロジェクトチームやリエゾン（連絡調整係）などが設定され，多くの場合，開発プロジェクトのリーダーが部門間の調整を行っている。これら専門化と調整の程度は，各企業の置かれた環境や戦略に応じて決められることになる。

　多くの企業では，単一の製品開発プロジェクトを回していることはまれであり，複数の製品開発プロジェクトを同時並行的に走らせていることがほとんどである。その場合，単に，複数の機能部門の専門化と調整・統合だけを考えていればよいわけではなく，複数の製品開発プロジェクトを上手く運営していくことが必要になる。

2　機能別組織とプロジェクト組織

　製品開発を行う組織の構造として，「機能別組織」がよいのか「プロジェクト組織」がよいのかということが，主要なテーマの一つである。機能別組織は，それぞれの専門についての知識を深く早く蓄積するのに適しており，プロジェクト組織は，機能部門から独立して必要となるエンジニアを部門横断的に集めて相互調整させることが容易である。しかし，実際には，両者の中間的な組織を採る企業が大半である。その利点は，特定の製品の開発に関わる機能業務を横断的に調整・統合することができるので，専門化の利益と製品別の最適化を

▷1　ここでの専門化と調整という概念は，組織論における「分化と統合」の概念と類似である。分化と統合については，IX-3 の「コンティンジェンシー理論②」を参照のこと。

▷2　このような複数の製品開発プロジェクトを行う組織は，「マルチプロジェクト組織」（延岡，1996）と呼ばれる。

両立することが可能となるからである。このような形態の組織に対しては，通常のリエゾンや委員会などとは異なり，企業や製品などにより程度の差はあるが，特定の権限や予算が割り当てられており，そのプロジェクトの遂行責任を負うプロジェクト・マネジャーにより管理される。単に，プロジェクト組織構造だけを作っても，上手く運営しなければ開発パフォーマンスを高めることはできない。そこでカギを握るのが，このプロジェクト・マネジャーの役割と権限である。機能部門長の権限とプロジェクト・マネジャーの権限の相対的な違いが，プロジェクトのパフォーマンスに影響を与えることになる。

③ 開発効率の高い組織の特徴＝重量級プロジェクト・マネジャー制

　藤本・クラーク（1991＝2009）では，1980年代の日米欧の自動車開発プロジェクトを対象として，その開発組織の構造と開発パフォーマンスとの関係性が実証されている。その結果，開発パフォーマンス全体に関して高い業績を達成していた組織の特徴は，強力な内的統合活動（機能部門間の調整・統合）と外的統合活動（市場ニーズとの適合を図ること）を結合して製品別のプロジェクト・マネジャーの下に集中させている組織であることが明らかとなった。そのような特徴を持つプロジェクト・マネジャーを保有している組織は，「重量級プロジェクト・マネジャー（Heavy Weight Project Manager：HWPM）型組織」と呼ばれる。この組織では，プロジェクト・マネジャーの社内的地位は機能部門長と同等かそれよりも高くなり，プロジェクトに関するあらゆる事項の決定権限を公式・非公式にもっている。そのため，製品コンセプトや製品仕様，主要な技術の選択において，プロジェクト・マネジャーの決定は最高の権限をもち，販売目標や計画，コスト，利益管理まで権限と責任をもっている。このような権限をもつことができるのは，設計に関する知識のみならず，デザイナーや設計エンジニア，実験エンジニア，工場スタッフ，現場管理者，営業担当者，顧客などと，効果的にコミュニケーションするための多岐にわたる知識や言語に通じているからでもある。HWPMの例として，トヨタ自動車におけるチーフエンジニア（主査）やホンダ自動車のLPL（ラージプロジェクトリーダー）が有名である。

　しかし，1980年代の世界の自動車企業では，このような重量級プロジェクト・マネジャーであると認定できるのはごく少数であり，大半は相対的に機能部門重視の「軽量級プロジェクト・マネジャー」であった。この軽量級プロジェクト・マネジャーは，基本的に各機能部門間の調整役として振る舞い，主要技術の選択や設計に関しては権限を有するが，それ以外については，各機能部門長が権限を有している。自動車のように，インテグラル度の高い製品の場合には，部門間の連携調整がより重要になるので，部門間の連携・調整を重視する重量級プロジェクト・マネジャー制の有効性が高まる。　　　　（福澤光啓）

▷3　ここでの開発パフォーマンスは，開発生産性，開発期間，総合商品力の三つが用いられている。

▷4　藤本・クラーク（1991＝2009）では，自動車の製品（product）のマネジャーということから，Heavy Weight Product Managerと呼ばれている。しかし，多くの企業では，製品開発プロジェクトのマネジャーという意味合いで，「プロジェクト・マネジャー」と呼ばれることが一般的であり，本節でもそれにしたがう。

▷5　実際，1980年代における日本の自動車企業の開発パフォーマンスの高さを受けて，欧米では，重量級プロジェクト・マネジャー制を採り入れる企業が少なからず現れてきた。

参考文献
藤本隆宏・K.B.クラーク（1991＝2009）『増補版　製品開発力』田村明比古訳，ダイヤモンド社．
延岡健太郎（1996）『マルチプロジェクト戦略：ポストリーンの製品開発マネジメント』有斐閣．

VI 製品開発論

8 アーキテクチャの位置取り戦略

1 技術力・現場の実力と収益力との不一致

そもそも技術力や現場の実力がそれほど高くなくても儲けるためにはどうすればよいのか？それに対する一つの回答は，「儲けやすい市場を見つけてそこに自社を位置づける」ことである。技術力や現場の実力は高いが，その割にはあまり儲かっていない企業と，儲かっている企業がある場合に，これら2社を分かつものは何だろうか。それについては，「業界」にもとづいて位置づけを考えるのではなくて，「アーキテクチャに関する位置取りの違い」に注目するのが有効だ。企業内部での製品アーキテクチャと，顧客に対するすり合わせの程度という二つの軸によって四つのマトリクスを作り，それぞれの象限における戦略について考えよう。

2 アーキテクチャの位置取り

中インテグラル・外インテグラルのセルの特徴は，自分も顧客もインテグラル型で，多くの日本企業に見られる位置取りである。たとえば，日本企業では，ランプやエアコン，トランスミッションなどの自動車部品は，その部品のために新規に設計した特殊仕様の子部品や新素材，自前で作った独自の生産設備，自社開発技術を利用していて，同時に，これらを利用している自動車自体も「インテグラル型」製品であるので，各モデル専用の特殊設計部品としてしか売れないことが多い。この領域では顧客の要求が非常に厳しいので，それに応えるための創意工夫により生産や開発の現場の能力は高まるが，それに見合う利益を上げることは難しい傾向にある。そのため，このセルの事業で蓄積した能力を活かせるような事業構成を考える必要がある。

中インテグラル・外モジュラーのセルの特徴は，自社はインテグラル型のものづくりをするが，顧客は汎用品の寄せ集めビジネスを行うということである。たとえば，米国インテル社は，技術力と資金を駆使して開発したMPU（Micro Processing Unit）を垂直統合で生産して，それを，典型的なオープン・モジュラー型製品であるパソコンのコア部品として販売して高い利益を上げている。このセルでは，高度なものづくり能力に裏打ちされているものを汎用品として販売するため量産効果が大きい。一方で，売り先は不特定多数であるため買い叩かれることがない。さらに，顧客にとってのコア部品である場合，自社の交

▷1 Ⅳ-2 の「ポジショニング戦略／ファイブ・フォース分析」の節を参照のこと。

▷2 顧客が産業財の場合は比較的はっきりしているが，消費財の場合には工夫が必要である。

▷3 デンソーの売上高営業利益率は5％前後であり，自動車用ベアリングメーカーの日本精工の売上高営業利益率は4％前後である。
▷4 MPU
コンピュータ内で基本的な演算処理を行う，いわばコンピュータの頭脳に当たる半導体回路のこと。
▷5 また，シマノの例では，高度な擦り合わせ設計と冷間鍛造技術によりギア・コンポーネントをつくり，オープン・モジュラー型製品である自転車のコア部品として販売している。

	顧客のアーキテクチャ	
	インテグラル	モジュラー
自社のアーキテクチャ インテグラル	中インテグラル・外インテグラル 　自動車部品の大部分 　オートバイ部品の大部分 　ベアリングの大部分 　他　多数	中インテグラル・外モジュラー 　インテル（MPU） 　シマノ（自転車用ギア）　他
自社のアーキテクチャ モジュラー	中モジュラー・外インテグラル 　デンソー（ディーゼル部品） 　キーエンス（計測システム） 　ミスミ（金型用部品）　他	中モジュラー・外モジュラー 　DRAM 　汎用樹脂 　汎用鉄鋼製品　他

図Ⅵ-3　アーキテクチャの位置取り

（出所）　藤本（2004）p.270, 図12を加筆修正

渉力が高まる。このセルで儲けるためには少なくとも二位ぐらいまでのシェアを確保して累積生産量で他社を圧倒し，できれば業界標準を獲得することが重要である。

中モジュラー・外インテグラルのセルの特徴は，自社の製品自体は共通部品や汎用部品の組み合わせであるが，それを，顧客の要求に合わせて特別に設計したカスタム品として認知してもらい，それに見合ったプレミアムを支払ってもらうようにしている。たとえば，キーエンスでは，工場用の計測機器やセンサーを優秀なセールスエンジニアを総動員して提案営業している。それにより，計測機器単体の品種の急増を抑えている。このセルで儲けるためには，共通部品を使ってコストを削減しつつ，顧客の目には自分専用にカスタマイズされていると見えるようにすることが重要である。

中モジュラー・外モジュラーのセルの特徴は，汎用部品や汎用設備を寄せ集めて製品を作り，汎用的な部品や素材として大量に販売することである。製品や工程の質的な面での差別化は困難であり，設備の規模や稼働率，事業の急速展開といった「体力勝負」になりがちであるため，質的な差別化を得意とする企業には不向きである。プラントの規模や稼働率が決め手の汎用樹脂や汎用鉄鋼製品，**DRAM**など，アメリカや韓国，台湾の企業が得意な製品が多い。

3　身につけた現場の能力をさらに活かす方法

「中インテグラル・外インテグラル」では，「設計のすりあわせ」と「営業のすりあわせ」の両方にコストがかかるのに，価格設定力が弱いため，あまり儲からない。このセルで蓄積した組織能力を活用して，「中インテグラル・外モジュラー」や「中モジュラー・外インテグラル」へと展開して，利益率の向上を図る。つまり，組織能力の構築を行うセルと組織能力の活用を行うセルとを組み合わせることによって，持続的な競争優位の獲得を目指すのが得策だ。

（福澤光啓）

▶6　その他の例として，金型用部品，FA用部品，切削工具などの流通商社であるミスミが挙げられる。ミスミの事業コンセプトは，販売代理店ではなくて「購買代理店」であり，扱っているのは既に規格の決まっている「標準品」の販売である。金型業界での豊富な経験を活かしたカタログづくりによって，顧客のニーズに柔軟に対応している。

▶7　DRAM Dynamic Random Access Memory の略。主として，コンピュータの主記憶装置として用いられる。

参考文献

藤本隆宏（2004）『日本のもの造り哲学』日本経済新聞社.

藤本隆宏・東京大学21世紀COEものづくり経営研究センター（2007）『ものづくり経営学：製造業を超える生産思想』光文社.

VI 製品開発論

9 アーキテクチャのダイナミズム

1 アーキテクチャは変化する

　イノベーション活動を続ける過程で，同一の製品であっても，そのアーキテクチャは変化していく。たとえ同じ製品であっても，異なる企業や異なる国においては，実現される製品アーキテクチャは異なる。製品アーキテクチャは，一般的にはインテグラル型からモジュラー型へとシフトするが，逆にモジュラー型からインテグラル型へとシフトするというように時間の経過とともにダイナミックに変化していく。こうした製品アーキテクチャの変化を引き起こす主な要因として，①実現しようとする製品機能の変化（Henderson & Clark, 1990；クリステンセン，1997＝2000）と，②製品に用いられている技術の変化（楠木・チェスブロウ，2001）がある。このようなアーキテクチャの変化は，主として設計者の創意工夫の結果として生じるが，組織やビジネスのあり方を大きく変えることになる。その例は，パソコンやコンテナ，携帯電話，光ディスク装置など枚挙にいとまがない。このような製品アーキテクチャの変化に応じて，自社の組織やビジネスシステムのあり方を再設計していく必要がある。

2 アーキテクチャの変化への適応は容易ではない

　効率的に製品開発を行うことのできる組織であればあるほど，既存の製品アーキテクチャに適合するように**タスク分割**を行い，それに伴って組織構造や企業間の分業構造を規定しているはずである。したがって，既存の製品アーキテクチャで成功している企業ほど，新たな製品アーキテクチャに対応することが難しくなる。既存の企業がアーキテクチャル・イノベーションに失敗してしまう要因として，既存の製品に関する**アーキテクチャ知識**が，組織における①コミュニケーション・チャネルや②情報フィルタ，③問題解決のあり方に内面化されてしまうということが挙げられている。それによって，既存の企業は，そもそも①特定のイノベーションがアーキテクチャを変更するものであるということを認識するのに時間がかかってしまい，②たとえそれに気づいたとしても，新たなアーキテクチャについて学習するために時間と資源を割かなければならないのである。さらに，既存企業はそのような新たなアーキテクチャについて学習する際には，①これまでの学習方法を改めなければならないということと，②従来のアーキテクチャ知識に縛られた状態で，新たなアーキテクチャ

▷1　**タスク分割**
von Hippel (1990) では，製品開発を行う際に，相互依存関係の強い問題解決活動を一緒にするようなタスクの分割 (task partitioning) を行うことによって，効率的に製品開発を行うことができるとしている。つまり，製品アーキテクチャの決定とタスク分割をうまく連携させることの重要性が述べられている。

▷2　**アーキテクチャ知識**
Henderson & Clark (1990) では，製品をいくつかの物理的な部品から構成されるシステムであると捉えて，製品開発活動を通じて生み出される知識が，①構成部品（コンポーネント）に関する知識 (component knowledge) と②アーキテクチャ知識 (architectural knowledge) の二つに分類されている。前者は，各構成部品に用いられている知識のことであり，後者は各構成部品をいかにしてひとつの製品へとまとめあげていくかに関する知識のことである。

▷3　福澤 (2008) を参照せよ。

▷4　その例として，PC産業におけるIBMからインテルやマイクロソフトなどへの競争優位性の移転が挙げられる。この詳細については，立本博文 (2007)「PCのバス・アーキテクチャの変遷と競争優位：なぜ Intel は，プラット

について学ばなければならないというハンディキャップを新規参入企業に対して負っているのである。つまり，既存企業はアーキテクチャの変化を既存のアーキテクチャ知識に基づいて解釈するのに対して，新規企業はアーキテクチャの変化を従来のアーキテクチャ知識にとらわれることなく新たな視点で解釈できるという大きな違いがあり，これが，アーキテクチャの変化に対して既存企業が対応できないことの要因である。

製品アーキテクチャがインテグラル型からモジュラー型へとシフトする場合には，組織はインテグラル型であり続けようとするけれども，製品アーキテクチャはモジュール化していくため，組織と製品アーキテクチャとの間で不適合が生じてしまうとされており，これはインテグラル型組織の陥りやすい罠である。

逆に，製品技術のアーキテクチャがモジュラー型からインテグラル型へとシフトする場合には，製品を構成する要素間の新しい相互依存を理解する知識や経験を欠いてしまい，重要なイノベーションの利益機会をみすみす逃してしまうことになるが，これは「モジュラリティの罠」と呼ばれる。

3 アーキテクチャの戦略的な選択

製品アーキテクチャに関するこれまでの議論では，企業が新たなアーキテクチャを生み出していくプロセス（戦略的選択）や，その際に直面する社会的・制度的制約については十分に議論されてこなかった。既存研究では，ある時点で観察される支配的な製品アーキテクチャを，それ以前のものと比較して「モジュラー化（またはインテグラル化）した」と述べられているのだ。既存の製品アーキテクチャに関する議論において，企業によって製品アーキテクチャが戦略的に選択されるという視点からの研究が行われてこなかった要因には次のような事情がある。すなわち，製品アーキテクチャは企業の主体的な設計活動を通じて生み出されてくるという前提が置かれているけれども，実際に研究する際には，「製品アーキテクチャの変化」を組織が適応するべき一種の外生的な「環境の変化」とみなして研究が進められてきた，ということである。

近年では，製品アーキテクチャを決定した企業が，必ずしも，そこから得られる利益を獲得できるとは限らず，アーキテクチャを決定する企業とそこから得られる利益を獲得する主体の違いについて注意深く考慮する必要がある（榊原，2005）。たとえば，光ディスクドライブやデジタルテレビ，携帯電話などのように，セットメーカーが最初に製品を開発してアーキテクチャを決定しても，その価値獲得の主体が部品メーカーへと移行する場合がある。新興国の後発企業が，多くの利益を獲得するということも起きている。そのため，製品アーキテクチャの決定主体が利益を獲得できるように，製品アーキテクチャを戦略的に決めていくことが重要である。

（福澤光啓）

フォーム・リーダーシップを獲得できたか」（MMRCディスカッションペーパーNo.171）を参照せよ。さらに，光ディスク産業における日本のセットメーカーの凋落と台湾・韓国企業の急成長や，液晶テレビ・パネル産業における韓国や中国企業の躍進も同様の事例である。この詳細については，新宅純二郎・天野倫文編著（2009）『ものづくりの国際経営戦略』有斐閣を参照せよ。

参考文献

von Hippel, E.（1990）"Task partitioning: an innovation process variable," *Research Policy*, 19, pp.407-418.

Henderson, R.M. & K.B. Clark（1990）"Architectural innovation: the reconfiguration of existing product technologies and the failure of established firms," *Administrative Science Quarterly*, 35, pp.9-30.

楠木建・ヘンリー．W．チェスブロウ（2001）「製品アーキテクチャのダイナミック・シフト」藤本隆宏・武石彰・青島矢一編著『ビジネス・アーキテクチャ：製品・組織・プロセスの戦略的設計』有斐閣，pp.263-285.

福澤光啓（2008）「製品アーキテクチャの選択プロセス：デジタル複合機におけるファームウェアの開発事例」『組織科学』41(3), pp.55-67.

榊原清則（2005）『イノベーションの収益化：技術経営の課題と分析』有斐閣．

C.M.クリステンセン（1997＝2000）『イノベーションのジレンマ：技術革新が巨大企業を滅ぼすとき』玉田俊平太監修，伊豆原弓訳，翔泳社．

Ⅵ 製品開発論

10 業界標準とコンセンサス標準

① 優秀な技術を開発しても利益に結びつかない

　多くの企業において，新技術・製法を日々生み出すための努力が行われて，その結果，特許権を認められたり，業界で広く用いられる技術・規格となっている。しかし，そうなるのはごく一部であって，大多数は利益につながることなく，死蔵されていく。日本企業に目を向けてみても，多くの企業において新技術をたくさん開発しても多くが死蔵されている。しかも，技術的にみて相対的に優れているとはいえないものが，市場を席巻することが多くの業界で見られる。多額の投資をして新製品を開発しても，すぐにライバル企業に模倣されてしまう。

　新技術が開発されても，それが事業化につながり，収益を生み出すことは難しく，一筋縄ではいかないことが多い。そのような日本企業の例を見てみても，液晶パネルや光ディスクドライブ，携帯電話，パソコン，半導体製造装置など枚挙にいとまがない。これらは，いずれも技術力や資源の不足が原因であるとは考えられない。むしろ，原因として考えられるのが，業界標準を獲得するための取り組みが上手くない，ということである。とくに，国際標準化と日本企業の利益について見てみるとその問題が顕著に表れている。たとえば，DVDにおける日本企業の赤字・撤退がある。製品のモジュラー化と国際標準がセットで進展していることが，日本企業にとっての厳しさを増幅している。モジュラー化と国際標準化が進むことにより，発展途上国・新興国の参入が容易になり，日本企業は，新たなビジネスモデルを構築する必要が生じてしまう。日本企業は標準化戦略にも失敗している。たとえば，半導体工程における**ウェハサイズ**の変化（200mmから300mmへ）が起きた際に，工場のいたるところが標準化されてしまい，日本企業の半導体産業の優位性が失われる結果となった。

▷1　詳しくは，小川（2009）を参照のこと。

▷2　**ウェハサイズ**
半導体のもととなる，シリコンインゴット（シリコンのかたまり）を厚さ約1mmにスライスしたものがシリコンウェハと呼ばれる。シリコンウェハの直径がウェハサイズである。このウェハの上に半導体の回路を作り込んでいくことになる。

② 業界における標準

　業界における標準として，公的標準（dejure standard：デジュール標準），デファクト・スタンダード（de-facto standard：業界標準），コンセンサス標準という三つが挙げられる（新宅・江藤，2008）。公的標準は，決められた手続きに沿って，公的機関により定められた標準であり，通信プロトコルのCCITT（Comite Consultatif Internationale de Telegraphique et Telephonique）やISO（International Organization for Standardization）などが代表的である。

デファクト・スタンダードは，業界における競争の結果としての標準であり，1980年代ではVTR産業におけるVHS方式が有名であり，近年では，次世代DVD規格をめぐる「Blu-ray Disc」と「HD DVD」との競争が有名である。デファクト・スタンダードでは，独占の獲得競争が行われることになる。このような業界標準は，ソフトウェアやメディアが関連するシステム製品，および，ネットワーク製品において広がりを見せており，AV機器やインターネット，通信等の業界では特に重要である。このような業界でデファクトを取り損ねた場合の損失は極めて大きい。たとえば，携帯電話端末において，日本企業の製品は技術的には世界トップクラスに優秀であるにもかかわらず，通信規格のデファクトを取ることができなかったので世界を制覇できていない。それは，CDMA方式とGSM方式の世界普及率の圧倒的な違いとして表れている。

3 コンセンサス標準

コンセンサス標準とは，フォーラムや公的機関による事前の協議によって決まる標準のことである。個別企業が代表となって参加するコンソーシアムやフォーラムが近年急増している。たとえば，1997年に日本企業が主導して作られた「DVDフォーラム」は，世界20カ国の240社から，のべ1000人以上が参加する巨大な標準化団体であり，DVDに関する規格・標準を策定した。そのほかにも，携帯電話，DVD，USBなどで盛んに行われており，最近では，自動車のエレクトロニクス領域における標準化の動きがみられる。このようなコンセンサス標準の策定については，欧州企業が長年の歴史を有しており巧みに行ってきているが，日本企業にとっては今後の重要な課題となっている。

コンセンサス標準を決める際には，技術情報が公開されるため，標準推進者に必ずしも，十分な利益をもたらさない。そのため，標準化決定の前に，ビジネスモデルの構想を検定する必要性がある。オープンにする標準化領域と独自技術を秘匿する差別化領域を明確にしなければならない。優位な地位の位置取り合戦が行われるので，そこを切り抜けられるような高度に戦略的な能力が求められる。さらに，標準化領域においては，新興国企業を活用して，コストを削減することも有効である。

標準化戦略は自社に有利なポジションの位置取り戦略である。同じような技術レベルの企業間では，合意が難しいか取れたとしても，競合企業間で差別化できない。そのため，異なる技術レベル，異なる立場の企業との連携が必要である。とくに，オープン・アーキテクチャ型の産業においては，利潤の専有可能性を確保するための方法を考えることが極めて重要である。その方法として，ライセンス・フィーの設定や補完財での利益の確保（任天堂のソフトウェア政策），中核的なモジュールの専有（インテルのMPU）が有効である。　（福澤光啓）

▷3　自動車の電子プラットフォームの標準として，欧州では，Autosarという標準や，日本ではJasParといった標準が策定されている。

参考文献

新宅純二郎・江藤学編著(2008)『コンセンサス標準戦略：事業を活用のすべて』日本経済新聞社.
小川紘一（2009）『国際標準化と事業戦略』白桃書房.

コラム

深層の競争力／競争力の階層性

1 表の競争力

企業の競争力について考える場合，最初に思い浮かぶのが，その企業の売上や利益，市場シェアなどだろう。それらは，比較的簡単に測定できることから，その指標の良し悪しで企業の実力を見極めがちである。しかし，それらは，為替変動や政治的要因などの影響を直接的に受ける指標でもあるため，長期的に企業の実力を見極めようとする際には注意が必要である。むしろ，企業の競争力について考える際には，競争力を階層的に捉えることが有効である。企業の競争力は主として，表（表層）の競争力と裏（深層）の競争力に分けられる。表の競争力とは，特定の製品・サービスに関して，消費者が直接観察・評価できる指標であり，価格や知覚された製品内容や納期などが挙げられる。

2 裏の競争力

一方，裏の競争力とは，表の競争力を背後で支え，企業の組織能力と直接的に結びついているものである。生産性は価格競争力を，生産期間は納期競争力を，開発期間は消費者が知覚する商品力を，適合品質は消費者が知覚する商品力を支えるという関係にある。企業間の競争を長期的に注意深く見てみると，実は，この直接数字には表れてこないレベルでの競争（能力構築競争）が行われていることがわかる。たとえば，1980年代には，トヨタなどの日本企業が，世界の他の企業を引っ張る形で，生産・開発・購買のグローバルな能力構築競争が進展してきた。特に，不況期には，それまで鍛えてきた組織能力がものを言う。2008年の世界金融危機における米国ビック3の苦境を見てみればわかるだろう。不況期に，どのような能力構築（事業展開，現場改善，人事政策など）を行うかが，次の競争での勝敗を左右することになる。地道な積み重ね，愚直な積み重ねが，長期的な成功を支える基礎体力となるのである。

（福澤光啓）

参考文献

藤本隆宏（2003）『能力構築競争：日本の自動車産業はなぜ強いのか』中央公論新社．

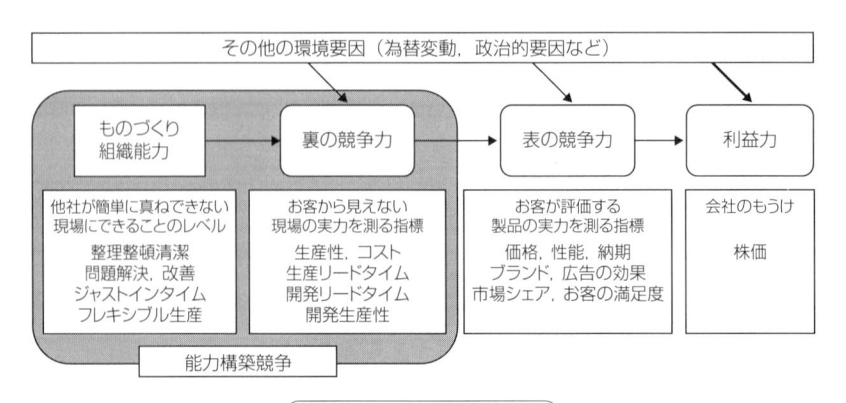

図Ⅵ-4 競争力の階層性

（出所）藤本（2003）図2・3を筆者修正

第VII章 イノベーション論

VII　イノベーション論

1　イノベーションとそのタイプ

1　新しい組み合わせの発見＝イノベーション

　イノベーション（innovation）とは，われわれの利用しうる色々な物や力を結合する生産活動において，生産物や生産方法の変更（新結合）を行うことである。これが経済発展の原動力となっている。私たちは，新しい製品やサービスを日々利用することによって，より便利で豊かな生活を送っている。古くは蒸気機関車や飛行機の登場によって，高速に広く移動することが可能になった。近年では，パーソナルコンピュータやインターネット，携帯電話機，デジタルテレビなどのデジタル機器の登場により，われわれの生活は飛躍的に便利になった。これらは，主として企業による「イノベーション」活動の成果である。新製品・サービスを，いかに有効的かつ効率的に生み出すことができるのかが，企業成長ひいては経済成長を支える鍵となる。イノベーションの対象となるのは，製品（新製品の開発）や生産方法（効率的な生産方法の開発），原材料の新しい調達方法，新しい販売チャネルの開拓，新しい組織などである。

　発見と発明とイノベーションとの関係は，次のようなものである。「発見」は，自然・社会現象に関する新知識の獲得であり，「発明」は実用化（商品化）の潜在的可能性をもった製品や工程のアイデア，スケッチ，試作品などを創造することであり，特許の獲得に結びつくことが多い。さらに，「イノベーション」は新製品，新工程などの技術を単なるスケッチにとどめずに「商業化」へともち込むことであり，市場での販売ないしその他の生産が始まって初めてイノベーションと呼ぶことができる。このように，「発見」，「発明」，「イノベーション」はそれぞれ異なる現象であり，特にイノベーションと他の二つとの間の違いが重要である。

2　イノベーションの類型

　現在の私たちの生活には，イノベーションの成果があふれかえっているが，その程度はさまざまである。世の中にまったく存在しておらず思いもよらなかった新製品や，それまでの製品の品質や機能を改良しただけの製品など，どれもイノベーションの結果である。さらに新技術の開発だけでなく，既存の製品・技術を新たな用途に適用することもある。このように，多様なイノベーションが起こされるのだが，一様に同じ対応をしていればよいわけではない。

▷1　シュムペーター（1912＝1977）『経済発展の理論（上）（下）』塩野谷祐一・中山伊知郎・東畑精一訳，岩波書店を参照のこと。

	コンポーネントのつなぎ方の変化	
要素技術の変化	有	無
有	ラディカル・イノベーション	モジュラー・イノベーション
無	アーキテクチャル・イノベーション	インクリメンタル・イノベーション

図Ⅶ-1　イノベーションの類型

（出所）　Henderson & Clark（1990）より筆者作成

それぞれのタイプに適した組織的・戦略的な取り組みが必要になる。

　最も典型的なイノベーションの分類基準は，新しさ（革新性）の程度であり，大きくラディカル・イノベーションとインクリメンタル・イノベーションの二つに分けられる。革新性の基準として，市場および技術の革新性と当該企業にとっての革新性を考える必要がある。企業を経営する立場から見れば，市場や技術の新しさそのものよりも，むしろ，それが自社にとってどの程度新しいものであるのかが重要である。つまり，特定のイノベーションと，当該企業の技術や組織能力との間のズレの程度が重要なのだ。それに従えば，イノベーションを能力増強的なものと能力破壊的なものに分けることができる。前者は，当該産業における既存企業が既に保有している知識や能力を増強するものであり，後者は，新たな製品や工程を実現するために新たなスキルや能力，知識を要求するものである。とくに，既存企業が気を付けなければならないのは後者である。後者の場合，既存の製品群において蓄積されてきた一連の能力を根本的に変化させなければならず，既存技術や組織が「しがらみ」となって，新たな技術の習得や組織能力の構築を阻害しがちである。そのため，最初からこの新技術を持って参入してきた企業に対して，既存企業は不利な立場におかれる。

3　つなぎ方のイノベーション

　もう一つの分類基準として，イノベーションが，①コンポーネント（構成部品）に用いられている基本的な技術（デザイン・コンセプト，要素技術）の変化の有無と，②相互依存関係にあるコンポーネントのつなぎ方の変化の有無という二つの軸に基づいて四つに類型化されている。この中でも，「アーキテクチャル・イノベーション」の場合には，既存のアーキテクチャによって成功してきた企業はうまく対応することができないとされている。このアーキテクチャル・イノベーションを引き起こすのは，主として新規参入企業であり，既存企業はそのようなアーキテクチャの変化に適応できないとされる。新たな製品アーキテクチャに対応するためには，それまで構築されてきた組織能力やコミュニケーション・チャネルを変更する必要があるけれども，既存企業にとっては，これらを容易に変更することができないので対応に失敗してしまうのである。

（福澤光啓）

▷2　Henderson & Clark（1990）では，イノベーションが，①構成部品に用いられている基本的な技術（デザイン・コンセプト，要素技術）も，相互依存関係にある構成要素の組み合わせも変化しないが，既存の技術の範囲内での改善，改良がなされる（インクリメンタル・イノベーション），②要素技術の転換と，相互依存関係にある構成要素の組み合わせの変更の両方が起る（ラディカル・イノベーション），③要素技術には変化がないけれども，相互依存関係にある構成要素の組み合わせの変更が起る（アーキテクチャル・イノベーション），④相互依存関係にある構成要素の組み合わせには変化がないけれども，要素技術の転換が起る（モジュラー・イノベーション）という四つに類型化されている。

参考文献

Henderson, R. M. & K.B. Clark（1990）"Architectural innovation: the reconfiguration of existing product technologies and the failure of established firms," *Administrative Science Quarterly*, 35, pp. 9-30.

Ⅶ　イノベーション論

② ドミナント・デザイン

① なぜ，乗用車は，内燃機関で四輪なのか？

　われわれが普段利用している製品は，なぜ，そのような形状・性能なのだろうか？なぜ乗用車は「乗用車」なのか，なぜパソコンは「パソコン」なのだろうか，という哲学的な疑問をもつ人達も少なくないだろう。それに対する経営学における一つの回答は，ドミナント・デザイン（dominant design）という考え方である。ドミナント・デザインとは，たいていのユーザーの要求を満足させるのに最も適した形態であることが市場で証明された，あるいは，法的規制または調整によって認められた標準規格に合わせられた標準的なデザインのことである。つまり，それまでの様々な製品イノベーションを集大成した傑作のことである。ドミナント・デザインの例として，古くは自動車における「T型フォード」や，汎用コンピュータにおけるIBMの「システム360」，ジェット旅客機の「Boeing 747」，パソコンにおけるDOS-V規格，VTRにおけるVHS規格などが有名である。現在の乗用車のドミナント・デザインは，モノコックボディで内燃エンジンを搭載した四輪の移動手段ということになる。

② 製品イノベーションと工程イノベーション

　アバナシー（Abernathy, 1978）やアッターバック（1994＝1998）では，産業の発展段階と，製品（生産技術）においてイノベーションが起きる頻度との関係について研究されている。製品自体および製品要素技術のイノベーション（製品イノベーション）と生産工程のイノベーション（工程イノベーション）の発生率は，産業の発展段階（流動期，移行期，固定期）とともにある一定のパターンを示すということが明らかにされている。まず，第1段階の「流動期」では，製品がそもそもどのようなものであるのかということが決まっておらず，競合企業間で様々な製品デザインと操作上の特徴についての実験が行われる。同時に，当該製品を使用するユーザー側も，明確な評価基準をもっていないため，さまざまな基準を用いて製品の評価を行う。そのため，この時期では，製品イノベーションの発生率が最も高くなるが，製品の生産技術に対しては，それほど注意が払われないので，工程イノベーションの発生率は製品イノベーションの発生率に比べるとかなり低い。

　製品のコンセプトが企業と顧客の両方にとって明確になってくると，ドミナ

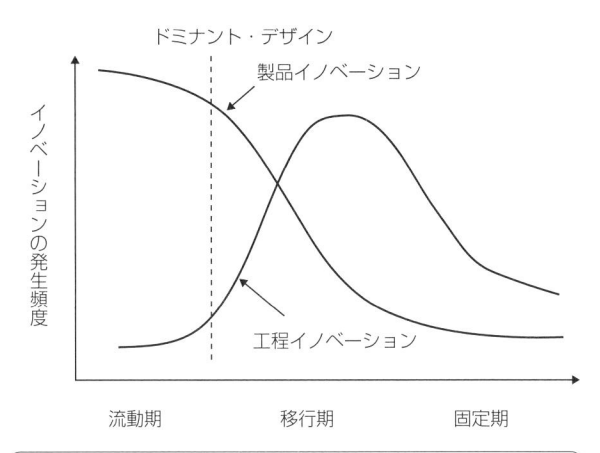

図Ⅶ-2　製品イノベーションと工程イノベーションの関係

(出所) アッターバック (1994=1998) より筆者作成

表Ⅶ-1　流動期と固定期の比較

		流動期	固定期
イノベーション	焦 点	製品機能の最大化	コスト削減
	源 泉	ユーザーのニーズ情報	外部要因
	新規性・急進性	高い	低い。効果は累積的
	モード	製品イノベーション＞工程イノベーション	製品イノベーション，工程イノベーション共にインクリメンタル
	頻 度	高い	低い
製造工程の状態	組 織	フレキシブル・非効率的	効率的。資本集約的
	規 模	小さい	大きい
	設 備	汎用機	専用機
	変化のコスト	小	大
	投入要素	一般に入手可能	専用の源材料
	製 品	頻繁に変化，注文設計	コモディティ，非差別化

(出所) アッターバック (1994=1998) 図Ⅳ-4 より筆者作成

ント・デザインが形成され，製品イノベーションの発生率が低下し，代わって，工程イノベーションの発生率が上昇する「移行期」に突入する。この時期では，ある一定の決められた製品の機能をいかに効率よく実現するかということが重要となるため，製品の製造方法に関するイノベーションが盛んに行われるようになり，生産性向上のために材料や生産設備の特殊化・専用化が進むことになる。さらに進んでいくと，製品と工程の両方のイノベーションの発生率が低下していく，「固定期」に移行する。この時期に至った産業では，コストや品質，生産量，生産性が非常に重要視されるようになるため，製品イノベーションと工程イノベーションは漸進的なものになってくる。同一産業内での競合企業間の製品の差違は小さくなり，生産方法も似通ったものになる傾向にある。そして，企業は，次節で解説するような生産性のジレンマに直面することとなるのだ。

(福澤光啓)

参考文献

Abernathy, W.J. (1978) *The Productivity Dilemma: Roadblock to Innovation in the Automobile Industry*, The Johns Hopkins Univ. Press.

J.M. アッターバック (1994=1998)『イノベーション・ダイナミクス：事例から学ぶ技術戦略』大津正和・小川進監訳, 有斐閣.

Ⅶ　イノベーション論

3　生産性のジレンマ

1　生産性の向上とイノベーション発生のトレードオフ

　最初はうまくできなかったことでも，練習すれば次第に上手くできるようになってくる。たとえば，野球で3割バッターになるためには，相当な練習が必要になる。最初は上手く素振りもできないし，ヒットを打つこともできない。いろいろと打ち方を工夫したり，筋力をつけたりすることで，やがて自分に合っていて，ヒットを量産できるスイングが見つかる。さらに，国内のいろいろなピッチャーと対決しながら，多くの球種に対応できるようにもなる。しかし，急遽，メジャーリーグに行ってボールの大きさも投げるピッチャーのタイプも変化することで，これまで日本で蓄積してきたスイングでは対応できないことがある。そしてスランプに陥ったりする。日本ではヒットを量産することはできても，海外に行くと急に打てなくなることがある。それは，まさに，自分の慣れ親しんだフォームから抜け出せずに，むしろ，それで成功してきたがゆえに，抜け出せずに，スランプに陥ってしまうのだ。

　同じようなことは，多くの企業でも起こりうる。アバナシー（Abernathy, 1978）は，米国自動車産業（とくにフォード社）における技術革新と製品・工程の発展の詳細なパターンについて分析して，技術発展の結果，生産性は高くなるが，イノベーションのコストは高く，起こりにくくなる現象を発見し，それを「生産性のジレンマ（productivity dilemma）」と呼んだ。[1] 分析単位としては，「プロダクティブ・ユニット」，つまり，製品と工程を一体として捉えたものを用いている。ドミナント・デザインに関する節で既に説明したように，ライフサイクルが固定期に向かうにしたがい，工程は特定の製品モデルに特化する。その結果，学習効果の累積などにより生産性は高まるけれども，それと同時に製品設計の変化に対するフレキシビリティを失ってしまう，というジレンマである。たとえば，GM社による共通部品を利用したフルライン戦略とアニュアル・モデルチェンジ戦略に直面した際に，フォード社は，「T型モデル」一辺倒から，ラインナップを増やして対抗策を取ろうとしても，もともと「T型モデル」を最も効率的に生産するために，「T型モデル」専用に設計された設備では，複数の異なるモデルを効率的に生産することができずに市場シェアを失っていったということが，この生産性のジレンマの典型例である。[2]

　しかし，トヨタ自動車の「ジャスト・イン・タイム方式」などといった，

▷1　Abernathy, W. J. (1978) *The Productivity Dilemma: Roadblock to Innovation in the Automobile Industry*, The Johns Hopkins Univ. Press.

▷2　このように，新しいことを探索する活動と，発見されたものを活用する活動とは，トレードオフの関係にあるという議論の代表的なものとして，March, J.G. (1991) "Exploration and exploitation in organizational learning," *Organization Science*, 2 (1), pp.71-87が挙げられる。

1980年代以降に世界に台頭した生産システムの存在からもわかるように，このジレンマを克服することは不可能ではなく，むしろ，多くの企業によって，それを同時に追求しようという試みが続けられており，ある程度の成果を上げてきている。ただし，特に成功している企業は限られている。

❷ 脱成熟と新たな成熟過程

　ドミナント・デザイン確立後には産業の成熟化が進むが，新たなドミナント・デザインの登場によって，再度，流動期へと戻ることがある。そのような現象は，「脱成熟（de-maturity）」と呼ばれている。脱成熟が起こるのは，顧客ニーズや技術が根本的に変化するからである。たとえば，米国における乗用車に対するニーズが，1970年代のオイルショックを境として，大型車から小型車へと変化したことが挙げられる。また，近年では，製品に用いられる技術のデジタル化（および，組込みソフトウェアの増大）が進展することで，「銀塩カメラからデジタルカメラへ」というように多くの製品が脱成熟を迎えている。このような脱成熟をもたらすような技術革新の多くは，当該産業とは異なる分野からもたらされることが多い。

　いったん技術体系が確立された産業において，企業のいかなる競争戦略に導かれて技術基盤の転換が起こり，その結果として産業がどのように変容していくのかということに関する研究として，新宅（1994）がある。新宅（1994）では，既存の成熟産業が新しい技術の導入によって再活性化する現象をとらえて，脱成熟が産業の競争に対して，どのような影響を及ぼしたのか，脱成熟およびそれに続く成熟化過程において既存企業や新規参入企業はどのような行動をとったのか，また，その行動に対して影響を及ぼす要因は何であったのかという問題について，三つの産業（カラーテレビ産業，ウォッチ産業，電卓産業）の事例が取り上げられている。これらの産業においては，中核的な技術として半導体技術が用いられて脱成熟と再成熟化が起こった。脱成熟によってもたらされた新しい成熟化過程は，従来の成熟化過程と区別されている。その新たな過程においては，新たな技術は，完成度の高い旧来の技術体系と市場で競争しなければならないという点で，最初の成熟化過程とは決定的に異なっている。脱成熟をもたらした新たな製品技術は，その初期においては，特定の製品機能は画期的に向上させるかもしれないが，ほかの製品機能の面では旧来の技術に劣っていたり，そのコストは旧来の技術よりもはるかに高いことが多い。そして新しい技術に基づいた製品の需要は，ごく一部の**市場セグメント**に限られる。このような新たな成熟化の過程では，新技術の改良が進み，製品機能やコストの大部分の面で旧来の技術を上回るようになる。それにつれて，新技術に基づく製品を需要する市場セグメントが増えていき，やがて，ほとんどの市場セグメントが新技術の市場となる。

（福澤光啓）

▷3　アバナシー・クラーク・カントロウ（1983＝1984）において提示されている脱成熟という概念は，ある製品のデザイン・コンセプトの下層においてなんらかの技術変化が生じて，それが次第にコア・コンセプトの変更を余儀なくしたときに，一度確立したドミナント・デザインが崩れて，従来の製品アーキテクチャを壊すことになるということを示唆している。

▷4　新宅（1994）では，この脱成熟後の成熟過程を，最初の成熟過程と区別して，「再成熟過程」と呼ばれている。

▷5　**市場セグメント**
市場セグメントとは，消費者全体を何らかの基準に基づいて分けた同質的なグループのことである。一つの例は，製品の価格や品質の高低に基づいて，「ハイエンド市場」，「ミドルエンド市場」，「ローエンド市場」とする場合がある。

【参考文献】

W.アバナシー・K.クラーク・A.カントロウ（1983＝1984）『インダストリアル・ルネサンス：脱成熟化時代へ』日本興業銀行産業調査部訳，TBSブリタニカ．
新宅純二郎（1994）『日本企業の競争戦略：成熟産業の技術転換と企業行動』有斐閣．

Ⅶ　イノベーション論

4　イノベーションの誘因と源泉

1　イノベーションの源泉は何処に？

　企業がイノベーションを行う目的は何だろうか。たしかに，利益を求めている，ということは間違いないだろう。それでは，イノベーションの引き金は何なのだろうか？それに対する答えとして，大きく技術機会と市場機会の二つが考えられる。企業（主として大企業）内で新技術が開発されて，それを製品化することにより，イノベーションが生じたのだという側面（テクノロジー・プッシュ）と，市場ニーズが先にあり，それを満たすために企業が技術・製品開発が行われるという側面（マーケット・プル）である。テクノロジー・プッシュでは，技術的限界を突破したいという技術者の探求心や，新たな科学的原理への飽くなき好奇心などが，その原動力となる。多くの技術的な大発見や技術開発の逸話が語り継がれている。一方，マーケット・プルでは，人口構成や所得水準の変化などといった市場における変化が，新技術・製品を誕生させることになる。さらに，最終消費者としての市場だけではなくて，要素市場における変化も影響を与えることもあるし，政府による規制の変更が市場を変化させる場合もある。

　しかし，実際には，技術とニーズの一方だけで「イノベーション」となることはなく，イノベーションという一枚のコインのうち，強いていえばどちらをより重視するのか，ということでもある。つまり，イノベーションの過程を通じて，技術機会に関する情報と市場機会に関する情報が，相互に影響を与えながら，次第にわかってくるということが多く，一方的なテクノロジー・プッシュや，一方的なマーケット・プルという場合はごく少ない。少しでも健康に長生きしたいというニーズは，人間の誕生以来，未だ完全に満たされていないものであるが，医療技術の進展により寿命が延びたことによって，それまでは無かったような新たなニーズが生まれることもある。◁1

▷1　たとえば，高齢者を対象とした介護サービスへのニーズ高まりなどがある。

2　ユーザー起点のイノベーション

　イノベーションの担い手は，企業だけではない。むしろ，製品を利用するユーザーがイノベーションのアイデアを生み出す主体となる場合がある。それについて研究したのが，フォン・ヒッペル（1988＝1991）である。最先端の大学で利用されるような科学機器や製造装置のような産業においては，それらの

製品を用いるユーザー（大学などの研究機関）によって，新製品のアイデアが生み出されることがある。フォン・ヒッペル（1988＝1991）は，科学実験機器などの開発について詳細な研究を行った結果，ユーザー側のもつ専門知識が極めて高い場合には，ユーザー自身がイノベーションの大半を行うということを示した。このように，ユーザー自身が開発の大半を自分で行う場合と，企業側がユーザーニーズを想定しつつ開発を行うという，二つの場合があることに注意する必要がある。企業による通常のイノベーションでは，ユーザーのニーズを認識し，そのニーズを満たすために必要な技術的な問題を解決し，試作品（プロトタイプ）を作り検証したうえで，量産して販売するというプロセスをたどり，これらすべての活動を企業が担当している。しかし，フォン・ヒッペルが調査した科学実験機器におけるイノベーションでは，ユーザーは，単にニーズに関する情報だしだけではなくて，製品開発上の問題を解決し，試作品の作成・テストまで行っていることが観察されたのである。

このように，イノベーションのアイデアがユーザーによって担われていることから，イノベーションの実現に強い関心とそのための知識をもっているユーザーのニーズを重視することが重要であるということになる。このイノベーションのアイデアをもたらすユーザーは，「リード・ユーザー」と呼ばれる。

③ イノベーションの源泉の多様性

ユーザー起点のイノベーションが起こりうるということから，イノベーションはメーカーのみが単独で行うという考えにこだわることなく，他社や大学，ユーザーコミュニティなどで生み出されるイノベーションを有効に活用するための方法を探ることが戦略上の重要な意味をもつ。とくに，経営環境の変化が激しい状況では，新たなアイデアを外部から取り入れることができるのならば，それを積極的に利用する方がよい。そのために経営者は，自社で行う仕事の範囲を明確にするとともに，外部で利用可能なイノベーションの源泉に常に目を光らせる必要がある。外部にあるイノベーションの源泉を見つけるための一つの方法として，社内のゲートキーパーを見つけてうまく仕事ができるように工夫する必要がある。そして，外部にあるイノベーションを見つけたならば，それを自社で活用するためにも，「NIH症候群」や「イノベーターのジレンマ」といった既存組織のしがらみにとらわれてしまわないための組織的な体制を整えておくことが必要である。

また，新製品に対するニーズを一般的な既存顧客に聞いても，既存製品の枠組みから大きく突出することは難しいが，新製品をいち早く購入・利用して，改善点等についてメーカーよりも多くの有益な意見をもっているユーザーがいる場合がある[2]。このようなユーザーを自社の開発プロセスに取り込むことで，迅速かつ的確なイノベーションを進めることが可能になる。　　　（福澤光啓）

▶2　この一例として，ソフトウェアの開発では，最終版の製品を市場投入する以前に，まだ開発途上にある製品を「ベータ版」として無料公開することで，使い勝手やバグに関する情報などを，広くユーザーから集めようということが行われている。さらに，最近では，製品利用の感想に関するインターネットの掲示板への書き込みも，顧客のニーズを知る上で有効な手段となってきている。

参考文献

E.V. ヒッペル（1988＝1991）『イノベーションの源泉：真のイノベーターは誰か』榊原清則訳，ダイヤモンド社．

VII　イノベーション論

5　ゲートキーパー

1　製品開発に関連する情報の門番

　研究開発組織における技術者・研究者間のコミュニケーションのあり方（パターン）がどのように形成され，それが，研究開発成果とどのような関連にあるのか，ということを分析するのが，アレン（1977＝1984）に代表されるようなコミュニケーション研究である。アレン（1977＝1984）では，研究開発組織における技術者間でのコミュニケーション行動を分析し，その行動パターンにどのような特徴があるのかを明らかにした。その結果，外部の情報が，技術的ゲートキーパー（technological gatekeeper：門番）と呼ばれる少数の研究者を通じて，他のグループメンバーへと伝達されていることが示された。技術的ゲートキーパーとは，外部のコミュニティの情報を，うまく取捨選択して社内に橋渡しをして，わかりやすく咀嚼して広める役割を果たしている人のことである。いわば，外部情報の翻訳家のような人である。特に，応用・開発研究の領域では，このようなゲートキーパーが，研究成果に対して重要な役割を果たしていることがわかった。

　一見すると，ゲートキーパーは，研究所のスター的な存在であり，大きな権限をもっているように考えられるかも知れない。しかし，実際の企業の現場では，このようなゲートキーパーとしての役割を果たしている人は，必ずしも大きな権限をもっているとは限らず，地味な印象さえ受けることがある。しかし，そのような人であっても，組織内外の知識や人脈などについては圧倒的に豊富であり，あの人に聞けば何でも分かるという，生き字引のような人である。

2　コンテクストのカベを乗り越えるための役割

　製品開発プロジェクトの場合には，必要とされる知識や情報がローカルな性質を持っているので，外部の専門家の情報をそのまま取り込んできても必ずしも役に立たない。研究所や組織に固有のものの見方・考え方・文化が形成されているため，通常は，自分と専門分野が違う人と議論をしていても，コンテクストが異なっているので話がかみ合わないことが多い。たとえば，同じように半導体に関わる技術領域でも，電子工学と半導体材料工学とでは，そもそも学科が異なっていたり，受けている教育そのものが異なっているため，円滑にコミュニケーションすることが容易ではない。たとえそうであっても，研究所で

▷1　このような理解や解釈ミスを引き起こす要因は「セマンティック・ノイズ」と呼ばれる。

は，内部で生み出される知識だけでは，イノベーションが停滞する場合があるので，外部の新たな知識が必要不可欠となる。そのため，異なる専門家の間のカベを上手く乗り越えられるような人が必要となる。このように，外部からの情報を集めて自分のプロジェクトにもってくる役割（情報獲得）と，集めてきた情報を自分のプロジェクト・メンバーに対して理解してもらい，プロジェクトに役に立つ形に翻訳する役割（情報伝達）の両方を兼ね備えている，ゲートキーパーが必要となるのだ。ゲートキーパーの特徴としては，研究所内および外部での先端的な研究動向を理解できるような高い専門的能力を有しており，外部の技術情報にも精通しており，組織内のコミュニケーションにおいて中心的な地位を占めているということが挙げられる。

　原田（1999）では，このような考え方をさらに洗練して，とくに，外部の技術情報を社内に伝達するだけではなくて，自社に特有なコンテクストに即した知識に変換する役割を果たす人（トランスフォーマー）の重要性が主張されている。つまり，ゲートキーパーがもたらす情報を組織に特有な知識へと変換することによって，他の多くのメンバーが活用できるような知識にする役割もまた重要なのである。

③ コミュニケーションの促進とその有効性

　研究開発組織において，コミュニケーションのあり方が重要であることはわかったが，単にコミュニケーションの頻度を増やせばよいというわけではないことに注意しなければならない。まず，プロジェクトの性格に合わせて必要となる情報の性質を理解したうえで，それに適したタイプのコミュニケーションを行う必要がある。たとえば，基礎研究の場合には，プロジェクト・メンバー全体が外部の専門家集団とのやりとりをした方がよい可能性がある。しかし，製品開発，とくに，マイナーチェンジのような製品開発プロジェクトの場合には，外部の専門家集団とのやりとりは，雑音を増やすだけでむしろムダであることが多く，外部とコミュニケーションする人を限定した方がよい可能性もある（一橋大学イノベーション研究センター，2001）。

　製品開発プロジェクトの場合には，プロジェクトに関わる機能部門間でのやりとりを促進するような仕組みづくりが開発パフォーマンスを高める上で有効であることが示されている。その例として，プロジェクトに関わる複数機能部門での技術上の調整・統合を行う重量級プロジェクト・マネジャー制が挙げられる[2]。とくに，製品開発プロジェクトの場合には，情報収集と情報伝達の両方を同時極大化するような，一見すると矛盾する二つの機能を果たせるような人材を確保することが重要であるし，それが難しければ，二つの役割を分担して行うということも一つの方策である（一橋大学イノベーション研究センター，2001）。

（福澤光啓）

▶2　藤本・クラーク（1991＝2009）を参照のこと。

【参考文献】
T.J.アレン（1977＝1984）『技術の流れ管理法：研究開発のコミュニケーション』中村信夫訳，開発社.
一橋大学イノベーション研究センター（2001）『イノベーション・マネジメント入門』日本経済新聞社.
原田勉（1999）『知識転換の経営学』東洋経済新報社.
藤本隆宏・K.B.クラーク（1991＝2009）『増補版　製品開発力：自動車産業の「組織能力」と「競争力」の研究』田村明比古訳，ダイヤモンド社.

Ⅶ　イノベーション論

6　NIH 症候群

1　自前主義と NIH 症候群

　自らの組織内で取り組んで開発している技術以外には目を向けず，他社（他者）の開発した技術を有用なものとして認めないという，エンジニアに見られがちな特徴をさして，NIH（Not Invented Here）症候群と呼ばれることがある。これは，しばしば「自前主義」とも呼ばれる。このような傾向は，多くの企業組織において見られるようだ。その結果の一つとして，同じような技術が搭載されている同じような製品が，模倣しようとしているかどうかは別としても，複数の企業から提供されたりすることがある。他社の技術開発の動向に注意を払いつつ，他社の開発した技術が使えそうであれば，それをわざわざ自社内で一から開発しようとするのではなくて，他社の技術を利用する方がより効率的であると考えられそうな場合にも，それは自社で開発したものでないので使いたくない，というようなことが起きたりする。このようなことは，エンジニアがもつべき重要な資質でもあるけれども，それが必ずしも良い結果ばかりをもたらすとはいえなさそうである。

　この NIH 症候群に陥ると，自社内にある情報や知識のみにすがることとなり，組織として新たなものの見方ができなくなり，次第に同じような技術や製品しか開発できなくなってしまって，他社との競争に負けてしまう可能性も出てくる。もちろん，組織内で共通のものの見方や考え方が形成されることによって，エンジニア間での情報のやりとりがスムーズになったり，コミュニケーション上の間違いが少なくなるという良い面もある。それによって，開発活動をより効率的に行うことができるようにもなる。しかし，重要なイノベーションの種は，自社内に限らず，サプライヤやユーザー，大学・研究機関などに存在していることも多くあり，それらを活用することの重要性も高まってきている。そのように，外部の知識も有効に活用することで，自社のイノベーション活動をより活発にしようという動きも近年多く見られるようになっている（たとえば，後述のオープン・イノベーション）。

　製品開発プロジェクトのパフォーマンスに影響を与える要因として，プロジェクト・チーム・メンバーの在職期間に注目する研究がある。その代表例であるカッツ・アレン（Kats & Allen, 1982）では，ある大企業の研究開発施設の全研究者345人それぞれが所属している61のプロジェクトのうち完全なデータを

得られた50プロジェクトを対象として，プロジェクト・チーム・メンバーの平均在職期間（mean tenure）とプロジェクトのパフォーマンスとの関係について分析されている。平均在職期間とともに，チーム力が高まるのでプロジェクト・パフォーマンスは上昇するはずだが，同時にNIH症候群が働くので，ある時期をピークとして，パフォーマンスが下降し始めるということが主張されている。

しかし，高橋・稲水（2007）では，このカッツ・アレン（Kats & Allen, 1982）の論文におけるデータ処理の信憑性自体には疑問が呈されている。[1] 高橋・稲水（2007）によれば，カッツ・アレン（Kats & Allen, 1982）においては，在職年数の長期化によって引き起されるプロジェクト・パフォーマンスの低下現象をさしてNIH症候群と呼んでいるので，一般的に言われているような「自前主義」の意味で，本論文を用いてNIH症候群について語るのには注意が必要である。

同じ人間が集まって長期的にやりとりしていると，次第にコンテキストが共有されて，いわば，あうんの呼吸で仕事を進めることができるようになる。それによって，スムーズに開発プロジェクトを進めることができるようになり，それが高い開発パフォーマンスにつながる。しかし，同じような人達と同じようなコミュニケーションを続けていると，チームとしてのまとまりはよくなるけれども，次第に自分達の組織に閉じこもりがちになることで，開発パフォーマンスに悪影響を及ぼす可能性もある。

❷ 異質性と同質性の絶妙なバランス

NIH症候群に関する論文の信憑性に疑問はあるにせよ，自前主義に陥って画期的な製品をなかなか開発することができずに，市場シェアを低下させたり，競争力を低下させてしまう企業が見受けられることも事実である。そうならないためには，何が必要だろうか。一般的に，イノベーションを起こすには異質な人材を集めたチームを作る方がよいとされる。つまり，従来とは異なる新しい製品や技術のアイデアを生み出していくためには，多様な意見をもちよって多角的に検討することが必要となるということである。そのための手法として，ブレーンストーミングなどが用いられている。さらに，異なる情報やものの見方を作り出す上では，自社外にある情報を社内に持ってくるという役割を果たす，技術的ゲートキーパーと呼ばれる人の存在も重要である。

しかし，そのようにしてせっかく生み出されたアイデアであっても，最終的に製品として市場に出回らなければ売上にはつながらない。新規のアイデアを効率的に製品化するためには，そのアイデアにもとづいて，気心の知れた，いわば同質的なメンバー間で，あうんの呼吸で素早く適切に関連する情報をやりとりできることも重要である。このように，異質性と同質性の間での絶妙なバランスを取ることが求められているのである（一橋大学イノベーション研究センター，2001）。

（福澤光啓）

▷1 詳しくは，高橋・稲水（2007）を参照のこと。

参考文献

Kats, R. & T.J. Allen (1982) "Investigating the Not Invented Here (NIH) syndrome," *R & D Management*, 12(1), pp.7-19.

高橋伸夫・稲水伸行 (2007)「NIH症候群とは自前主義のことだったのか？：経営学輪講 Katz and Allen (1982)」『赤門マネジメント・レビュー』6 (7), pp.275-280.

一橋大学イノベーション研究センター (2001)『イノベーション・マネジメント入門』日本経済新聞社.

Ⅶ　イノベーション論

7　イノベーターのジレンマ

1　なぜ，優良企業が事業化の機会を見逃すのか？

　過去の環境に対する優れた適応，資源（技術，販売，ブランド）の蓄積が過去の成功の理由であると同時に新しい変化への障害になるということは，多くの企業で見受けられる。リーダー企業が技術開発には成功していながらも，戦略的に極めて重要な事業化の機会を見逃してしまうということが起きる。なかでも，「顧客の声」を聞いてそれを的確に満たすことのできるようなイノベーションを行うという，経営者の論理的かつ的確な意思決定が，その企業の成功にとって重要であると同時に，そのリーダーの地位を失わせる原因にもなるということを分析したのが，クリステンセン（2000）である。クリステンセンは，それを「イノベーターのジレンマ（innovator's dilemma）」と呼んだ。[1]

▷1　クリステンセン（1997＝2000）を参照。

　このようなジレンマを引き起す新たな技術は分断的技術（disruptive technologies）と呼ばれる。これは，少なくとも短期的には，主流の市場の既存製品よりも製品機能が悪くなる技術であるが，周辺市場（多くは新規の）顧客が評価するほかの特徴をもっている。以前に適用されていた価値前提とは異なる価値前提を市場にもたらす。分断的技術にもとづく製品は，典型的には，安く，単純で，小さく，使いやすい。たとえば，パソコンや小型バイク，トランジスタが挙げられる。一方，既存企業の優位性を高めるような新たな技術は，持続的技術（sustaining technologies）と呼ばれ，主要市場の主流の顧客がそれまで評価してきた機能の尺度にそって，既存製品の機能を改善する技術である。

2　価値ネットワークの変化

　特定の製品は，あるレベルでは複雑なアーキテクチャ・システムとして捉えられるが，より高位のレベルではシステムを構成するコンポーネントとして捉えられる入れ子構造である。この入れ子構造は，単一の統合企業によって担われることもあるが，複数の企業が分業し，需給関係で結ばれていることもある。この取引システムを「価値ネットワーク」という。同じ製品でも，製品アーキテクチャが異なれば，価値ネットワークは異なってくる。価値ネットワークが異なれば，多様なパフォーマンス属性の間の重要性の順位付けは異なってくる。

　たとえば，ハードディスクドライブ（HDD）について見てみると，メインフレームの場合は，「容量→スピード→耐久性」の順で，ポータブル・コン

ピュータの場合には,「丈夫さ→消費電力→サイズ」の順で重要性が大きくなる。ある価値ネットワーク内で経験を積むほど,当該企業はそのネットワーク固有の要求に合わせることによって,その地位にフィットした能力,構造,文化を身につける傾向にあり,そのネットワークに上手く適応すればするほど,当該企業は成功しリーダー企業の地位を獲得できる。

生産量,製品開発のサイクル,誰が顧客で顧客のニーズは何かといったことに関する組織のコンセンサスは,既存の価値ネットワークと新しい価値ネットワークとでは異なる。企業が既存の地位に長くとどまり,より成功していればいるほど,このような効果は起こりやすい。そして,この価値ネットワークを変化させるような技術が,分断的技術なのである。「評価軸の異なる顧客」が登場しているにもかかわらず,既存の覇者は,どうしても今目の前にいる優良顧客を大切にする。既存企業は,分断的技術を用いる新規参入企業によってローエンドから攻められて,ハイエンドへと逃げていく。しかし,しだいに力をつけた新興企業に,ついには,ハイエンド品まで攻められて,既存企業は完全撤退を余儀なくされることになる。その結果,潜在的に創造可能な市場(顧客)の開拓に失敗してしまうのである。HDD産業を例に取ろう。この産業には,1976年から1989年までのその間で124社が参入し,そのうち100社が撤退した。要素技術のイノベーションは既存企業がリードしたが,小型化を進めるイノベーションは新規参入企業がリードした。14インチから,8インチ,5.25インチ,3.5インチ,2.5インチへの変化は,全体の小型化によって,各部品も小型化し,部品点数が減り,部品間の結びつき方も変わったという意味で,アーキテクチャル・イノベーションである。この変化に合わせて,新規参入企業が支配的になっていった。既存企業は,新世代の製品をださないか遅れて出すこととなり,その性能は新規企業と同等であったが,結局敗退してしまった。

3 イノベーターのジレンマの克服方法

このジレンマを克服する方法として,①分業体制の再構築,②自律的組織と資源の分断,③品質評価基準の見直しが挙げられている。[2]特に,自律的組織と資源の分断を行うことの重要性が強調されている。基本的に,企業は,顧客と投資家に資源を依存していて既存のしがらみから抜け出すことは難しい。したがって,分断的技術を有効活用するために,新しい独立の自律的な組織を作って担当させることが不可欠である。さらに,小さな市場は大企業の成長ニーズを満たしてくれないので躊躇しがちであるが,早期に参入しないと成功確率は低い。しかも,存在しない市場は分析できないので,事前のマーケット・リサーチにもとづく計画を立てるのではなく,実際に事業を行いながら発見にもとづく事業展開を行い,従来の品質評価基準を援用しないようにすべきだ。

(福澤光啓)

▷2 この詳細については,クリステンセン(1997＝2000)を参照のこと。

参考文献
C.M.クリステンセン(1997＝2000)『イノベーションのジレンマ:技術革新が巨大企業を滅ぼすとき』玉田俊平太監修,伊豆原弓訳,翔泳社.
C.M.クリステンセン・M.E.レイナー(2003＝2003)『イノベーションへの解:利益ある成長に向けて』玉田俊平太監修,櫻井祐子訳,翔泳社.

Ⅶ　イノベーション論

8　イノベーションと企業間分業

1　一社だけでは作りきれない

　試しにいま使っている携帯電話機を分解してみよう。そうすると，大まかに見ても，液晶パネル，通信処理用チップをはじめとした多数の電子部品，プラスチック筐体，スピーカー，ボタンなどの部品に分かれることだろう。それらすべてが，一社単独でつくられたものではない。たとえば，液晶パネルや通信処理用チップを他社から購入している場合がある。携帯電話機の設計と中核部品の生産までは行うが，残りの組立自体は他社に任せている場合もあるだろう。このように，身近な製品一つを作り上げるために，多くの企業が関わっているのだ。これは裏返せば，自社の都合だけではイノベーションを上手く起こすことはできず，他社とどのように関わっていくのかについて熟慮しなければならないことを意味する。とくに近年のように，イノベーションが急速に進み，全世界的に競争が進んでいる状況では，一社単独ですべての技術を開発している時間的・資金的・資源的な余裕がなくなりつつある。そこで重要になるのは，企業間での分業関係・ネットワークをうまく設計・運営することだ。

2　何を，誰に，どこまで任せるのか？

　どこまでを自社でやり，何を他社に任せるのかという，「組織の境界」について考えてみよう。企業活動の分業の方向性には，大きく二つある。一つは，当該製品の研究開発から製品開発，生産，販売といった機能活動に関する分業（統合）であり，もう一つは，当該製品を構成する部品および最終製品という製品構造における分業（統合）である（延岡，2006）。一般的には，部品などの製品構造上の統合が「垂直統合」（逆に，構造上の分業は水平分業）であり，機能別の統合を水平統合（逆に，機能別の分業を垂直分業）と呼ぶ。

　部品別の水平分業が進んでいる代表例がコンピュータ産業である。1980年代半ばまでは，必要なCPUやOS，周辺機器，アプリケーションソフトウェアなどの全てを，IBMやDECといった，メインフレームやミニコン市場で成功した企業が垂直統合していた。しかし，1980年代半ば以降，IBMやアップルなどが先導したパソコンの登場により，部品やソフトウェアの外注が進められて，CPUはインテル，OSはマイクロソフト，HDDはシーゲートといった，特定の部品に専門特化した企業が台頭して，急速に水平分業が進んだ。今度は，

▷1　有名なEMS企業として，ソレクトロンやiPhoneの生産を担当しているFoxconnが挙げられる。そのほか，半導体産業では，台湾のTSMCのようなファウンドリー企業が台頭している。TSMCは米国や日本の半導体企業の設計した半導体の生産を請け負っている。一方，生産についてファウンドリを利用して，半導体の開発に特化したファブレス企業もおり，近年急速に成長している企業として，デジタル家電のシステムLSIを手がける台湾のMediaTekがある。

▷2　デジタルカメラや携帯電話の製品開発機能のみを請け負うデザインハウスと呼ばれる企業がある。中国における携帯電話メー

研究開発や製品開発，生産などを分業する垂直分業について考えてみよう。とくに，開発・設計と生産の二つに焦点を当てた分業の種類には，ある企業が①生産だけを他社に委託する場合（生産委託），②開発だけを委託する場合（開発委託），③両方を委託する場合（ODM）の三つに分類できる。

生産委託先としては，もともと OEM（Original Equipment Manufacturer）という形で進められてきたが，その中でも，エレクトロニクス製品において近年有名なのが，EMS（Electronics Manufacturing Services）企業である。EMS 企業は，1990年代以降，急速に成長し IBM や HP などの大手企業を対象として，パソコンや携帯電話機などの電子製品の生産を請け負っている。開発委託先としては，近年では，デジタルカメラや携帯電話の開発機能のみを請け負うデザインハウスと呼ばれる企業がある。また，近年では，エレクトロニクス業界において開発と生産の両方を請け負う企業が多く，それらは ODM（Original Design Manufacturing）と呼ばれている。

3 イノベーションと企業間分業のあり方との関係

イノベーションと企業間分業のあり方は，相互に影響を与える関係にある。インテグラル・アーキテクチャをもつ製品におけるイノベーションの場合には，複数の要素技術やサブシステム間での相互調整が頻繁に必要となり，外部企業との調整に時間と費用が多くかかるので，企業間で分業して行うよりも，なるべく社内で行う方がイノベーションを起こしやすい。インテグラル度の高い製品である自動車の開発において，自動車メーカーが開発分業を行うに際しても，サプライヤと緊密な相互調整を行いながら，開発分業を行っているのは，その一例である。また，モジュラー型製品・部品の場合には，外部から購入しても調整の必要性は相対的に低いし，そのような部品は他の多くの企業も利用しているはずなので，量産効果により低コストなものが利用できる。従って，モジュール化の進んだ製品分野においては，イノベーションを行う際に，それぞれ得意な領域に特化し分業を進めることで，各社がより大きな成果を上げることが可能になる。イノベーション活動に必要な知識が特定のコンテキストから独立のものであるほど，企業間で知識の移転を行うことが容易になるので，イノベーション活動の企業間での分業が促進されることになる。

一方，企業間分業のあり方が，イノベーションの発生や進化に影響を与えることもある。統合的な組織は，システム全体を見直すようなイノベーション（アーキテクチャル・イノベーション）を有利に進めることができる。さらに，この組織は，モジュラー化を主導することも可能である。しかし，いったんモジュラー化・オープン化が進むと，今度は，それぞれの要素部分を担う専門企業の方（つまり，企業間分業の進んだ状態）が，それぞれの領域でのイノベーションを相対的に有利に進めることができるようになる。

（福澤光啓）

▷1 カーには，デザインハウスに設計を任せて，生産を EMS に任せて，自社は企画と販売のみを行う企業が多数存在していると言われている。また，IP プロバイダと呼ばれる，半導体回路の設計情報を多数の企業に販売する企業（代表例は ARM 社）もいる。

▷3 ODM の代表的な企業として，PC におけるアスース社（Asustek）や，デジタルカメラにおける Ability 社といった，台湾企業が躍進している。上記の EMS 企業や ODM 企業などが台頭している背景には，多くの製品においてデジタル化が進展したことで，急速にモジュラー化が進んでいることが挙げられる。

▷4 特定の部品を短期的には購入した方がよいという結果になったとしても，長期的には，当該部品の技術を育てたいと考えるのであれば，多少無理をしてでも，社内で開発・生産する必要がある。また，外部から購入する場合でも，自社に有利なサプライヤ管理を行うために，当該部品についての「評価能力」を維持するために，部分的に内製することもあり得る。たとえば，トヨタ自動車は，サプライヤに任せている部品の品質やコストを評価するための能力を保つために，部分的に自社で開発・生産しているものがある。それが，トヨタのサプライヤ・ネットワークの競争優位性をもたらすことにつながっている。

【参考文献】
延岡健太郎（2006）『MOT[技術経営]入門』日本経済新聞社.
武石彰（2003）『分業と競争：競争優位のアウトソーシング・マネジメント』有斐閣.

Ⅶ　イノベーション論

9　オープン・イノベーション

1　中央研究所は不要か？

　近年の厳しい経営環境の下では，以前のように20年も30年も後になって商品化されることになる技術を，自社単独ですべて開発するような時間的・資金的な余裕が，多くの企業にとってなくなりつつある。また，高度に多角化を進めている大企業では，幅広い専門領域に渡り新技術を開発しなければならず，その負担は年々大きくなっている。さらに，企業活動の範囲が世界中に広がっているので，直面する市場や競争相手も多岐にわたる。そこで，大企業における中央研究所や基礎研究所の役割について，再考する動きが出ている。このような状況での中央研究所の活用の方法の一つとして，事業部から要求される研究テーマに沿って，5年ほど先に実用化される技術を中央研究所が開発するということが広く行われている。しかし，それでは，中央研究所の意味が無くなってしまう恐れもある。もっと強烈に，中央研究所そのものは不要であるとの議論もなされることがある。このような状況を受けて，企業は中央研究所だけに基礎技術を求めるのではなく，むしろ，大学などを含めて，広く世の中にある技術を活用すべきであるという，「オープン・イノベーション（open innovation）」と呼ばれる考え方がある。オープン・イノベーションとは，企業内部と外部のアイデアを有機的に結合させ，新たな価値を創造することである。さらに，アイデアを商品化する際には，既存の企業以外のチャネルも利用して，市場に働きかけて付加価値を得ることも行われる。つまり，商品化するのは当該アイデアを生み出した企業である必要もなく，商品化するアイデアも，当該企業が生み出したアイデアに限らないというのが，オープン・イノベーションという考え方である。

▷1　チェスブロウ（2003＝2004）を参照のこと。

2　イノベーション手法の「イノベーション」

　現代の企業による新製品開発は，基礎研究から応用研究，製品開発，マーケティング，販売までを一社内で直線的（リニア）に行う，いわばクローズドなイノベーションとして進められてきた。かつて，大企業におけるイノベーションでは，企業内研究所に大規模投資できる大企業が，大きな利益を上げて，さらに，研究開発に投資するというサイクルが上手く回っていたのである。企業内のアイデアを社内に蓄積し，場合によっては特許を取得して保護しておくと

▷2　人材の流出が顕著に起きた例として，ハードディスクドライブ産業がある。もともとIBMが最大のシェアを占めており，内部の研究開発で多くの特許が保有されていた。しかし，その後，多くのエンジニア

いうことが行われていた。しかし，多くの分野において，1990年代以降，このようなクローズドな方法でイノベーションを持続させていくことは困難になってきている。クローズド・イノベーションで成功できなくなってきた要因として，①優秀な研究者・労働者の流動性が高まっていることや，大学・大学院等の高等教育機関で訓練を受けた人間が増大していること，②ベンチャー・キャピタルの登場，③棚上げにされたアイデア・技術の流出，④外部サプライヤの増加，が挙げられる。このような要因は，米国シリコンバレーにおいて特徴的に見られるものであった。この状況下では，クローズド・イノベーションで開発してきた大企業にとっては，せっかく投資してアイデアを生み出しても，それが，他社に取られてしまうということになる。逆に，新興国企業にとってみれば，大企業の開発成果にただ乗りできる絶好のチャンスでもある。そして，ますます大企業は苦しくなっていく。オープン・イノベーションは，モジュラー化の進んだ産業においては，なおさら有効に機能する。

したがって，大企業がこれに対抗するためには，イノベーションの方法それ自体を見直すことが必要となる。しかし，伝統的な企業内研究所が不要になるということではない。そうではなくて，社外にあふれた技術を有効に活用できるように，イノベーションの手法を変える必要があるということである。

③ 世の中にあるイノベーションを広く活用する

さらに，自社で生み出したアイデアを，自社で商品化するだけではなく，そのアイデアを社外に出すことによって利益を得る方法も考える必要がある。研究部門も，自分でアイデアを生み出すだけでなく，社外のアイデアを評価するための能力をもつことも重要である。クローズド・イノベーションでは，知的財産権を自社が生み出したアイデアから他社を排除するために用いられるが，他社にアイデアを利用させて，自社が利益を得るように活用する必要がある。オープン・イノベーションにおいては，アイデアを他社に利用させることで，自社が儲けるという，ライセンス・ビジネスについても考えることになる。さらに，外部のベンチャー企業を援助して，必要なアイデアの研究を助けたり，従来棚上げにしてきたアイデアを，他社に利用させて利益を上げるということも考える必要がある。

このようなオープン・イノベーション時代における社内研究所の役割は，①社外の知識を発見して，理解して選別すること，②社外の知識では欠けている部分を社内で開発すること，③社内と社外の知識を統合して新たなシステム，アーキテクチャを作り出すこと，④研究成果を他社に販売することで追加的な収益・利益を獲得する，ということになる。そして，必要な知識については，社内外を問わずに必要なときに獲得して，いち早く商品化すべきである。

（福澤光啓）

が独立して，ハードディスクのベンチャーを次々と立ち上げた。その結果，ハードディスク産業に参入した米国ベンチャー企業99社企業のうち，21社が元IBMの出身の社員によって作られていたのである（チェスブロウ，2003 = 2004）。最終的に，2002年にはIBMはハードディスクドライブ事業を日立製作所に売却することとなった（現HGST）。

▷3 特に，米国におけるベンチャー・キャピタルは，1980年代以降のシリコンバレーにおけるIT・バイオテクノロジー関連のベンチャー企業の興隆を可能にする上で，重要な役割を果たしている。

▷4 アイデアの棚上げによって失望したエンジニアが，ベンチャー・キャピタルの援助を得て，独立してベンチャー企業を立ち上げることが頻発する。しかも，そのような新製品は，大企業がまだ手をつけていない新市場向けである場合が多い。

▷5 それにより，大企業は開発活動のすべてを社内で行わなくてよくなるので，開発効率を高めることができる。反面，このようなサプライヤは競合企業も利用できるという問題もある。

▷6 このような知的財産までを視野に入れて，モジュラー化の進んだ環境における企業の競争戦略について豊富な資料・事例に基づいて分析した良書として，小川紘一（2009）『国際標準化と事業戦略』白桃書房がある。詳しくはそちらを参照せよ。

（参考文献）

H.W.チェスブロウ（2003 = 2004）『OPEN INNOVATION』大前恵一朗訳，産業能率大学出版部.

Ⅶ　イノベーション論

10　技術の社会的構成（SCOT）

1　あらためて技術とは何か？

　世の中のめざましい技術の変化を目の当たりにすると，そのような技術変化は，技術それ固有の論理にしたがって客観的に進むものである，と考えがちである。事実，純粋に技術的な知識の発展によるものもある。しかし，多くの場合，技術の変化は，それに関わるさまざまな主体（個人，企業，コミュニティ，政府など）の抱いている意図やそれまでの経験，技術に対する解釈などにより，大きな影響を受けている。

　つまり，技術に対する人々の認識・解釈が，技術変化の方向性そのものに影響を与える点に注目する必要がある。とくに，それまでの世の中に無かったものが生まれる際には，それについてのさまざまな解釈が可能となる。このことは，ドミナント・デザインが形成される前の製品イノベーションが活発に行われるフェーズの存在が物語っている。技術に固有の論理だけがその方向性を導くのではなく，社会的な要因がその変化に大きな影響を与えるという考え方である。ドミナント・デザインが決定されるプロセスのうち，技術に固有な論理よりもむしろ，社会的な側面からの影響に注目しようとする考え方が，技術の社会的構成（social construction of technology：SCOT）というものである。

2　技術の論理だけでは，技術は発展しない

　技術の社会的構成論では，関連する社会集団・利害関係者・ユーザーなどが，技術や製品のもつ意味づけを多様に定義・解釈することが，技術の変化に大きな影響を与えていると考える。SCOTという場合，ピンチとバイカー（Pinch & Bijker, 1987）の議論が取り上げられることが多い。そこでは，社会的に共通の製品認知（言い換えれば，ドミナント・デザイン）が形成されるまでの自転車業界では，ユーザーや社会集団によって複数の異なる製品が作られていたという事例にもとづいて，企業によってのみ，自転車という技術の発展経路やドミナント・デザインが決められていたわけではなくて，自転車を利用するユーザーの志向や要求が，その発展の方向性に影響を与えていた，ということを歴史的に示した。つまり，社会が技術を形成する，という因果関係にもとづいて技術発展について分析することになる。

　SCOTの考え方の特徴は，①ある人工物に対して，それを利用する複数の社

▶1　Pinch & Bijker (1987) を参照のこと。日本の研究者による同様の観点に立ったイノベーション研究として，加藤俊彦 (1999)「技術システムの構造化理論：技術研究の前提の再検討」『組織科学』33 (1), pp.69-79. が代表的である。加藤 (1999) では，技術変化に関する多くの研究が，決定論的視座を暗黙的に前提として技術研究の多くが行われてきており，企業が技術体系に対して抱いている意図や解釈という側面を無視してしまっているとしている。そこで，両者の見方を統合するために，「技術システムの構造化理論」が提示されている。それは，客観的・絶対的な外部要因の存在自体は否定する一方で，客観的・絶対的な外部要因があたかも存在し，技術発展の方向性があたかも外部から規定されるように見えるメカニズムが，技術の発展過程のある段階でのみ機能するという立場である。

会集団があり，②その人工物について，それぞれの社会集団は，それぞれ複数の問題を抱えており，③さらに，それぞれの問題に対する解が複数存在している，という前提から，「技術的人工物の発展プロセスは，変異と選択が交互に起こるプロセス（alternation）として記述される」というものである。つまり，ある時点で観察される，解決方法としての技術発展の方向性は，その解決方法を必要とする社会集団が異なることによって，複数存在しているということである。

このように技術発展のプロセスを分析することによって，その背後に流れているさまざまなコンフリクトの存在が浮き彫りになる。たとえば，社会集団毎に異なる技術上の要求があることによって，①それらの技術上の要求のコンフリクト（自転車では，スピードへの要求 vs. 安全要求），②同様の問題に対する異なる解決法の間でのコンフリクト（製品のバリエーション間でのコンフリクト），③モラル上のコンフリクト（女性はスカートをはかなければならないので，そのスカートがめくり上がらないように，サドルが異様に高い自転車が開発された）といったものが挙げられる。このような考え方のもとでは，これらのコンフリクトや問題に対して，様々な解決法（solution）がありうるということになり，技術やモラル上の考え方の変化によって，適切な解決方法が変わりうるのである。つまり，SCOT で重要なのは，人工物に対する解釈の柔軟性（interpretative flexibility of a technological artifact）を認めるということである。

3 技術の論理か社会の解釈か？

SCOT では，技術変化の方向性は，社会集団による解釈によって影響を受けるという考え方が取られている。しかし，実際の技術変化を観察する際には，技術固有の論理と社会的構成の側面の両方に注目する方が，その方向性や変化の要因について見誤る可能性が低くなるだろう。もしも，技術がすべて社会によって決定されるのであれば，技術者の努力の余地はほとんど無くなってしまうことになる。従って，技術固有の論理にも焦点を当てることが重要である。たとえば，非常にシンプルな技術であれば，その大部分が技術的要因によって決まることが多いかもしれない。一方，非常に多くの部品が複雑に相互作用するような製品（たとえば，インテグラル型の製品）では，それぞれの部品に関わる社会集団（サプライヤや顧客など）が多くなり，それらが複雑に関係することもあるので，それぞれの部品に用いられている技術を開発したり利用している主体が抱いている意図にまでさかのぼって，製品の技術を開発する必要が大きくなるだろう。

このように，技術が社会を形成するとともに，社会によって技術が形成されるという両方の因果関係を想定して技術発展について分析していく必要があるだろう。

（福澤光啓）

▷2 Pinch & Bijker（1987），p.28 より，筆者邦訳。

▷3 技術決定論と技術の社会的構成論という2極の他に，第3の視点として提示されているのが，ヒューズ（1983）に代表される技術システム・アプローチである。技術システム・アプローチの詳細な解説については，宮崎（2002）pp.385-404. http://www.gbrc.jp/journal/amr/AMR1-5.html を参照のこと。

参考文献

Pinch, T.J. & W.E. Bijker（1987）"The social construction of facts and artifacts: or how the sociology of science and the sociology of technology might benefit each other," In W.E. Bijker, T.P. Huges & T.J. Pinch, *The social construction of technological systems*, The MIT Press: Cambridge, MA.
宮崎正也（2002）「技術システム・アプローチ：ヒューズ『電力の歴史』精読」『赤門マネジメント・レビュー』1（5），pp.385-404.
朱穎・武石彰・米倉誠一郎（2007）「技術革新のタイミング：1970年代における自動車排気浄化技術の事例」『組織科学』40（3），pp.78-92.
T.P. ヒューズ（1983＝1996）『電力の歴史』市場泰男訳，平凡社.

コラム

機能的価値と意味的価値

1 優れた製品なのに儲からない

　たとえ技術的・性能的に優れた製品を開発しても，過当競争により価格が急速に低落して，十分に利益を上げることができないという状況が近年では多くの製品分野において起こっている。その原因として，製品性能を高めるための「ものづくり」は得意であるが，製品の「意味づくり・価値づくり」が上手くできていない，ということが近年考えられてきている。本コラムでは，延岡（2008）の「意味的価値」に関する議論[1]を概観することにしよう。

　商品価値（顧客の支払意志額）は，機能的価値と意味的価値の合計である。この商品価値が，すなわち企業の収益になる。「機能的価値」とは，商品がもつ基本的機能によりもたらされる価値であり，「意味的価値」とは，顧客が製品について主観的な解釈や意味づけを行った結果うみだされる価値である。たとえば，乗用車の基本的な「走る・曲がる・止る」という機能により生み出されるのが機能的価値であり，製品コンセプトや外観デザイン，運転のフィーリングなどの顧客の主観的な好みとの適合度合いにより生み出される価値が意味的価値である。このように，商品価値の高さは，必ずしも技術や機能の高さのみに依存していない。その代表例として，技術力では優れたパナソニックやNECが開発する最先端機能が満載された携帯電話機よりも，世界的に見てアップル社のiPhoneが成功をおさめている。このように，商品価値は，製品技術や機能の高さによって決まる「機能的価値」をベースとしながらも，顧客の解釈と意味づけにより作られる「意味的価値」の占める割合が少なくない。つまり，基本的な機能を満たすような製品を一通り保有している消費者の購買意欲を高めるためには，単にそれを向上させた製品を提供するだけでは不十分であり，「意味的価値」を高めた製品を提供する必要がある。

2 意味的価値を高める方法

　しかし，意味的価値を高めることは容易ではない。意味的価値は，①価値創出の因果関係が曖昧であり，②価値の中身自体を分けることが難しく，③顧客本人でさえも意味的価値の内容を上手く説明できなかったり，製品の存在を前提としてはじめて価値が生まれるという特徴を持っているためである。

　意味的価値を高めるために必要な取り組みとして，消費財の場合には，製品に対して顧客が抱く「こだわり」や，製品の保有・使用による「自己表現」という価値を高めるために，商品デザイン（意匠）に凝ったり，製品コンセプトを創造・実現する重量級プロジェクト・マネジャーの役割が重要である[2]。（福澤光啓）

[1] 延岡健太郎（2008）「価値づくりの技術経営：意味的価値の創造とマネジメント」IIR Working Paper WP#08-05 を参照されたい。
[2] たとえば，自動車の場合，「エンジン音」へのこだわりや，マツダのロードスターの開発における「人馬一体」といった製品コンセプトを強力に推し進めるプロジェクト・マネジャーが必要である。また，アップル社のスティーブ・ジョブズ氏のように，自社の製品コンセプトを創造する役割をトップマネジメントが強力に推進することもある。産業財の場合は，企業側が，顧客の利用状況を，顧客と同等かそれ以上に理解することが必要である。そのために，営業部隊や開発部隊が，顧客が製品を利用する現場に直接入り込んで利用状況を確認したり，顧客に対して場を提供して，その中で顧客の現場を再現して利用状況をシミュレーションしていくという方法が有効である。

第VIII章 経営組織論の基礎

VIII 経営組織論の基礎

1 テイラーの科学的管理法

1 20世紀初頭の生産現場

　本格的な経営管理論は，19世紀末〜20世紀初頭における米国の工場（生産現場）で誕生したといってよい。当時の米国の工場における作業は，熟練作業者の経験や勘に頼る部分が大きかった。作業の速度は労働者に任されていたため，1日の作業量を管理者がコントロールするのは難しい状況にあった。

　また，作業者にインセンティブを与えるため，単純な出来高給制度をとっていた。けれども，全体の能率が高まると，支払わなければならない賃金が増加してしまうため，たびたび賃率の切り下げが行われたという。これに対し，労働者たちは，「賃率が引き下げられてしまうぐらいなら，一生懸命仕事をしないほうがいい」と思うようになる。その結果，組織的怠業（いわゆるサボり行為）がたびたび生じていた。

　こうした生産現場の問題の改善に取り組んだのが，機械技師であり，コンサルタントであったテイラーである。彼はその成果をもとに『科学的管理法』を著したのだが，彼の科学的管理法のポイントは，①課業管理，②差別的出来高給制度，③ファンクショナル組織の三つである。

2 課業管理と差別的出来高給制度

　まず，テイラーが考えたことは，公正な量の仕事を各作業者に割り当てるべきだということだった。そこで，最も優秀な作業者の仕事ぶりを，時間研究（作業を要素作業に細かく分け，各要素作業にかかる時間を測り，その作業の標準時間を定めるための分析）・**動作研究**によって解析して，最も能率的な仕事のやり方を明らかにすることとした。これをもとにして「課業（タスク）」と呼ばれる1日に達成すべき作業量を導出し，この課業を各作業者に割り当てることとしたのだった。

　ただし，課業を各作業者に割り当てたとしても，各作業者がその課業を達成するとは限らない。その課業を達成させるためには何らかのインセンティブが必要となってくる。そこでテイラーが考えたのが，差別的出来高給制度である。簡単にいえば，課業を達成した人には高い賃率に基づく報酬を，達成できなかった人には低い賃率に基づく報酬を支払うというものである。金銭的な報酬をもとに作業者の動機づけをしようと考えていたのである。

▶ 1　**動作研究**
作業者の行う作業を観察・分析・改善し，無駄のない標準作業を定めるための分析。テイラーはその著書『科学的管理法』で，ギルブレイスによるレンガ積み職人の動作研究の事例を取り上げている。ギルブレイスは，職人の動作を細かく分析して，不必要な動作を省いたり，遅い動作を速い動作へと切り替えたり，さらには分業の仕方まで分析し，レンガ1個を積むのに必要な動作を18から5ないしは2にまで減らした。現在でも，IE（industrial engineering）で使われている「探す」「見いだす」「選ぶ」といった18の基本動作に要素化したサーブリッグ（therblig）はギルブレイス（Gilbreth）」を逆に読んだものである。

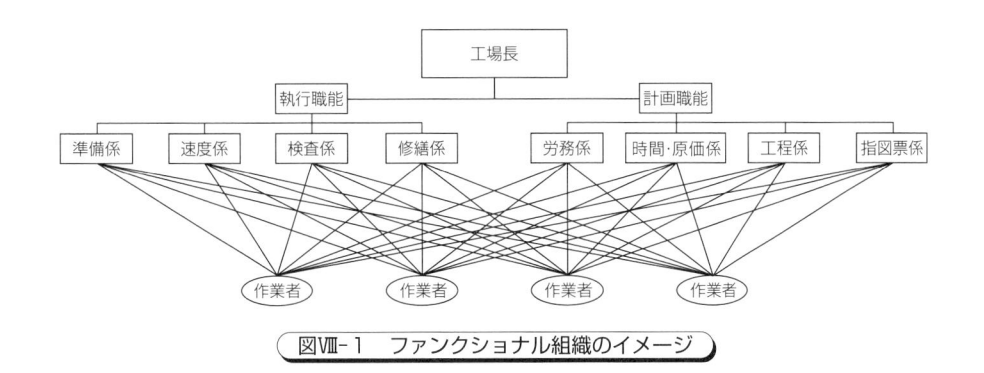

図Ⅷ-1　ファンクショナル組織のイメージ

　このようにして，労働者は，客観的な分析に基づいた課業が割り当てられ，指示通りにきちんと働けば高い賃金を得ることができるようになった。経営者側からしても，客観的な分析に基づいているので，見込み違いで生産性が上がりすぎて，支払賃金が想定外に上昇してしまい，賃率のカットをせざるを得なくなる，という事態を回避できる。テイラーはこのようにして，当時の生産現場の問題を解決しようと考えたのだった。

3 ファンクショナル組織

　このような科学的管理を実施すると，従来の組織形態における職長の負担は，仕事の割当から，作業手順の設定，作業の指導監督，作業者の訓練など，膨大なものになる。また，そのような職長の確保・育成は大変なものになる。さらに，従来の管理のあり方は，現場の成り行き任せだったため，それを是正する必要もあった。そこで，テイラーが提案したのがファンクショナル組織である。端的に言えば，職長の機能をいくつかの職能に分割し，それぞれに職長を配置するというものである。

　まず，職長の機能を，現場の監督を行う執行職能と，科学的管理に基づいて組織パフォーマンスを向上させる計画職能に分割した。執行職能はさらに①準備係，②速度係，③検査係，④保全係に分けられた。計画職能も同様に①労務係，②時間・原価係，③工程係，④指図票係に分けられた。そして，作業者はこれらの職長それぞれから指示を受けることで作業を行うこととなった。

　テイラーの科学的管理法において，時間研究や動作研究の手法については，現在のIE（Industrial Engineering）に受け継がれ，多くの製造現場で取り入れられている。しかし，ファンクショナル組織については命令系統の混乱などの短所が指摘されている。また，差別的出来高給制度もその有効性に疑問が呈されている。人間が何によって動機づけられるかは必ずしも物理的な作業条件や金銭的報酬に依らないことが，後のホーソン実験（→X-1）やモチベーションの研究によって明らかにされることになる。

（稲水伸行）

▶2　IE
日本語では経営工学，管理工学，生産工学などさまざまに呼ばれる。作業者・機械設備・治工具・材料・仕掛品・製品在庫・搬送システムなどからなる生産プロセス全体の効率化を図ることを目的とする（藤本，2001）。

参考文献
F.W.テイラー（1911＝2009）『新訳　科学的管理法』有賀裕子訳．ダイヤモンド社．
藤本隆宏（2001）『生産マネジメント入門Ⅰ』日本経済新聞社．

Ⅷ 経営組織論の基礎

2 ファヨールと管理過程論

1 企業の業務全体の管理

　テイラーの科学的管理法は生産現場の管理に関するものであり，企業の業務全体の管理という視点は希薄であった。しかし，当時，企業の組織は巨大化してきており，その業務全体の管理が大きな問題となっていた。この問題を考える一つの枠組を与えたのが，ファヨールの『産業ならびに一般の管理』であった。ファヨールは1800年代後半から1900年代初頭にかけて活躍したフランスの経営者である。危機的な状況にあった鉱山企業を，リストラクチャリング，合併・買収，研究開発などによって立ち直らせた名経営者であり，機械技師でありコンサルタントだったテイラーとは異なる視点で管理論を提示したのだった。

2 管理機能の役割

　ファヨールによれば，企業が行う職能には次の六つがあるとする。①技術的職能（生産・製造・加工），②商業的職能（購買・販売・交換），③財務的職能（資本の調達と運用），④保全的職能（財産と人員の保護），⑤会計的職能（在庫調査，貸借対照表，原価計算，統計等々），⑥管理的職能（予測，組織，指令，整合，及び統制），である。これら六つの活動はどのような事業を行っている企業であれ行う必要のあるものである。そして，これら六つの活動を事業目的に向かって統合していくのが「経営」とされる。

　このうち，ファヨールが最も重視したのが「管理的職能」であった。確かに「管理的職能」は六つのうちの一つに過ぎない。けれども，他の職能が具体的な事物（財産や原材料，製造機械など）に働きかけるのに対し，「管理的職能」のみが人および人からなる組織に働きかけるものである。ファヨールは，企業の規模が大きくなり，事業内容が複雑になるにつれて，材料や機械を動かす実務担当者が増え，これらの実務担当者をどのように管理するのかが，企業の成否を分けると考えていたのである。

3 管理の要素

　それでは，管理的職能にはどのような要素があるのだろうか。ファヨールは次の五つの要素があるとしている。①予測すること（将来を検討し，活動計画を立てること），②組織すること（物的・社会的側面を備えた企業の組織を構成するこ

と), ③命令すること (従業員を機能させること), ④調整すること (全ての活動と努力を結集し, 調和させること), ⑤統制すること (あらゆる事柄が確立された規則や与えられた命令に従って進行するように確認すること), である.

4 管理の原則

　ファヨールの時代には管理的職能はあまり重視されていなかった. そのため, 管理的職能を担う人材の育成についてほとんど対策が講じられていなかった. ファヨール自身は, その原因の一つとして, 一般的な原則が確立されておらず, 個人的な経験や考えによるところが大きいことだと考えていた. そして, 一般的な原則を引き出すためには, 多くの経営者が活発に議論し, 各自の経験を互いに見比べ, そこから一般的な原則を引き出すべきだと考えた. そのたたき台となるべく, ファヨール自身, 自らの経験に基づいて, いくつかの管理原則を提示している.

　ファヨールが挙げる管理原則には次の14のものがある. ①分業, ②権威と責任, ③規律, ④司令の統一, ⑤指揮の統一, ⑥個人利益の全体利益への従属, ⑦従業員の報酬, ⑧集権, ⑨階層組織, ⑩秩序, ⑪公正, ⑫従業員の安定, ⑬イニシアチブ, ⑭従業員の団結, である.

　ファヨールの挙げた管理原則は, 議論のたたき台を意図していたためか, 原則といいながらも羅列的で, 体系だった記述になっていないといえる. このこともファヨール自身は認識していたようで, 原則という言葉を用いるものの, 硬直的・絶対的なものではなく, 多様で変動する諸条件に合わせて柔軟に用いるべきものだと考えていた. ただし, ファヨールはそれぞれの原則が適用されるべき条件については分析を行っていない.

5 管理過程論の展開

　ファヨールの著作が, 1949年に英訳され, アメリカに紹介されると, 彼の理論を受け継ぐ形で, **管理過程論**が興隆する. ファヨール自身は, 管理の五つの要素がどのような順番で実施されるのかについては詳しく述べていないが, その後の研究では, 上記の①から⑤が順番に実施されるものと考えた. よく言われるように, Plan → Do → Check → Action というサイクルである. この循環的に見る枠組は, 製造現場での改善活動を行う際の枠組として現在でも広く生かされている.

　けれども, 管理過程論にはいくつかの問題点があった. ①さまざまな原則が乱立することで, 相互に矛盾するものも原則として扱われたこと, ②どんな状況の下でも無条件に適用されるべき普遍妥当性を有するかのように見なされたこと, などである.

(稲水伸行)

▷1　**管理過程論**
主な論者としてはアーウィックやニューマン, クーンツ, オドンネルなど. 1950年代までは経営管理論といえばこの理論を想起させるほどの影響力をもっていた. 1960年代以降に, 管理過程論という名称が定着したとされる.

▷2　管理過程論に対する批判としてはサイモン (⇒ Ⅷ-6) によるものが有名である. たとえば, 階層数を減らすことで経営能率を高めることができるという原則と, 一人の監督者が統制する部下の人数を減らすことで経営能率を高めることができるという原則は互いに矛盾しているという. 一定の人数の組織において, 一人の監督者の統制する人数を減らそうとすると, その部下の下に部下を置くという形にせざるを得ない. つまり, 階層を増やさざるを得なくなるのである.

参考文献
H. ファヨール (1917 = 1972)『産業ならびに一般の管理』山本安次郎訳, ダイヤモンド社.

Ⅷ　経営組織論の基礎

3 官僚制とその逆機能

1 ヴェーバーの官僚制

　代表的な組織の一つとして官僚制がある。ヴェーバーは，近代西欧社会で普遍的に見られる，効率的な組織として官僚制を考えていた。ヴェーバーによれば，官僚制には次のような特徴があるとされる。

①職務の専門化・分業化：個々の持ち場に専門的な熟練者を割当て，各人にそれぞれの職務を効果的に遂行する責任をもたせる。

②ヒエラルキー：下の職位の人は上の職位の人のコントロールと監督の下に置かれる。自分の部下の決定や行動について，上司に対して責任をもつことになる。責任をもてるようにするには，部下に対して命令を発する権限をもち，部下はその命令に対して従属しなければならない。つまり，権威をもたなくてはならない。このような権威は，職務上必要な活動に限定されるように，厳密に規定され，その範囲を超えて行使されるものは官僚制による権限の行使とはいわない。

③規則・規定：規則・規定があることで，どんなにたくさんの人が関わろうとも，タスクを遂行する際の統一性が保たれる。組織メンバーの相互関係が，規則・規定によって明確に定められるからである。

④非個人化：個人的な感情に左右されることなく，合理的な規則・規定が適用されて組織が運営される必要がある。

⑤文書主義：職務の遂行は文書によって行われ，文書に記録，補完される。

⑥専門的な資格に基づいた採用・恣意的な解雇からの保護・年功・業績による昇進制度

　このような特徴をもつ官僚制では，仕事の正確さや早さという面で最高のものであると評価されたのだった。

▷1　ここでのヴェーバーの官僚制に関する説明は，ブラウ（1956＝1958）をもとにしている。

2 官僚制の逆機能

　「官僚制」といわれてどのようなイメージを持つだろうか。「お役所仕事」というようにあまり良いイメージをもたない人が多いのではないだろうか。確かに，われわれが日常的に体験する現実の官僚制組織は，上で述べたような理想像とは異なる側面もあるように思える。こうした点について考察をしたのが，アメリカの社会学者であったR.K.マートンやP.セルズニック，A.W.グール

ドナーなどだった。例えば，次のようなモデルをマートンは提示している。[2]

①組織のトップは，組織に対するコントロールを要求する。トップからしてみればメンバーの行動が予測できること，説明できることが重要となってくる。

②そのために，行動に関する信頼性が強調されることになる。

③信頼性を確保するには，規則を徹底的に遵守することで，個々人のばらばらの行為を防ぐ必要が出てくる。

④個々の人のばらばらの行為を防ぐことができれば，信頼性が高まることになる。

⑤けれども，こうした意図した結果とは別に，意図せざる結果も生じてしまう。規則を遵守することで，メンバーの行動が硬直的になるし，規則を守ること自体が目的となってしまう。金科玉条的になってしまうのである。また，規則を守っていれば自分の地位は守られるというように感じるようになってしまう。

⑥行動が硬直化してしまうと，顧客の個別のニーズに対応できなくなってしまい，顧客とのトラブルが増えてしまう。

⑦けれども，顧客の不平・不満が新しい行動のきっかけにはならず，ますます「自分の立場を守らないと」というようにかたくなな対応をするきっかけになってしまう。「それは規則にはありませんから」という対応をしてしまうのである

⑧その結果，ますます信頼性を強調する必要が出て来て，規則を守ることが徹底されるようになる。

このように意図した結果と同時に意図せざる結果ももたらしてしまうのである。[3]

（稲水伸行）

▷2　ここでのマートン・モデルの説明はマーチ・サイモン（1958＝1977）をもとにしている。

▷3　官僚制組織が，命令したら言われたとおりに動く機械のように人間を扱っていることが背景にあるといえる。ただ，人間は必ずしも機械のように動くわけではないので，組織は官僚制組織が想定していたような反応とは異なる反応をしてしまう。機械と思ってコントロールしようとしたが，意図とは異なる結果になってしまったので，官僚制組織はますます機械としてのコントロールを強化しようとしてしまう，という悪循環に陥ってしまうのである。もちろん，すべての官僚制的な組織がこのような逆機能に陥ってしまうわけではない。官僚制で述べられている規則や規定，文書主義などもうまく運用すれば大きな効果を発揮する。たとえば，競争力のある自動車企業の製造現場にいくと驚くほどこれらのことをしっかりとやっていることに気づく。この点には注意しよう。

参考文献

M. ウェーバー（1921＝1987）『官僚制』阿閉吉男・脇圭平訳，恒星社厚生閣．
R.K. マートン（1949＝1961）『社会理論と社会構造』森東吾他訳，みすず書房．
P.M. ブラウ（1956＝1958）『現代社会の官僚制』阿利莫二訳，岩波書店．
J.G. マーチ・H.A. サイモン（1958＝1977）『オーガニゼーションズ』土屋守章訳，ダイヤモンド社．

図Ⅷ-2　官僚制の順機能と逆機能

（出所）マーチ・サイモン（1958＝1977）をもとに作成

Ⅷ 経営組織論の基礎

4 組織の定義

1 組織の定義を考える

　これまで科学的管理法，管理過程論，官僚制の理論を紹介してきたが，これらの理論には納得できる部分がある反面，批判されるべき点もあることを見てきた。ここで，組織の定義に立ち戻って考えてみることにしよう。

　組織といわれたらどのようなものを思い浮かべるだろうか。企業や生産現場（工場），官公庁はもちろん，病院やNPOといったものを思い浮かべる人が多いのではないだろうか。それではこれらに共通するものは何だろうか。何かを定義するときの基本的なやり方は，その何かに該当するものを列挙し，その共通項を抽出することだが，この問いに答えることは非常に難しい。

　そこで，少し視点を変えてみよう。同じ組織でも，組織だって行動している，つまり協働している場面を考えてみよう。プロジェクトがうまくいっているとき，患者を助けるために手際よく手術を行う医療チーム，勝利を目指して一丸となっている部活やサークルなどが考えられるだろう。これらに共通するものは何だろうか。先ほどと違って，共通するものは何となく見えてきそうである。

　こうした視点に立ちながら，組織の本質とは何か，それに伴う経営者の役割とは何かを提示したのが**バーナード**の『経営者の役割』である。

2 具体的な例で考える

　バーナードが挙げている例を少し脚色して，次のような例を考えてみよう。道路の真ん中に岩が落ちていて道路が封鎖されているとしよう。そこにAさんが車でやってきた。岩を動かすには1人ではできそうにない。そこで後にやってきたBさんと一緒に道路を開通させるために協力することを考えた。Aさんは恋人とのデートがあるために早く待ち合わせ場所に行きたいと思っている。Bさんは，楽しみにしていたドラマを見るために早く家に帰りたいと思っている。早くここを通るためには，協力して道にある岩を退けたほうがいい。そこで，両者の目的が一致して，木の棒をテコに使って，呼吸を合わせて力を合わせ，岩をのかせることができた。そして，それぞれの目的地に向かって去っていった。

　この場面を見ると，まず，2人の個人的な動機（早く帰りたい，待ち合わせ場所に行きたい）とは別に「岩を動かす」という共通の目的が存在している。ま

▷1　バーナード
バーナード（C.I.Barnard）は，AT&Tに勤務後，1922年にペンシルバニア・ベル電話会社副社長兼GMに転出し，1927年にニュージャージー・ベル電話会社の初代社長に就任した。そして1948年までその任にあった著名な経営者である。1937年，ハーバード大学で経営者の役割に関する講義を行い，それをまとめたのが『経営者の役割』である。

▷2　以下の具体例では桑田・田尾（1998）も参考にしている。

た,「岩を動かす」ために,労力を提供しようという意思が2人にはある。そして,「岩を動かす」ために,2人の提供する力が一時的な調整によって同じタイミングで同じ方向ベクトルをもって相互作用している。

これはあくまで仮想的な例であるけれども,仕事でプロジェクトがうまくいっているとき,チームが一丸となって勝利を目指しているときなども基本的には変わらない。共通の目的があり,目的の達成に向けた各人の意欲が非常に高く,そして互いにコミュニケーションをとりながら,行動しているのである。

3 公式組織の定義と成立の条件

バーナードは,組織を定義するにあたり,協働システムをまず定義する。協働システムとは,「少なくとも一つの明確な目的のために,2人以上の人々が協働することによって特殊なシステム関係にある物的,生物的,個人的,社会的構成要素の複合体」である。先ほどの岩を動かす場面には,岩や木の棒,AさんやBさんが出てくる。けれどもこれらが単にバラバラに存在しているだけでは組織だった行動(協働)は見られない。これらが,何らかの目的のもと結び付いている状態を協働システムと呼ぶのである。

そして,これらをうまくシステムとして結びつけるものこそが,バーナードのいう「公式組織」なのである。組織(バーナードのいう公式組織)とは「2人以上の人びとの意識的に調整された活動や諸力の体系」である。この定義に見られるように,具体的な事物(岩・木の棒・人)ではなく,それを結びつける何かしらの活動が組織なのである。▶3

それでは,こうした組織が成立するためにはどのような条件が必要なのだろうか。バーナードは三つの条件を挙げている。①共通目的,②貢献意欲,③コミュニケーション,である。これは先ほどの例をみればわかるであろう。そして,これら三つがそろったときに初めて組織が成立し,協働システムが成立するのである。

この公式組織の成立条件の重要なところは,公式組織に,極めて短時間のものも含まれるということである。たとえば先ほどの事例のように,岩が道路から取り除かれると,公式組織は消滅してしまった。実際,企業や部活,サークルにおいてもこの公式組織の三条件がそろっている状態は極めて短期間に限られているといえるかもしれない。「モラールを向上させよう」「ベクトル合わせをしよう」「風通しの良くしよう」という標語は,企業ならずとも組織の中でよく聞く話である。こうしたことが頻繁にいわれること自体,公式組織の三条件がなかなか成立していないということを示していることに他ならない。つまり,自分たちは組織(企業や官公庁など)で働いていると思っていても,実はバーナードのいう公式組織が必ずしも成立しているわけではないのである。

(稲水伸行)

▶3 バーナードのいう組織は「構成概念」と呼ばれるものである。「構成概念」とは,その存在を仮定することによって複雑な現象が比較的単純に理解されることを目的として作り出される概念のことである。たとえば,生物の遺伝という現象があるが,遺伝子という概念を仮定することでうまく説明できるようになった(現在では遺伝子の具体的実体は明らかにされてきている)。同様に,必ずしも具体的に目に見えるものではないかもしれないが,バーナードのいうように「公式組織」を想定することで,複雑に見えていた組織現象が理解しやすくなるのである。

(参考文献)

C.I.バーナード(1938 = 1968)『経営者の役割』山本安次郎・田杉競・飯野春樹訳,ダイヤモンド社.
桑田耕太郎・田尾雅夫(2010)『組織論(補訂版)』有斐閣.

VIII 経営組織論の基礎

5 組織均衡

1 組織を維持するための条件

組織が成立するには，共通目的と貢献意欲，コミュニケーションが必要であることを学んだ。しかし，道の岩を動かす例（→ VIII-4 ）のように，短命に終わってしまう組織は無数にある。成立した組織が長きにわたって存続するための条件とは何だろうか。それは有効性と能率であるとバーナードは述べている。

2 有効性

まず，組織が存続できるかどうかは共通目的が上手く達成できるかどうかにかかっている。このうまく達成できる程度のことを組織の有効性という。道の岩を動かす例でいえば，うまく岩を動かすことができなければ，協働しても意味がないので，その組織は崩壊してしまうことになるだろう。

ただし，有効な組織もジレンマを抱えている。有効な組織は，有効であるがゆえに目的を達成する。けれども，達成された目的はもう目的ではなくなっている。そして，その組織は，使命を終えて，解体してしまうことになるのである。道の岩を動かす例でいえば，協働してうまく岩を動かすことができたために，各人は当初の目的地に走り去っていってしまい，そこで協働（組織）は終わりを迎えてしまったのである。よって，組織の存続のためには，絶えず組織の目的を見直し，新しい目的を設定することも必要となる。

3 能率

次に，組織が存続するためには組織に参加する個人から十分な貢献を確保できるかどうかにかかっている。このうまく確保できる程度のことを組織の能率という。この能率は，突き詰めれば，個人の動機を満足できているかどうかにかかっていることになる。道の岩を動かす例でいえば，岩を動かすことが，各自バラバラの動機（早く待ち合わせ場所に行きたい，帰りたいなど）を満たすことができていたために，2人から貢献を引き出すことができたのである。

4 組織均衡論

さて，個人の貢献を確保し続けるために，組織は個人の動機を満たすだけの誘因を提供し続けなくてはならない。誘因と聞くと金銭的な報酬がすぐに頭に

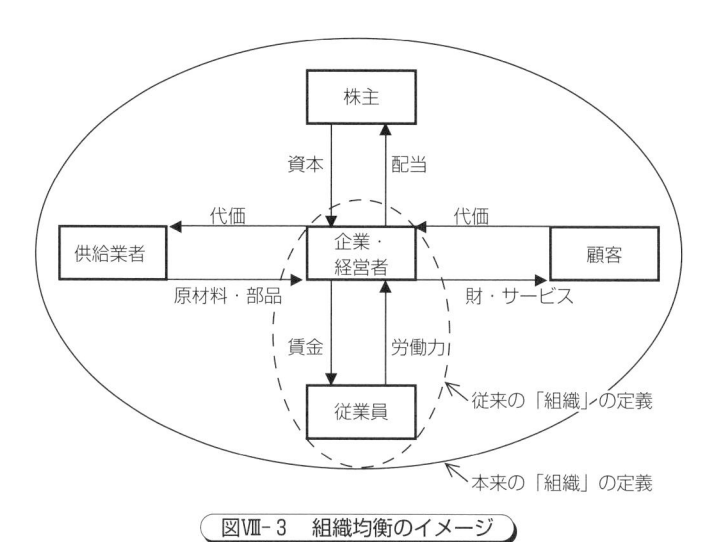

図Ⅷ-3　組織均衡のイメージ

（出所）　桑田・田尾（2010）をもとに作成

浮かぶが，バーナードは名声や名誉，地位，やりがいのある仕事といった非金銭的な報酬も十分に誘因として効きうると指摘している。

　ここで重要なのが，誘因の源泉となるのが各人の貢献ということである。企業で考えると，たとえば，従業員が一生懸命働くことで（貢献を提供），その企業は利益をあげることができ，それを賃金という形で従業員に配分する（誘因を提供）という連関である。

　そして，各参加者からの貢献を引き出せるだけの誘因を十分に提供できており，またその誘因を提供できるだけの貢献を各参加者から引き出すことができていれば，その組織は存続することになる。この状態が組織均衡である。

5　企業の境界を越えた組織

　組織メンバーといえば「従業員」と考える人が多いのではないだろうか。しかし，組織均衡論では，組織の参加者は「従業員」にとどまらず，**顧客**や資本家，供給業者といった「ステークホルダー」まで含まれている。考えてみれば，従業員が一生懸命働いていたとしても，顧客が製品・サービスを購入してくれなければ，企業は存続していくことはできない。サプライヤーによる原料や部品の供給は欠かせないし，資本家などが資本を提供してくれるおかげで企業を運営していくことができるのである。一方，顧客の立場に立ってみれば，製品・サービスを購入することに対して，代価を支払っている。サプライヤーにしても，原料・部品を供給することで，代価を受け取っている。資本家も，資本を提供することで，配当などを受け取っているのである。このように，組織は，企業とは異なり，企業の境界を越えた広がりを持つ存在なのである。

（稲水伸行）

▶1　**顧客**
組織の参加者に「従業員」だけでなく「顧客」も含まれるとなると，モチベーション管理でいうところの職務満足と，マーケティングでいうところの顧客満足とは，企業の内外という違いはあっても，組織均衡という同一の枠組みで捉えられる可能性が出てくることになる。

▶2　高橋（2000）では，近年の経営学の概念を整理・解説するなかで，企業の境界を越えて活動する組織という観点の重要性が説かれている。

参考文献

C.I. バーナード（1938＝1968）『経営者の役割』山本安次郎・田杉競・飯野春樹訳，ダイヤモンド社.
H.A. サイモン（1947＝2009）『新訳　経営行動』桑田耕太郎・西脇暢子・高柳美香訳，ダイヤモンド社.
桑田耕太郎・田尾雅夫（2010）『組織論（補訂版）』有斐閣.
高橋伸夫編（2000）『超企業・組織論：企業を超える組織のダイナミズム』有斐閣.

VIII 経営組織論の基礎

6 限定された合理性と組織

1 意思決定の観点から組織を見る

これまでみてきたように，共通目的を達成することは重要である。与えられた目的に対して最大限の成果をいかにして得るのかを考えるのは意思決定の問題だといえる。サイモンは，意思決定という観点から，バーナードの理論を進めて，組織がいかにして機能しているかの論理を体系化した。なぜ組織が必要とされるのか，意思決定の観点から考えてみよう。

2 合理的な意思決定とは？

まず目的が何らかの形で既に与えられているものと考えよう。最終的な目的を何にするのかは重要だが，組織メンバーの価値観に依存する部分も大きいので，客観的なデータによって正しい・間違っていると判断することはほとんど不可能である。けれども，何らかの形で目的が既に与えられているとするならば，その目的を達成するために正しい手段が選ばれているかどうかは，ある程度客観的なデータに基づいて判断できる。正しい，つまり合理的な意思決定とは，①与えられた目的および状況（環境）で，②その目的を最大限に実現する意思決定のことだといえよう。

合理的な意思決定はどうすれば達成することができるのだろうか。身近な例（昼食に何を食べようかというものでも良い）を思い浮かべながら考えて見よう。それには，①代替案（和食か洋食か，ファストフードか高級店かなど）の全てを列挙し②それら全ての代替案に関して生じる結果（金額，待ち時間，満腹度合いなど）を把握し，③何らかの基準に基づいて代替案を比較評価し（どれが一番魅力的な案であるかを順位付け），④最適な代替案を選択することが必要だと考えられるだろう。

3 限定された合理性

確かに，上記の四つのことが完全に行えるのであれば良いであろう。けれどもそのようなことは現実に可能だろうか。①本当に全部の代替案を列挙できているだろうか（全ての飲食店をあげることは可能か）。②○○という案を採ったら××という結果になると全て分かっているだろうか（あのお店であれを食べるとどれだけ満足できるかを正確にいえるだろうか）。③明確な基準に基づいて，本当

▷1 組織メンバーの意思決定過程が連鎖したものとして組織を捉える理論はとくに近代組織論と呼ばれる。バーナードによって創始され，サイモンによって精緻化された。ちなみに，サイモンは意思決定や問題解決プロセスの研究を進めていくなかで，コンピュータ科学の研究に進み，人工知能の父ともされる。サイモンは，1975年にコンピュータ分野のノーベル賞とされるチューリング賞を受賞し，1978年にはノーベル経済学賞を受賞している。

に全ての代替案を順位づけできるだろうか。

　現実の人間は，①ほんの2，3の代替案しか考慮しない，②各代替案によって起こる諸結果についての知識は不完全で部分的なものに過ぎない，③起こりうる結果の全てに対する価値づけは不完全なものである。むしろ，現実の人間は，①現実を思い切って単純化したモデル（「状況定義」という）で扱い，②満足化基準に従って意思決定を行うのである。満足化基準による意思決定とは，全ての代替案の中から最も良いものを選ぶのではなく，一つひとつの代替案を順番に取り上げて，予め決められた基準を満足するものであれば，その代替案を選択するというものである。▷2 サイモンは，このような意思決定に基づいた人間観を，「合理的な意思決定」のところで述べたような全知全能であるかのような人間（「経済人」という）と対比させる形で経営人（administrative man）と呼んでいる。

④ 限定された合理性を克服するための装置＝組織

　人間は限られた合理性しか持つことができないことを述べてきた。それでは，人間は合理的な意思決定を行うことができないということだろうか。実は，限られた合理性ということは，逆にいえば，うまく限定した状況を作り出しさえすれば，合理的な意思決定ができるということでもある。①行為に利用可能な代替案の知識，②代替案によって起こる結果の知識，③代替案を順序づける基準に関する知識が何らかの形で与えられ，定義されていれば，合理性の限られた人間であっても，合理的な意思決定に近づけるはずである。

　そのような役割を担うのが組織である。組織は，人間にとって非常に複雑な生のままの現実を濾過（単純化，場合によってはデフォルメ化）して，個々の人間が合理的な意思決定に少しでも接近できるようにお膳立てする役割を果たしているのである。

⑤ 組織を分析する際の視点

　生のままの現実を濾過し，個人に状況定義（現実に近似した単純化されたモデル）を組織が提供するというのであれば，組織を分析する際のポイントは，個々人の意思決定の最後の瞬間ではなくなる。組織によってどのようにして状況定義が形成されていくのかという，最後の決定の瞬間に先だって行われるプロセスが重要な関心となってくる。つまり，組織を分析するにあたっては，分析の最小単位を意思決定ではなく，そこに至るまでに出てくる意思決定前提（意思決定のための材料と考えて差し支えない）に置くことになる。

　それでは，どのようにして個人の行動を組織の目的に沿ったものへとしていくのだろうか。次節から見ていくことにしよう。

（稲水伸行）

▷2　先ほどの昼食の選択の例で考えてみる。昼食の予算を1000円だとしよう。まず和食A店を見ると1500円ぐらいかかるので却下される。次に洋食B店を見ると1800円ぐらいかかるので却下される。次に中華C店を見ると800円ぐらいなのでそこに行こうということになる。このように，予め何らかの基準を設定し，選択肢を順番に取り上げて基準に照らして検討し，最初に基準を満たすものを採択するという意思決定方法である。この方法では，もしかするともっと安い選択肢（たとえばファーストフードD店だと500円）を逃してしまう可能性もあるが，「近辺で最も安いお店を探す」ことよりもかなり意思決定に費やされる労力が節約されていることがわかる。

参考文献

H.A. サイモン（1947 = 2009）『新訳　経営行動』桑田耕太郎・西脇暢子・高柳美香訳，ダイヤモンド社．

Ⅷ　経営組織論の基礎

7　一体化と権威

1　組織を通じて合理的な意思決定をするために必要なこと

これまで，合理性に限りのある人間は組織を作ることによって，少しでも合理的な意思決定に近付こうとしているのだということを学んできた。組織はそのプロセスを通じて濾過した情報や意思決定の材料（意思決定前提）を個人に渡すことで，その個人は限られた範囲ではあるが合理的な意思決定が下せるようになる。逆にいえば，与えられた意思決定前提を受け入れてもらわなければ，組織としては合理的な意思決定を確保することはできない。以上のことを可能にするものとして，サイモンは主に一体化と権威の二つを挙げている。◀1

▶1　その他に，コミュニケーションと能率の基準が挙げられる。

2　一体化

サイモンによれば，組織メンバーが意思決定を行うにあたって，組織（や下位集団）にとっての結果の観点からいくつかの代替案を評価するとき，その現象を一体化と呼ぶ。言い換えれば，組織メンバーが組織（や下位集団）と目的・価値を共有しているとき，そのメンバーは組織に自身を一体化していると呼ぶのである。たとえば会社で働いている人の口から「うちの会社（部）は……」という発言をよく聞くが，これはまさしくその人が会社や部署の目的・価値に照らし合わせて物事を判断しているということを示しているといえるだろう。

特に，下位集団（会社でいえば部や課）との一体化によって，組織全体や他の下位集団の目的に注意をする必要がなくなるし，自分の所属している集団にのみ焦点を当てて考えればいいので，かなり意思決定はしやすくなるのである。

3　権威

「権威」というと難しく聞こえるが，いうなれば，情報伝達のあり方であり，「何ら批判的な検討や考慮をすることなしに他のメンバーの行った意思決定を自らの意思決定前提として受容すること」を意味している。よく「この道の権威だから」といってある意味で鵜呑みにして行動することがあるが，これはこのことを示しているといえよう。こうすることで，他人の行った意思決定が正しいのかどうかをいちいち検討しないので，かなり自分の意思決定に焦点を当てることができ，自分の意思決定がしやすくなるのである。

ただし，一般的に部下は上司に権威があるのでいうことを受け入れると考え

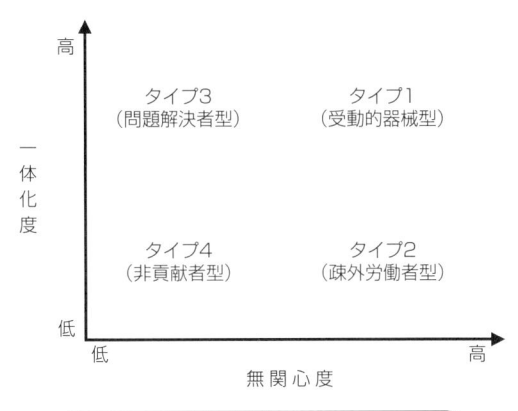

図Ⅷ-4　組織活性化のフレームワーク

（出所）高橋（1993）をもとに作成

縦軸：一体化度（低〜高）、横軸：無関心度（低〜高）
- タイプ3（問題解決者型）：一体化度 高、無関心度 低
- タイプ1（受動的器械型）：一体化度 高、無関心度 高
- タイプ4（非貢献者型）：一体化度 低、無関心度 低
- タイプ2（疎外労働者型）：一体化度 低、無関心度 高

がちだが，上司の側も部下の上げてくる情報を前提に何らかの意思決定をしていたりする。そう考えると，上意下達のような一方通行ではなく，上下，さらには左右に広がるものだということには注意しよう。

こう考えると，ある範囲の代替案に対しては，その内容が何であるのかについて比較的無関心に，命令を受け入れると考えられる。この範囲のことを無関心圏（もしくは受諾圏）と呼ぶ。無関心圏が広いということは，上司の命令に対して忠実で従順であることを意味しているのだが，反面，受動的で，組織の中で受け身でいることも意味する。いわれたことは実行するが，自分で代替案をつくっていくようなことはしないのである。

4　組織の活性化

高橋（1993）は，一体化と権威（無関心圏）の二つの概念をもとに組織メンバーの類型を提示している。縦軸に一体化度，横軸に無関心度をとり，組織メンバーを四つに類型化している。①受動的器械型（組織の命令に忠実かつ組織と目的・価値を共有している。ただし，いわゆる「指示待ち」人間），②官僚型・疎外労働者型（命令には従うが，個人的な目的・価値と組織のそれが一致していないため，動機づけが問題となる），③問題解決者型（組織と共有している価値に基づいて，指示命令を忠実に受けるよりも，組織の立場から自分なりに反芻して問題解決をし，意思決定を行う），④非貢献者型（命令にも従わないし，組織の目的・価値と個人のそれが一致しないため，実質的な組織メンバーとはいえない）。このうち，③の問題解決者型のメンバーが多いときに，組織は活性化された状態にあると，高橋（1993）は提起している。

高橋（1993）は，これらの組織人の類型は，マーチ・サイモン（1958＝1977）のいう三つの人間観にほぼ対応するとも述べている。①は科学的管理法（→Ⅷ-1）で，④は人間関係論（→Ⅹ-1）で，③は近代組織論（バーナードやサイモンに代表されるような，組織を意思決定の連鎖としてみる理論。→Ⅷ-6）で前提とされている人間観である。

（稲水伸行）

▷2　高橋（2006）によれば，これらの類型は，社会学者マートンが逸脱的行動の社会的文化的原因の分析を行う際に用いた個人的適応様式の類型と基本的に合致しているという。マートンは文化的目標と制度的手段の受容度に基づいて「同調」「儀礼主義」「革新」「逃避主義」「反抗」という5類型を提示したが，高橋（1993）の組織活性化フレームワークにおける「受動的器械型」は「同調」，「疎外労働者型」は「儀礼主義」，「問題解決者型」は「革新」，「非貢献者型」は「逃避主義」と対応すると考えられる。

参考文献

C.I. バーナード（1938＝1968）『経営者の役割』山本安次郎・田杉競・飯野春樹訳，ダイヤモンド社．
H.A. サイモン（1947＝2009）『新訳 経営行動』桑田耕太郎・西脇暢子・高柳美香訳，ダイヤモンド社．
高橋伸夫（1993）『組織の中の決定理論』朝倉書店．
高橋伸夫（2006）『経営の再生（第3版）』有斐閣．
J.G. マーチ・H.A. サイモン（1958＝1977）『オーガニゼーションズ』土屋守章訳，ダイヤモンド社．

VIII 経営組織論の基礎

8 組織ルーチン

1 行動のプログラム（ルーチン）化

これまで，組織の中に身を置くことで，限定された合理性しかもっていない人間が少しでも合理的な意思決定に近づけることを見てきた。組織（やその下位集団）に一体化し，ある程度権威を受け入れていると，状況定義（自分の置かれた世界を単純化して見るためのモデル）に基づいた意思決定は，意思決定前提（ろ過された情報）という「刺激」に対する「反応」ととらえることもできる。

たとえば，自動車の組立職場で働いている状況を考えてみよう。自分の持ち場に車が流れてくると，まず生産指示票に目をやる。これがある種の刺激となって，これは「○○」という車だから，「××という部品を棚から取り出して」「△△に組み付けて」という一連の作業が呼び起こされる。どの部品が適切で，どの作業をすべきかをいちいち検討しながら作業をしているわけではない。生産指示票を見た瞬間に体が動くという感じである。

このように，ある刺激が頻繁に繰り返して経験されるようなものであれば，その刺激に対して固定的な反応を形成していくことで，意思決定がかなり単純化されることになる。つまり，刺激があったときに，代替案を探索し，評価し，選択するという過程を経ずに，高度に複雑かつ体系化された反応が呼び起こされるのである。マーチとサイモンは，このような反応の集合をプログラムまたはルーチンと呼んでいる。

2 ルーチンの蓄積としての組織

ルーチンは実際にはどのような形で組織内に蓄積されているのだろうか。

一つは，組織メンバーの頭の中にある。つまり，組織メンバーの習慣となっているものである。もちろん，組織は，メンバーに適切な習慣を身につけさせるためにさまざまな施策を打っている。まず，新人を採用する際には，組織外部の教育・訓練機関（大学など）で，その組織にとって望ましい習慣を身につけてきた人を採用するようにしている。その上で，選抜されて入ってきた新人に対して，教育や訓練を実施したり，経験を積ませたりするのである。

組織メンバーの習慣だけでなく，標準的な処理手続，わかりやすくいえば，マニュアルや標準作業書などとしても蓄積されている。実際に，自動車の組立職場に行くと，工程ごとに非常に詳細な標準作業書が策定されている。こうし

▶1 通常はいつも通りのマニュアルに沿って仕事をしているとしよう。けれども，災害や事故などが発生

た文書化されたルーチンは，新しいメンバーが入ってきたときに仕事を教え込むために使用される。また，習慣化しにくいような作業であっても，メンバーにどのような行動をすべきかを想起させるためのものとして使われていたりする。さらに，習慣的に行われている作業を検討し，改善していくための議論の題材として使われたりもする。

組織構造もある意味ではルーチンの蓄積と言えるかもしれない。組織構造は頻繁に変わるものではないし，「〇〇という職位では××という仕事をする」というように，大まかではあるが組織メンバーが何をするのかを定めたものとなっている側面があるからである。

このように，組織はルーチンの塊のようなものである。サイモンにいわせれば，「人類は幾世紀もの間，比較的反復的でよく構造化された環境から提起される問題に対し，組織内に予測可能なプログラム化された反応を開発・保守するような技術を驚くほど蓄積してきた」のである。

3 ルーチンによる組織学習

ただし，現実の世界はそう簡単ではない。既存のルーチンで対応できない場面も出てくるはずである。働いていても通常のマニュアルでは対応できない場面は多々ある。こうした場合にはどうするのだろうか。

組織には膨大なルーチンのレパートリーが蓄積されている。現行のルーチンで対応できなくても，レパートリーの中に適切なルーチンがあることが多い。まずはそれを現行ルーチンと入れ替えることでうまく対応していくのである。

もちろん，レパートリーの中に，満足できるようなものがない場合もありうる。このときになって初めて，新たな解決策を探索し，それを評価し，選択することになる（→Ⅷ-6）。こう考えると，意思決定は，ルーチン的意思決定から問題解決的意思決定までの連続体として捉えることができるだろう。

ルーチン的意思決定と問題解決的意思決定のバランスをとることは非常に難しい。これは「探索（exploration：新しい代替案の探索）」と「活用（exploitation：既存のルーチンの活用）」の問題とよくいわれる（March, 1991）。直面する課題に対して常に新しい解決策を探索していると，ルーチンの活用による節約を享受できず，（色々な意味での）コストがかさんでしまう。一方，既存ルーチンばかりに頼っていると，部分最適に陥ってしまうかもしれない。個人に限らず組織にも「有能さの罠（competency trap）」と呼ばれるものがある（Levitt & March, 1988）。本来は劣ったルーチンであるにもかかわらず，それに関する能力を磨いて高いパフォーマンスを上げるようになってしまい，それよりも優れているはずのルーチンを使用しなくなってしまうというものである。「探索」と「活用」のバランスをとることが組織の長期的な生存には必須なのである。

（稲水伸行）

すると，危機対応マニュアルへと切り替えて，対処することになる。けれども，数百年に一度というような大きな災害や事故が発生すると，過去に経験がない，つまりマニュアルなど存在しないので，手探りで問題解決に当たるしかなくなってしまう。当然，ゼロベースでマニュアルの見直しが必要になるであろう。けれども，こうした問題解決をうまくできると，それをしっかりとマニュアル化するなどして蓄え，将来の生じうる大きな危機にも対応できるようになる。

▷2 個人の例だが，野球のバッティング・フォームで考えてみよう。悪い癖のあるフォームでも，何年も振り込みを重ねているとある程度は打てるようになるだろう。しかし，一流選手になるためには本当はその癖を直さなくてはならないとしよう。けれども，何年もそのフォームでやっているので，その癖を直すには相当な時間がかかってしまう。もしかしたらシーズンを棒に振ったり，長期スランプに陥ってしまったりするかもしれない。その結果，フォーム矯正に踏み切れず，結局，一流選手になれずに終わってしまうということになる。

参考文献

J.G.マーチ・H.A.サイモン（1958＝1977）『オーガニゼーションズ』土屋守章訳，ダイヤモンド社．

Levitt, B. & J.G. March, (1988) "Organizational learning," *Annual Review of Sociology*, 14, pp. 319-340.

March, J.G. (1991) "Exploration and exloitation in organizational learning," *Organization Science*, 2(1), pp.71-87.

Ⅷ　経営組織論の基礎

9 組織学習

1 組織学習とは

　これまで見てきたように，組織の環境適応には，既存のルーチンやそれらをうまく切り替えることで適応する短期的適応と，問題解決プロセスを通じて既存のルーチンにとらわれない変化を伴う長期的適応があるといえる。これらの組織による環境適応というダイナミックで発展的なプロセスのうち，特に後者に焦点を当てるのが組織学習論である。安藤（2001）によれば，組織学習論は三つの系統に分けられるという。一つ目は，前節までに述べてきたような組織ルーチンに着目するマーチを中心とした系譜である。残りの二つは，「シングル・ループ学習とダブル・ループ学習」に焦点を当てるアージリスを中心とした系譜と，「アンラーニング（学習棄却）」を主に論じるヘドバーグを中心とした系譜である。ここでは，安藤（2001）の解説をもとに，これら二つのコンセプトについて見ていこう。

▶1　安藤（2001）は，組織学習に関する文献を整理するなかで，それぞれの研究系統・研究グループで頻繁に引用される文献に着目しながら，この三つの系統の存在を明らかにしている。

2 シングル・ループ学習とダブル・ループ学習

　アージリスたちによれば，組織学習には2種類あるという。一つ目は，シングル・ループ学習である。これは，組織がもつ既存の価値観に基づいて，矛盾や誤りを修正するというタイプの学習である。二つ目は，ダブル・ループ学習と呼ばれるものである。これは，組織が持つ既存の価値観そのものに疑問を提示するような変革を伴う学習である。ダブル・ループ学習は，これによって創造的なアイデアを生み出したり，環境変化に敏感かつ柔軟な組織にしたりできると期待され，注目を集めることとなった。
　しかし，ダブル・ループ学習は非常に難しいものである。なぜなら，組織自体がダブル・ループ学習を妨げるシステムになっているからである。普通，組織では効率性や予め定められた目標の達成が強調される。その結果として，組織メンバーの志向や行動に対して強いコントロールが働くことになる。組織メンバーがばらばらに，組織目標とは離れた行動を試してみたり，組織の価値前提に疑問を投げかけたりし始めたら，メンバー間で調整は取れなくなってしまい，目標が達成できなかったり，効率性が著しく低下したりすることになる。また，価値観の異なる人どうしで議論すると新しい考え方や解決策が出てくると考えられがちだが，組織の効率を一時的には下げてしまうことになる。

ダブル・ループ学習をするにはどうすればいいのだろうか。ダブル・ループ学習は難しく、それを行うにはそれなりの能力が必要である。その能力を得るための学習（「学習のための学習（duetro-learning）」）も必要となってくる。また、リーダーやコンサルタントなどによる組織への介入も効果的である。既存のシステムにどっぷりとつかっていると、物事の考え方から行動パターンまでそのシステムを体現してしまい、変化させることも嫌うようになる。また、そうした状態に陥っている事実にも気づかないことも多い。そして、そのような行動はますます既存のシステムを強化することになってしまう。そこで、悪循環から抜け出すためには、自分自身の力だけでは難しく、当該組織とは異なる視点を導入できる立場のリーダーや、異なる視点から助言を与えられる外部コンサルタントの介入が求められることになる。

3 アンラーニング（学習棄却）

主にヘドバーグによって論じられたアンラーニング（学習棄却）とは、一般的に、時代遅れになったり、不適切になってしまったりした既存の知識や価値観を捨て去るプロセスを指す。組織学習というと知識や価値観の獲得に目が向きがちだが、捨てるという視点に着目したところが新しい。不要な古い知識や価値観にこだわりすぎると、組織にとって本当に必要な知識や価値観を身につけることはできない。アンラーニングできてこそ、望ましい組織学習を実現できるのだと言える。

ヘドバーグによれば、組織は自分の置かれた「外部環境」がどのようなものなのかを知覚し、適切な行動をとる必要がある。ただし、どのような行動をとれるかは、組織がどのような報酬システムやコミュニケーション・チャネルといった「内部環境」をもっているかによって変わってくる。そして、この内部環境も、組織のもつ「認知スタイル」、いわば組織文化によって変わってくると考えられる。たとえば、競争を重視する文化のもとでは成果主義的な報酬システムがとられるといった具合である。

そして、既存の内部環境のままでは外部環境をうまく探索できないことが判明したとき、既存の認知スタイルのままでは必要とされる内部環境を形成できないとき、あるいは外部環境に対応できないときに、既存の認知スタイルが捨て去られることになる。これがヘドバーグのいうアンラーニングである。

それではアンラーニングはどうやって生じるのだろうか。ヘドバーグは経営トップの役割の重要性を述べている。組織文化が不適切なものになったときには、その現実を的確に察知・判断すること、発生した問題に関連する組織価値をアンラーニングすることがトップに求められる。そのため、トップは組織文化や組織の認知構造から強く影響を受けても、ある程度は客観的かつ自由でいなければならないとされている。

（稲水伸行）

▷2 安藤（2001）の整理によれば、この二つの系統には組織学習の学習主体や学習対象でも違いが見られるという。「シングル・ループ学習とダブル・ループ学習」に焦点を当てるアージリスの系統では、経営トップから一般従業員までの全ての組織メンバーが学習主体であり、組織ベクトルから仕事の進め方まで含めた組織のあらゆる価値が学習対象である。一方、「アンラーニング」に焦点を当てるヘドバーグの系統では、組織のトップグループが主な学習主体であり、組織ベクトルや戦略に関する組織価値などのより全体的な組織価値が主な学習対象と考えられている。

参考文献

安藤史江（2001）『組織学習と組織内地図』白桃書房.
Argyris, C. & D. A. Schon (1978) *Organizational learning*, Reading, Mass.: Addison-Wesley.
Hedberg, B. (1981) "How organizations learn and unlearn," In P. C. Nystrom & W. H. Starbuck (Eds.), *Handbook of organizational design*, New York: Oxford University Press, pp.3-27.

VIII 経営組織論の基礎

10 ゴミ箱モデル

1 あいまいな状況での意思決定

意思決定というと，これまで見てきたとおり，目的ないし問題があり，それに対する代替案を探索・評価・選択し，実行する，というように考えがちである。けれどもポストイット開発のケースをみるとそうともいえない。事の始まりは，3M社の研究員のシルバーが強い接着剤を作ろうとしていたら，偶然にも「くっついているようでくっついていない」不思議な性質のものができてしまったことだった。何とか製品化しようとさまざまな場（社内技術セミナーなど）にもって行くが鳴かず飛ばずだった。苦しい状況は続いたが，ある日フライという人物に出会ったことで展望が開ける。フライは，合唱隊で賛美歌を歌っている最中，賛美歌集の隙間に潜り込んでいた"栞"が落ちてしまうことに不満を持っていた。そこで，シルバーたちは，この栞に開発した粘着物質をつければいいのではと着想し，ポストイットが製品化されたのだった。その他にも，技術導入の事例（たとえば鉄鋼産業における技術導入のケース）にみられる[1]ように，答えとなるべき解決策が先に編み出されており，それが何らかのタイミングで問題と結び付いて，その問題が解決されるということが往々にして生じている。このような現実の組織的意思決定を分析する枠組が，コーエン，マーチ，オルセンによって1972年に提唱されたゴミ箱モデルである。

2 ゴミ箱モデルの基本的な考え方

コーエンたちによれば，現実の組織の意思決定状況は，①問題のある選好（代替案の優先順位），②不明確な技術，③流動的な参加という三つの特徴があるという（このような意思決定状況を「組織化された無政府状態（organized anarchy）」と彼らは呼んでいる）。確かに，振り返ってみれば，自分自身の嗜好は時間とともに変わったりするし，場合によっては，何かを決めた後で，自分はこれが好きだった，やりたかったんだと気づくことも多い。また，「○○」をしたら「××」という結果になるというように予めわかっていることの方がまれである。さらに，各人は自分の限られた時間を様々なことに振り向けなくてはならない。そのため，一つの決定や解決に全員が全員，最初から最後までかかりきりになっていることは少ない。

このような状況では，組織は，問題を探し求める**選択機会**[2]（ポストイットの例

▷1 LD転炉と呼ばれる技術の導入のケースでは，クズ鉄不足の解消や生産コスト低減といった問題が顕在化する以前から，八幡製鉄や日本鋼管で導入が検討されていた。しかも，日本鋼管の導入プロセスには，研究所の研究員やLD転炉推進派・反対派の役員，通産省や総合商社などが入り乱れて関わっていた。そして，ライバルの八幡製鉄が導入したタイミングで導入をしたのだった（リン，1982＝1986）。

▷2 選択機会
組織が「決定」と呼べるような行動を生み出すことを期待されている機会のことであり，契約の締結や従業員の雇用・解雇・昇進といった機会のことである。

でいう技術会議など），自らが表明されるべき選択機会を求める問題（栞が落ちること），自らが解となるような問題を探す解（粘着性の弱い糊），決定すべき選択機会を探す意思決定者もしくは参加者（開発者など）の集合体とみなされる。そして，意思決定は，独立して流れている選択機会と問題，解，意思決定者が偶然のタイミングで結び付いて行われるものとされる。

ここでコーエンたちは面白い比喩を使っている。選択機会はあたかもゴミ箱のようなもので，そのゴミ箱に，問題や解，意思決定者の決定に向けたエネルギーがあたかもゴミであるかのように投げ入れられているというのである。そして，ゴミ箱が一杯になってしまうタイミングで，ゴミ箱が片づけられるように，決定が行われることになる。

3 やり過ごしによる決定

コーエンたちは，以上のようなコンセプトをもとにしてコンピュータ・シミュレーションのモデルを構築し，どのような意思決定が組織で行われるのかをテストしている。そこで明らかとなったのは，問題を必ずしも解決しない意思決定が大半を占めるというものだった。意思決定＝問題解決ではないということだが，それはどのようなものなのだろうか。コーエンたちは，そのような意思決定として「見過ごし」と「やり過ごし」を挙げている。

「見過ごし」とは，問題が明らかになる前に意思決定をしてしまうというものである。一方の「やり過ごし」とは，問題が山積していても，問題がどこかへといなくならないかと待ち続け，いなくなったタイミングを見計らって意思決定をしてしまうというものである。たとえば，上司から出された思いつきのような指示をのらりくらりとやり過ごしているうちに，上司が忘れてしまったのかその指示が立ち消えになり，従来通りの仕事に戻ることができた，といった経験があるかもしれない。

高橋（1997）は，日本企業のホワイトカラーを対象とした大規模調査を実施し，少なくとも日本企業では「やり過ごし」が高い頻度で観察されることを明らかにしている。同時に，高橋は，「やり過ごし」にポジティブな側面があることも指摘している。たとえば，上司が部下に敢えて大量の仕事をやらせてみて，「やり過ごし」を誘発するような状況を作っているケースがあるという。そして，部下に実際に「やり過ごし」をさせることで，仕事に対する優先順位の付け方を学ばせたり，「やり過ごし」の判断の仕方をチェックして，その部下の力量を試したりするのだという。「やり過ごし」というと悪い印象をもつが，悪と決めつけずに，敢えて容認する部分も日本企業にはあるといえよう。

このようにあいまいな状況では意思決定できないと考えがちだが，問題解決ではないかもしれないがともかくも意思決定をし，組織はしたたかに生きていく。その姿を捉えているのがゴミ箱モデルである。

（稲水伸行）

▶3　やり過ごし
「やり過ごし」は「decision by flight」の意訳である。「飛ばし」による決定と訳されることもあるが，高橋（1997）の言うように，シミュレーション・モデルの構成上，意思決定者が問題を飛ばすのではなく，問題の方が自発的に飛んで行ってしまうまで意思決定者はじっとやり過ごして待っているだけである。よって，意訳ではあるが，高橋（1997）にならって「やり過ごし」とした。

参考文献
J.G.マーチ（1988＝1992）『あいまいマネジメント』土屋守章・遠田雄志訳，日刊工業新聞社．
高橋伸夫（1997）『日本企業の意思決定原理』東京大学出版会．
L.リン（1982＝1986）『イノベーションの本質：鉄鋼技術導入プロセスの日米比較』遠田雄志訳，東洋経済新報社．
田中政光（1990）『イノベーションと組織選択：マネジメントからフォーラムへ』東洋経済新報社．

コラム

囚人のジレンマと未来傾斜原理

1 ゲーム理論と囚人のジレンマ

経営組織論の分野でもゲーム理論を用いた分析が盛んになってきている。ゲーム理論では，人と人，企業と企業というように，さまざまな個体の間に利害の絡む相互依存関係があるとき，どのような意思決定が行われるのかを分析する。

ゲーム理論で最も有名なゲームの一つが「囚人のジレンマ」である。2人組の泥棒AとBが捕まり，別々に取り調べを受けているとしよう。互いに黙秘すれば証拠不十分で1年の懲役で済むが，自分だけが自白すれば無罪放免（相棒は全ての罪をかぶって3年の懲役），両方が自白すればそれぞれ2年の懲役になるとしよう。この場合，互いに協調して黙秘し続けると1年ずつの懲役で済むが，自分の利益を考えると相棒を裏切って自白した方がいいので，最終的にAとBのどちらともが自白してしまうことになる。結果，トータルで4年分の懲役を科せられることになる。

2 コンピュータ・シミュレーション選手権

この結果のように，本当に利己的な個人や企業の間では協調関係を築くことはできないのだろうか。この疑問に一つの解答を示したのが，アクセルロッドのコンピューター・シミュレーションの選手権である。彼は，「囚人のジレンマ」が一回限りではなく，繰り返しプレーされる状況ではどのような戦略が考えられるかを全世界から募集し，コンピューター上で戦わせた。

	B 黙秘（協調）	B 自白（裏切り）
A 黙秘（協調）	A：1年 B：1年	A：3年 B：0年
A 自白（裏切り）	A：0年 B：3年	A：2年 B：2年

その結果，前回の相手の戦略を真似る「しっぺ返し」戦略が最高得点をたたき出した。ちなみにこの戦略のプログラムはわずかに数行のものだったという。この戦略の特徴は，よくよく考えてみると，「現在の利益に目がくらんで，自分から裏切ることはせず（相手の戦略を真似るだけなので，相手が裏切らない限りは裏切らない）」，「過去に裏切られたことは根に持たずに制裁を加えた後は再び協調する可能性を残す（相手の戦略を真似るだけなので，相手が協調してきたらこちらも協調する）」という未来志向にあった。事実，「未来の重み（次回の対戦の可能性）」があると，「しっぺ返し」戦略による協調関係が生き残ることも示された。

3 未来傾斜原理

「未来の重さ」の重要性は現実の経営を考える上でも示唆に富んでいる。たとえば，終身雇用制では，「未来の重さ」を高めることにより，労働者間の協調関係が醸成されるという側面があると考えられる。また，高橋（1997）は，日本の大企業のホワイトカラーを中心とした大規模調査で，「未来の重さ」に関わる「見通し指数」を計測し，「見通し指数」と職務満足の間には正の相関が，退出願望との間には負の相関が一貫してみられることを明らかにしている。従業員に見通しを与えること，つまり，「未来の重さ」を感じさせることは，人々の迷いを取り払い，人々を元気づけ，人々を方向付けることにもつながっているのである。

（稲水伸行）

参考文献

R. アクセルロッド（1984＝1998）『つきあい方の科学：バクテリアから国際関係まで』松田裕之訳，ミネルヴァ書房.

高橋伸夫（1997）『日本企業の意思決定原理』東京大学出版会.

第 IX 章 マクロ組織論

IX　マクロ組織論

1　組織デザイン

1　戦略と組織

どのような組織形態が適切であるかは，その企業の戦略によって影響される。たとえば，チャンドラーは，多数の製品を扱う必要に迫られた企業が事業部制組織へ移行した事を明らかにしている（チャンドラー，1962＝2004）。事業部制への移行は，一方では集権的な機能別組織からより分権的な組織への移行として現われ，もう一方では多数の会社が集まった過度に分権的な組織からの移行としても行われた。

▶1　チャンドラーは，事業部制組織に移行するまでの異なるパターンを明らかにしている。チャンドラーによれば，デュポンの場合，経営資源を活用する必要から多角化が進められ，事業部制組織に移行したのに対し，GMでは，買収による事業拡大の後，統合を進めるために事業部制がとられた。

2　機能別組織

一つの企業は，さまざまな機能をもった部門から成り立っている。たとえば，製品を生産する工場などの生産部門，新しい製品を開発する開発部門，作られた製品を販売する営業部門などの部門がある。これらの，機能を担当する部門を基礎とした組織が機能別組織である。

機能別組織のメリットは，専門性が高まるということである。生産，開発，営業など，一つの部門に専門の業務が集中しているため，そこに所属している人たちはそれぞれの業務に関する経験を積み，知識を深めることができる。

一方で，機能別組織には問題点もある。それぞれの部門が専門性を高めた結果，部門ごとの目的を達成するために部門間の利害の衝突が生じる。そのため他部門とのコミュニケーションが難しくなる。また，一つの機能部門で複数の製品を扱う場合に，それぞれの製品ごとの成果を把握することが難しくなる。さらに，機能別組織では，部門長はそれぞれの機能における責任者ではあるが，事業全体を見ているわけではないため，経営全体を見る視点をもった経営者候補が育ちにくいという問題も生まれる。

とくに，企業がさまざまな製品を扱うようになった場合，これらの問題が大きくなる。そこで登場するのが事業部制組織である。

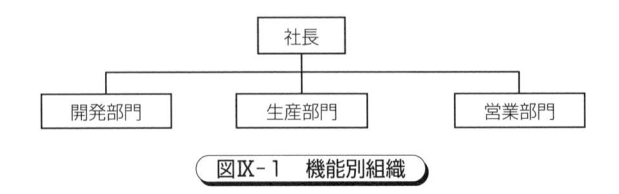

図IX-1　機能別組織

```
            社長
   ┌─────────┼─────────┐
食品事業部  飲料事業部  酒類事業部
 ┌─┼─┐    ┌─┼─┐    ┌─┼─┐
開発 生産 営業 開発 生産 営業 開発 生産 営業
```

図Ⅸ-2　事業部制組織

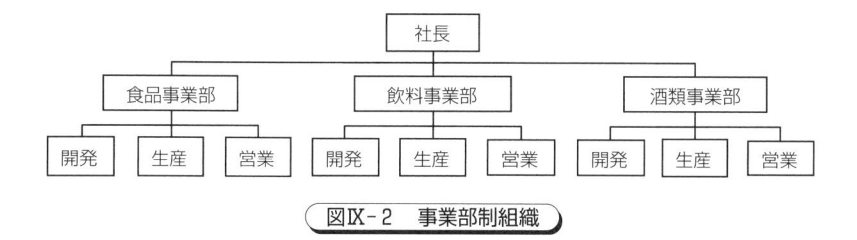

3　事業部制組織

事業部製組織とは，製品や地域ごとに事業部を設け，その下に各機能をもった部署が所属する組織形態である。

この組織形態では，各事業部長がそれぞれの事業について責任をもつ。そのため，事業ごとに成果を評価することができ，事業全体をみる経営的視点をもった人材が育つ。また，一つの事業部のなかでは，その事業での成功にむけて，各機能間の調整がしやすくなる。

一方で，事業部制にも問題はある。事業部間に壁が生まれ，コミュニケーションが難しくなる。そのため，本来は共有できる技術が別々に開発されてしまうかもしれない。また，それぞれの事業の成果が明確になるため，事業部としては短期の成果を気にし，長期的な視点で見ることができなくなる。

機能別組織にも事業部制組織にもメリット・デメリットがある。この二つ組織形態のメリットを両方取り込もうと考えられたのがマトリックス組織である。

4　マトリックス組織

マトリックス組織では，メンバーは，機能部門長と事業部長の両方を上司としてもつことになる。この組織形態は，機能別の専門性の確保と，製品や地域といった市場ごとの対応の両方を目指したものである。しかし，機能部門長と事業部長が同等の立場なため，責任者が不明確になるといった問題もある。

実際の企業では，製品開発のためのプロジェクト・チームのような形で，マトリックス組織と同様の考え方に基づいた組織が見られる。しかし，それらの多くは特定の目的のために一時的に設置されるものであり，全社的に常にマトリックス組織の形をとっている企業はほとんど無いのが現状である。

現実の企業は，それぞれの戦略に応じて，ここで取り上げてきたような組織形態を混合したような組織となっている。また，部門間の壁などデメリットが大きくなってしまった場合には，部門の統合や分割を行うことによって，デメリットを打ち消し，メリットを生かせるように組織を運営している。

（佐藤秀典）

▷2　たとえば新製品開発のプロジェクト・チームでは，スタッフはそれぞれ部品ごとの専門性をもつと同時に，製品ごとのプロジェクト・リーダーの指示を受けて仕事をする。

参考文献

A.D.チャンドラー（1962＝2004）『組織は戦略に従う』有賀裕子訳，ダイヤモンド社．

IX マクロ組織論

2 コンティンジェンシー理論①

1 コンティンジェンシー理論とは

　企業はそれぞれ異なった環境のもとで活動している。日々技術が進化するような激しい競争環境のなかで戦っている企業もあれば，安定した環境のなかで活動している企業もある。では，このようにさまざまな環境のもとで活動する企業全てに当てはまる「最善の経営の仕方」は存在するのだろうか。

　異なる環境のなかで活動している組織にとって，それぞれが考えなければならない問題は異なる。そのため，環境の要因を明確にし，環境が異なる場合には適切な経営の仕方は異なると考えるのがコンティンジェンシー理論である。

2 さまざまな組織と環境の要素

　コンティンジェンシー理論では，組織と環境との関係について考える。そのため，組織のどの要素に注目するか，技術や市場といった環境のどの要素に着目するのかによって多くの研究が行われてきた。

　先駆的な研究の一つとして，バーンズとストーカーによる研究がある（Burns & Stalker, 1961）。彼らは，イギリスのさまざまな産業の企業を調査し，技術や市場といった環境の変化の激しさと有効な組織のあり方の関係を明らかにした。彼らは，環境が安定している場合には，公式の階層構造とルールの下で，一人ひとりの職務は明確に決められ，専門化が進んでいる組織が適しているとし，このような官僚制的な組織を機械的システムと呼んだ（官僚制については⇒Ⅷ-3）。逆に，環境が不安定な場合には，公式の階層構造やルールよりも横のつながりが重視され，一人ひとりの職務は他のメンバーとの関係を考えながら柔軟に変わる組織が適しているとし，このような組織を有機的システムと呼んだ。

　その他の代表的な研究としては，生産システムと組織構造に焦点を当てたウッドワードの研究がある（ウッドワード, 1965＝1970）。ウッドワードは，イギリスのサウスエセックス地域にある企業100社を対象とした調査を行った。彼女は，生産システムを歴史的な発展と技術的な複雑さの順に大きく三つに分けている。顧客の求めに応じて作るような単品・小バッチ生産が一番古く単純な生産システムで，次が大バッチ・大量生産，最も新しく技術も複雑なのが薬品の生産のように，絶え間なく流れるように生産する装置生産である。

▷1　今でも，「この経営手法を採用すればどの企業でも成功する」といった書き方のビジネス書もあるが，そういった考え方の危険性をコンティンジェンシー理論の考え方は教えてくれる。
▷2　条件適応理論，状況適合理論とも呼ばれる。

IX-2 コンティンジェンシー理論①

　生産システムと組織構造の関係には，二つの異なる傾向が見られた。一つは技術が複雑になるにつれ変化するものであり，もう一つは三つの生産システムの両端である単品・バッチ生産と装置生産で類似点が見られるものである。技術が複雑になるとともに変化する特性としては，命令系統の長さ，経営責任者が管理する人数，管理層の割合，スタッフの割合，間接労働者の割合などがある。技術が複雑になるにつれ，命令系統は長くなり，経営責任者の管理する人数は多くなる。また，管理層の割合，スタッフの割合，間接労働者の割合は高くなる。

　一方，両端で類似する特性としては，現場監督者の管理する人数，熟練労働者の数，組織体制，コミュニケーションに仕方がある。単品・小バッチ生産と装置生産では現場監督者の管理する人数が少なく，大バッチ・大量生産では多い。熟練労働者の割合が高い企業は単品・小バッチ生産と装置生産で見られる。また，単品・小バッチ生産と装置生産では有機的組織体制が多く，口頭でのコミュニケーションが多い。大バッチ・大量生産では機械的組織体制が多く，文書でのコミュニケーションが多い。

　加えてウッドワードは，生産システムと組織構造，業績の関係についても調査しており，それぞれの生産システムの中で，組織構造の数値が中位数にある企業の業績が高いことを明らかにした。単品・小バッチ生産と装置生産では有機的な組織体制をとっている企業の業績がよく，大バッチ・大量生産では機械的な組織体制を取っている企業の業績が良くなっている。また，単品・小バッチ生産の場合，底が広くて低いピラミッドの組織の業績がよく，装置生産の場合は底が狭く高いピラミッドの組織の業績が良くなっている。このように生産システムによって有効な組織構造が異なるというのがこの研究の主張である。これらの研究のほかにも，組織における分化／統合と環境の関係を考察したローレンスとローシュの研究▷3，製造業だけでなく，サービス業も含む広い意味での技術と組織構造の関係を考察したトンプソンの研究など様々な研究が行われた（ローレンスとローシュの研究についてはIX-3を，トンプソンの研究についてはIX-4を参照のこと）。

　さらに，環境の要因と組織のあり方を考えるコンティンジェンシー理論の考え方は，製品開発論の研究▷4などさまざまに応用されている。

　このように多くの研究を産み出してきたコンティンジェンシー理論だが，環境が変化したときに組織がどのように対応するか，あるいは組織が環境にどのように働きかけるかといった点をあまり考慮していないという問題点も指摘されている。しかし，これらの問題点を乗り越えようと，多くの新しい研究が生まれてきている▷5。コンティンジェンシー理論はさまざまな分野に応用されたという意味でも，乗り越えるべき目標とされたという意味でも多くの研究の出発点となった。

（佐藤秀典）

▷3 「唯一最善の方法は無い」として，ローレンスとローシュにより，一連の研究がコンティンジェンシー理論と呼ばれるようになった。

▷4 どのような製品開発の組織が優れているのかは，その組織がどのような市場で競争しているかによっても異なる。製品開発の様々な考え方についてはⅤを参照。

▷5 コンティンジェンシー理論の貢献と，批判については岸田（2006）や占部編（1979）が詳しい。

参考文献

Burns, J. & G.M.Stalker (1961) *The Management of Innovation*, Tavistock.
岸田民樹（2006）『経営組織と環境適応』白桃書房．
占部都美編（1979）『組織のコンティンジェンシー理論』白桃書房．
J.ウッドワード（1965＝1970）『新しい企業組織：原点回帰の経営学』矢島鈞次・中村壽雄訳，日本能率協会．

IX マクロ組織論

3 コンティンジェンシー理論②

1 分化と統合

組織にはさまざまな部門があり，それぞれ，組織が対応しなければならない環境の一部を取り扱っている。たとえば，販売部門は市場の動向に，製造部門は原材料や労働力の問題に，研究開発部門は新しい科学技術の問題に対処しなければならない。

このように，各部門がそれぞれ専門とする問題に対応する結果，部門によってものごとの見方や仕事の仕方など考え方の違いが生まれてくる。これを分化と呼ぶ。しかし，すべての活動は組織としての目標を達成するため，まとめられなければならない。このように活動をまとめることを統合と呼ぶ。

ローレンスとローシュは，分化と統合をどのように組織が行っているのかと組織のパフォーマンスの関係について調べている（ローレンス・ローシュ，1967＝1977）。

2 高業績企業と低業績企業の違い

同じ業界において，業績の高い企業と低い企業では何が違うのだろうか。ローレンスとローシュはまず，環境変化の激しいプラスチック産業を調査した。彼らは，この産業の企業が対処しなければならない環境の要素として研究開発部門が担当する科学的環境，販売部門が担当する市場的環境，製造部門が担当する技術・経済的環境の三つを挙げ，この順番で不確実性が高いとした。▶1

対処する環境の不確実性が異なるため，それぞれの部門の間では，異なる考え方をしなければならなくなる。つまり，環境の要求に応じた分化の状態を作り上げる必要がある。彼らは，分化の程度について，①目標に対する考え方（目標志向），②時間に対する考え方（時間志向），③交渉の仕方（対人志向），④公式規則の重要性や階層の数など（構造の公式性）で測っている。▶2

この測定に基づいて高業績企業と中業績企業，低業績企業を比較すると，高業績企業のほうがそれぞれの部門が環境の要求によく対応しており，分化が進んでいた。一方で，それぞれの部門で異なる考え方をしている場合には問題も起こる。たとえば，新しい製品を開発するときには，顧客がどのような製品を求めているのかを知る必要もあるし，生産するのにどの程度のコストがかかるかも考えなければならない。そのような情報をもっているのは販売部門や生産

▶1 環境の不確実性は，①情報の明確さ，②因果関係の不確実性，③明確なフィードバックを受けるための時間幅の三つの要素で測定されている。

▶2 たとえば，時間指向であれば，1ヶ月以内など短期の利益に影響を及ぼす仕事と，1年から5年など長期の利益に影響を及ぼす仕事にどのように時間を配分しているかで測定している。そしてその結果をもとに，部門間での分化の程度を測定している。

部門であるため，研究開発部門と各部門が協力して開発を行う必要がある。しかし，それぞれの部門の考え方が違うほど，部門間での衝突が起こりやすくなり，協力して仕事をすることが難しくなる。

ローレンスとローシュによれば，高業績企業は，高度な分化に加えて，統合も高度に行っており，各部門が協力して働けるようにする要素が備わっていた。

高業績企業では，以下のような特徴がみられた。①統合担当者が調整相手のどちらへも偏っておらず，バランスのとれた考え方をしている。②統合担当者は公式の権限や立場ではなく，能力や知識に基づいて影響力をもっている。③統合担当者は，調整相手を含む全体の業績に関心をもっている。④すべての部門の管理者が，意思決定に対して影響力を持っていると感じている。⑤必要な知識を持っている階層が影響を持っている。⑥部門間で衝突が起きた場合，問題を避けずに対面で話し合う。これらの要素によって，高業績企業は高度の分化と統合を同時に達成していた。

3 異なる環境下での比較

では，異なる環境下ではどうなのだろうか。ローレンスとローシュはプラスチック産業に加え，食品産業，容器産業の企業を調査している。食品産業ではプラスチック産業よりも不確実性が低く，容器産業ではそれよりもさらに不確実性が低い。このように環境の条件が異なる三つの産業で比較を行い，分化と統合が業績とどのように関係しているのかを検討した。

その結果，不確実性が高いほど分化が進んでいることがわかった。プラスチック産業の高業績企業と食品産業の高業績企業を比べると，プラスチック産業の企業のほうが分化の程度が高かった。同じように，食品産業と容器産業では食品産業のほうが高かった。また，同じ産業での高業績企業と低業績企業を比較することで，プラスチック産業と食品産業では高い業績のために適切な分化が必要であることがわかった。

一方，統合はどの産業でも重要であることもわかった。プラスチック産業，食品産業，容器産業のそれぞれで高業績企業と低業績企業を比べると，高業績企業のほうが優れた統合を達成していた。しかし，分化の程度の違いによって，統合の仕方には違いが見られた。不確実性が高いプラスチック産業では分化も進んでおり，統合の仕方も専門の部署を設けるなど，より高度なものになっていた。

このように，環境の不確実性によって，どの程度分化が必要かになるかが決まり，それによってどのように統合を行わなければならないかも決まる。つまり，ローレンスとローシュの研究によって，不確実性という環境の要因に合わせて，ふさわしい分化と統合が行われている場合に業績が高いということが明らかになった。

（佐藤秀典）

参考文献

P. ローレンス・J. ローシュ（1967＝1977）『組織の条件適応理論：コンティンジェンシー・セオリー』吉田博訳，産業能率短期大学出版部．

IX マクロ組織論

4 不確実性に対応する組織の理論

1 不確実性に対応する組織

組織が自らの行動を決めるとき,すべてを自分の自由に決められるわけではない。たとえば,ある製品の価格を決める場合,製品のコストを考えなければならない。その製品のコストには原材料の価格も含まれるため,もしコストを抑えて価格を引き下げようと考えても,原材料の価格が上昇している場合には,それは難しくなる。つまり,製品の価格を決める際にも,自社ではコントロールできない要因も影響を及ぼす。

このように,組織は常に不確実性に直面している。しかし,組織を安定して経営していくためには,出来るだけ合理的に,不確実性の影響を避けながら行動したいと考える。そのため,いかに不確実性に対処していくのかが重要となってくる。

2 テクニカル・コアと不確実性

組織が何かを行う際には,自社ではコントロールできない要因も考えなければならない。しかし,組織にとって主要な活動について,組織外部からの影響を取り除くことが出来れば,その活動に関しては不確実な要因を考えることなく,結果を予測することが出来るようになる。

このように考え,組織はテクニカル・コアを環境の影響から切り離そうとすると主張したのがトンプソンである(トンプソン,1967＝1987)。[1]

トンプソンは,テクノロジーを狭い意味での技術ではなく,マニュアルなどの仕事の進め方も含む活動のシステムとして考え,[2] 一つ以上のテクノロジーからなるテクニカル・コアを環境の影響から切り離すことで,その範囲で不確実性を避けることが出来るとした。

テクニカル・コアを環境から切り離す方法の一つが,インプット要素とアウトプット要素で環境の変動を吸収し,テクニカル・コアにとっては安定的であるようにする緩衝化である。これはたとえば,原材料や完成品の在庫をもつことで,原材料の供給量や完成品の売れ行きと生産を切り離して,生産を効率的に安定して行うといったことである。ただし,在庫をもつにはコストがかかるので,常にこの方法が取れるわけではない。

テクニカル・コアを切り離す別の方法は,円滑化あるいは平準化である。ホ

▷1 トンプソンは,著書の中で,テクニカル・コアやコア・テクノロジーという表現を用いており,使い分けは明確ではない。
▷2 トンプソンは,テクノロジーを,①大量生産の組み立てラインのように,作業を順番に行っていく長連結テクノロジー,②銀行や保険会社の業務のように,さまざまな人を媒介し結びつける媒介型テクノロジー,③総合病院のように,さまざまな専門性をもった人を組み合わせる集約型テクノロジーの三つに分けている。

テルなどの宿泊施設や航空会社などの輸送機関は，利用者の集中する時期と利用者の少ない時期で価格を変えている。そうすることによって，ある時期に利用者が集中するのを防ぐことが出来る。これが円滑化・平準化である。

これらの方法がとれない場合に組織がとる方法は，予測し適応することである。環境の変動がテクニカル・コアにまで及ぶとしても，それが予測可能な範囲のものであれば，計画を立てて対応することが出来る。たとえば，郵便の量は年賀状のために一時期に急激に増えるが，それが毎年起こるとわかっているため，その時期だけ人員を増やして対応することが出来る。

③ 情報処理をする組織

不確実性を，情報処理の点から考えたのがガルブレイスである（ガルブレイス，1973＝1980）。彼は，不確実性を組織がすでにもっている情報と，活動を行うのに必要な情報の量の差であるとした。通常，組織は，ルールの設定，階層構造に基づく意思決定，目標設定によって調整されている。しかし，不確実性が高くなるとそれだけでは対応できなくなる。そのような場合の対応は，必要な情報処理を減らす方法と，情報処理の能力を高める方法の二つが考えられる。

情報処理の量を減らす方法としては，スラック・リソースの投入と自立的職務の形成がある。スラック・リソースの投入とは，納期や人員，在庫などに余裕をもたせることによって複雑な調整をなくし，情報処理を軽減する方法である。自立的職務の形成とは，事業部を設けるなど，アウトプットを基にした組織構造に変更する方法である。これにより，顧客ごとに優先順位をつける必要をなくし，職務の細分化も避けられるため，調整の必要が少なくなり，必要な情報処理も少なくなる。

情報処理の能力を高める方法としては，垂直方向の情報処理システムの強化と水平的関係の形成がある。垂直方向の情報処理システムの強化とは，コンピューターの活用などによって，情報処理の能力を向上させる方法である。水平的関係の形成とは，問題を階層構造の上部にもち上げるのではなく，同レベルの担当者同士でコミュニケーションをとり，問題を解決できるようにする方法である。これには，管理者同士の直接の接触を増やす，部門間の調整を担当する連絡役を儲ける，タスクフォースやチームを形成するといった方法がある。

これらの方法の一つ，あるいはこれらの方法を組み合わせることによって，組織は不確実性に対処することが出来るようになる。しかしこれの方法は，いずれもコストがかかるため，状況に応じて最もコストのかからない方法を採ることになる。

不確実性への対処は，組織にとってますます大きな問題となっている。そのための方法に関するアイデアを提供するものとして，これらの研究は重要となっている。

（佐藤秀典）

参考文献

J. ガルブレイス（1973＝1980）『横断組織の設計：マトリックス組織の調整機能と効用的運用』梅津祐良訳，ダイヤモンド社.

J.D. トンプソン（1967＝1987）『オーガニゼーション・イン・アクション：管理理論の社会科学的基礎』高宮晋監訳，鎌田伸一他訳，同文舘出版.

IX　マクロ組織論

5　資源依存理論

1　他組織に依存する組織

　企業はビジネスを行うために，新しい従業員を雇ったり，製品を作るための原材料を他の企業から購入したり，銀行から必要なお金を借りたりする。このようなヒト，モノ，カネ，そして情報など目に見えないものも含め，組織が生き残っていくためには，組織の外から様々な資源を獲得しなければならない。これらの組織にとって必要な資源を，組織が欲しいときに欲しいだけ自由に手に入れられるのであれば問題は無い。しかし，実際には，組織が単独でコントロールできる資源には限りがあり，多くの資源を他の組織に依存することになる。例えば，部品メーカーからの部品の供給が止まってしまえば，自動車メーカーの工場も止まってしまう。

　そのため，組織はいつも自由に行動できるわけではない。自社の製品にとって必要不可欠な部品を作っている他企業の言うことは，聞きたくなくても聞かなければならないかもしれない。

　このように，組織の行動を，組織が他の組織へどれだけ資源を依存しているかという点から考えるのが資源依存理論である。この理論は，フェッファーとサランシックの研究を中心に展開されてきた（Pfeffer & Salancik, 1978）。

2　他の組織への依存を決める要素

　では，ある組織が他の組織にどの程度依存しているか，つまり，他の組織からどの程度影響を受けており，どの程度自由に行動できるのかはどのように決まるのだろうか。フェッファーとサランシックは①資源の重要性，②資源の配分と使用への裁量権，③資源の集中度の3点を，資源の依存の程度を決める要因として取り上げている。

①資源の重要性

　資源の重要性は，その取引がインプットやアウトプットの全体に占める割合と，その資源が組織にとってどれぐらい不可欠なものかという二つの要因で決まる。組織の必要とする原材料の種類が少ないとき，一つの原材料が全体に占める割合は高くなる。そのため，それを供給する組織への依存度が高くなる。アウトプットの場合も，少数の製品を作っている場合は，多数の製品を作っている場合と比べてそれぞれの製品を買ってくれる顧客への依存度が高くなる。

また，それが無くてはビジネスが成り立たないような資源を取引相手から供給されている場合には，その取引相手への依存度は高くなる。

②資源の配分と使用への裁量権

資源の配分と使用への裁量権が生まれる一番分かりやすい形は，その資源を所有している場合である。しかし，裁量権が生まれることはそれ以外の場合にもある。社長の秘書が社長のスケジュールを管理することで影響力をもつように，その資源へのアクセスをコントロールできる場合には裁量権が生まれる。また，実際にその資源を利用しているという場合にも，裁量権が生まれる。企業の資源を実際に使っているのは多くの場合従業員である。従業員はその資源の所有者ではないとしても，資源の実際の利用に関して裁量権を持っていることになる。最後に，国などの公的機関は，資源の配分や使用に関するルールを決定しているため，裁量権をもつことになる。

③資源の集中度

必要な資源が少ない組織に集中している場合，その組織への依存度は高くなる。たとえば，自社の製品を作るために必要な原材料を購入する取引先が1社しかなければ，その取引関係が無くなればビジネスを続けることはできない。しかし，100社あれば，1社との取引関係がなくなっても影響は小さい。そのため，1社とだけ取引している場合には，その取引相手への依存度は高くなる。

3 依存への対処法

依存度が高いと，依存している組織からの影響を強く受けてしまう。そのため，組織が自由に行動できる範囲は狭くなり，不確実性も高くなる。そこで組織は他の組織への依存関係に上手く対処しようとする。フェッファーとサランシックは，依存関係をマネジメントする方法として，三つのアプローチを取り上げている。

一つは，垂直統合や水平的拡大，多角化を目的とした合併・買収によって相互依存性を吸収する方法である。組織の間の関係を，合併・買収することによって組織のなかに取り込み，不確実性を削減する方法である。

二つ目は，ジョイントベンチャーや取締役の兼任，あるいは協定を結ぶことによって協調する方法である。これは合併・買収よりも柔軟に行うことができるが，相互依存関係を完全には取り込むことができないという欠点もある。

三つ目は，当事者の間で相互依存関係を解決するのではなく，法律などのより大きな社会的なシステムを用いて対処する方法である。

このように，組織の間の関係を見る場合には，他の組織にどれぐらい資源を依存しているか，その依存関係にどのように対処できるかを考えると多くのことが説明できるようになる。そのため，資源依存理論は，組織の間の関係を考えるための一つの重要な枠組みになっている。

（佐藤秀典）

▷1 そのため，実際の企業は可能であれば複数の相手から原料や部品を購入しようとする。ただし，実際に取引している数が少なくても，いつでも新しい取引相手を見つけることができるのであれば，依存度は高くならない。

▷2 山倉（1993）では，資源依存理論が組織間関係を考える上で最も重要な枠組みであるとされている。

参考文献

Pfeffer J. & G. Salancik (1978) *The External Control of Organizations: A Resouce Dependence Perspective*, Harper and Row.
山倉健嗣（1993）『組織間関係：企業間ネットワークの変革に向けて』有斐閣.

IX マクロ組織論

6 取引コスト理論

1 企業が存在する理由

　企業はなぜ存在するのか。企業に囲まれた生活を送っているわれわれにとっては，企業が存在するのが当たり前になっている。

　しかし，経済学で重視されているように，市場で自由に取引が行われることによって，経済活動が調整され，希少な資源を理想的に配分できると考えると，もし，常に市場メカニズムによって経済活動が完全に効率的に行われるのであれば，経済取引に企業が存在する理由はなくなる。

　だが，実際には企業内での取引を用いたほうが効率的な場合が存在する。そのことが，企業が存在する理由となっている。

　これを，取引をするためにもコストがかかるという視点から説明するのが取引コスト理論である。

2 企業の強みと市場の強み

　コースは，市場取引を行うためにもコストがかかると考えた（コース，1937＝1992）。たとえば，取引を行うためには取引相手を見つけなければならない。さらに，取引の内容について相手に伝え，契約を結び，その契約が守られるかどうかも確認しなければならない。これらの行為にはすべてコストがかかる。そのため，これらの市場取引を行うためにかかるコストと，それを企業の内部で行うときのコストを比較して，市場で取引する場合に，よりコストがかかる場合は企業がそれを行うことになる。

　この考え方を基に，市場が有利か企業が有利かについての議論をさらに押し進めたのがウィリアムソンである（ウィリアムソン，1975＝1980）。彼は，限定された合理性（限定された合理性については⇒Ⅷ-6）や**機会主義**といった考えを取り入れ，どのようなときに市場ではなく企業による取引が有利になるのかについて条件を整理している。

　一つは，限定合理性と不確実性が組み合わされた場合に，市場での取引コストが高くなり，企業が有利になるというものである。将来にどのように状況が変化するかの不確実性が高く，さらに完全に合理的に判断できない場合，適切な契約を事前に結ぶことが難しくなり，取引コストが高くなる。

　もう一つは，機会主義と取引相手が少数である状況が結びつくと取引コスト

▷1　たとえば，すべての取引を個人が市場で行えば，最も効率的ということになる。

▷2　**機会主義**
自分の利益のために，駆け引きを行い，相手を出し抜くために意図を偽って伝えたり，情報を操作したりする考えである。

が高くなるというものである。この状況では，互いに駆け引きを行うことが利益につながるため，細かい交渉を行うことになり，交渉のコストが高くなる。

取引コストをさらに細かく見ると，大きく分けて2種類がある（ミルグロム・ロバーツ，1992＝1997）。一つ目はコーディネーションにかかわる費用である。これは，実際に契約を結ぶことに直接関係するコスト，つまり取引内容や価格を決めるのに必要なコストや，情報を集約するのに必要なコストが含まれる。二つ目は，動機付けに関するコストである。これはさらに情報の不完備と非対称にかかわるものと不完全なコミットメントに関するものの二つに分けられる。情報の不完備と非対称にかかわるコストは，取引の当事者同士でもっている情報が異なる場合に相手にだまされることを恐れて生まれる。不完全なコミットメントにかかわるコストは，信憑性のある脅しや約束をするのが困難であり，事後的に別の決定がおこなわれると予想される場合に生まれる。

3 取引特殊的資産

ウィリアムソンは，市場での取引と企業のどちらが選ばれるかを考えるために，取引特殊的資産という考え方を提示した（Williamson, 1981）。

取引特殊的資産とは，ある特定の取引でしか価値が無いような資産である。例えば，自動車メーカーと，自動車部品メーカーがある場合に，特定の自動車メーカーの車にしか使わない部品を製造する設備は，部品メーカーにとって取引特殊的資産である。

部品メーカーがこのような設備に投資をするかを考えた場合に，投資額が巨大で固定的であるよりも，その投資によって作られる設備が特定の取引に特殊なものであるかということが問題となる。設備が取引特殊的でなければ，一つのメーカーとの取引がなくなっても市場取引を利用して他の自動車メーカーに部品を売ることができるので，損害を受けることが少ないからである。

しかし，取引特殊である場合には，他のメーカーとの取引では使い道が無い。そのため，その自動車メーカーが部品の価格を値下げするように要求してきたとしても，他のメーカーに部品を売ることは出来ないため，交渉力が弱くなる。そう考えると，最初から投資に消極的になるかもしれない。この設備が自動車メーカーの生産の効率を上げるために必要なものである場合には，自動車メーカーは市場取引ではなく，組織内に取り込むことを選択することになる。

このように取引コスト理論の考え方は，自社で作る（内製）か，他の企業から購入する（外製）か，つまりどこまでを市場で取引し，どこまでを企業内で行うのかを考えるための枠組みにもなる。

取引において企業が存在する理由を考えることから始まった取引コスト理論は，企業間の取引関係も含め，企業の境界を考える上での主要な理論の一つとなっている。

（佐藤秀典）

▷3 たとえば，部品メーカーが部品100個を100万円で納入する注文を受けたとする。注文をした企業はこの契約を守るつもりであったとしても，部品メーカーにとっては守られるかどうかがわからないとすれば，契約違反のときの罰則を決めるなど，手続きが煩雑になる。

▷4 これは，資源依存理論の視点から見ると，取引できる相手が限られるので，その相手への依存度が高くなり，交渉力が弱くなっていると見ることが出来る。資源依存理論については IX-5 を参照。

参考文献

Williamson, D.E.（1981）"The Economics of Organization: The Transaction Cost Approach," *American Journal of Sociology*, 87（3）, pp. 548-577.

R.H.コース（1937＝1992）『企業・市場・法』宮沢健一・藤垣芳文訳，東洋経済新報社.

P.ミルグロム・J.ロバーツ（1992＝1997）『組織の経済学』奥野正寛他訳，NTT出版.

O.E.ウィリアムソン（1975＝1980）『市場と企業組織』浅沼萬里・岩崎晃訳，日本評論社.

IX　マクロ組織論

7　組織の個体群生態学

1　組織は環境に適応できるか

　環境が変化するとき，組織もまた変化していかなければ環境の変化に取り残されてしまう。一時は成功を収めたと思われていた企業が倒産に追い込まれたとき，変化に対応できなかったという説明を聞くと納得してしまう。そのため，特に戦略論やイノベーション論などでは，変化する環境にどのようにして対応できるかということが重要な関心ごととなっている。たとえば，新たな技術が出現した場合にどのような対応をするか。あるいは，新たな企業が市場に参入することで，競争が厳しくなった場合にどうすればよいか。こういった問題は強い関心を集めてきた。

　しかし，そもそも組織はどの程度変化できるものなのだろうか。実際に，危機的な状況に陥った組織が変革を行おうとしても，困難に直面するという事例は少なくない。組織が変化をするのは容易ではないのである。

　この，組織の変化しにくい性質に特に焦点を当て，個々の組織が環境に適応するのではなく，組織群のレベルで適応が起こると考えるのが，組織を生態学的に見るアプローチである▷1▷2（Hannan & Freeman, 1989）。組織レベルという下位のレベルで淘汰が起こることによって，より上位の組織群のレベルで適応が起きるのである。

2　組織慣性

　ハナンとフリーマンは，組織には構造慣性が存在し，そのために環境への適応には限界があるとした（Hannan & Freeman, 1977; 1984）。

　慣性は，組織内部の要因と環境の制約の両方から生じる。それぞれの要因としては以下のようなものがある。

①組織内部の要因
　A．工場や設備，人員への投資は，他の仕事に転用できない資産となっている。そのため，投資がムダになると考え，変化が生じにくくなる。
　B．組織の意思決定者であるリーダーが得る情報は制限されている。
　C．組織構造の変化は，部門間の資源配分に変更をもたらす。そのため，一部の部門はその変化に対して抵抗する。

▷1　組織と環境の関係を見るというのは，組織論の多くの理論で行われている。しかし，多くの理論では，組織がいかに環境に適応できるのかということを議論するのに対し，組織群レベルでの適応を考えるのがこの理論の特徴である。
▷2　生物学における生態学にもさまざまなレベルでの見方がある。個体群のレベルに注目するのが個体群生態学である。

D．組織内で歴史的に形成された規範的合意が存在する場合，抵抗が生じる。
②環境の制約
　A．市場への参入や市場からの退出に関する法的，財務的な障壁が存在する。
　B．変化の激しい環境下では，情報の入手が困難である。
　C．適応のための変化が正統性に問題を引き起こす場合，それが制約となる。
　D．集合的合理性の問題が存在する。

　これらの理由から，個別の組織レベルでは環境変化に対応することは難しい。そのため，変化した環境に適合しない組織はいずれ淘汰されることになる。一方，適合している企業はそのまま生き残る。そのため，適合しない企業は次第に減少し，適合している企業の割合が増えることになる。

3 組織形態とニッチ

　ハナンとフリーマンの議論では，個体群の組織形態をスペシャリストとジェネラリストに分類している。ここでいう組織形態とは，組織の構造だけでなく，組織の行動パターンや組織の持つ規範なども含んだ概念である（Hannan & Freeman, 1977）。

　それぞれの個体群は，あるニッチの中で活動している。ニッチとは，個体群がその中で生き残り，再生産できるような資源レベルの組み合わせで構成されている。

　スペシャリストは，限られた範囲の環境の中で，余分な能力をもたずに専門化している組織群である。狭い範囲に特化しているため，その範囲での適合度は高い。特定の顧客層に特化した専門店のような組織はスペシャリストに含まれる。一方，ジェネラリストは，より広い範囲の顧客を対象とするような組織群である。より幅広いニッチをカバーしているが，スペシャリストほど適合度は高くない。

　環境の変化が少なく安定しているときには，ジェネラリストよりもスペシャリストが適していると考えられる。これは，余分な能力をもたず，その環境への適合度が高いためである。

　しかし，環境の変化があるときには，その環境の変化のタイプによってどちらが適しているのかが異なる。全く異なる状況への変化が頻繁に起こる場合には，スペシャリストが適している。一方，変化が生じたとしてもそれが似たような状況のものであれば，ある程度の余分な能力をもつジェネラリストの方が適していることになる。

　生態学的な見方では個別の企業ではなく，その個体群に注目している。そのため，具体的な企業の動向よりも，産業などより大きなレベルでの動向を考えるときに有効な見方となる。

（佐藤秀典）

▷3　たとえば，新聞業界，外食業界などがこのアプローチによる分析の対象になっている。

参考文献

Hannan, M.T. & J.Freeman (1977) "The Population Ecology of Organizations," *American Journal of Sociology*, 82 (5), pp. 929-945.
Hannan, M.T. & J.Freeman (1984) "Structural Inertia and Organizational Change," *American Sociological Review*, 49, pp. 149-164.
Hannan, M.T. & J.Freeman (1989) *Organizational Ecology*, Harvard University Press.

IX マクロ組織論

8 社会ネットワーク理論

1 組織のネットワーク

　組織同士はさまざまな形でつながっている。取引関係によるつながり，株式の所有によるつながりなどさまざまなつながりがある。これには，売り手と買い手，あるいは親会社と子会社といったような1対1の2者の関係だけでなく，より多くの企業を含むネットワークも含まれる。たとえば，電機メーカーは多くのサプライヤーから部品を購入している。そしてそれぞれのサプライヤーも複数の電機メーカーに部品を納入している。そのため，多数の企業がつながるネットワークが形成されている。

　ネットワークは，組織間だけでなく個人間，産業間などでもみられる。ネットワークに属する個人や組織の行動や強みを，個別の組織の特徴よりも，ネットワーク上の位置やネットワークの構造から考えるのがネットワーク理論の考え方である。

2 ネットワーク分析の考え方

　企業や個人といった要素を，株式の所有や取引などの関係に基づいて結ぶことでネットワークを描くことができる。それぞれの要素はノード，それを結ぶ関係の線は紐帯と呼ばれる。

　ネットワーク分析を行ううえでの重要な概念が，直接結合と構造同値である。直接結合とは，ネットワークの中でノード同士が直接につながっている状態である（安田，1997）。たとえば，二つの組織が直接の取引関係にある場合，その組織同士は直接結合の関係にあるといえる。

　一方，構造同値とは，あるノード同士が，互いに入れ替えてもネットワークの構造が変化しないような関係にある状態を指す。構造同値の関係にある組織や個人は競争相手になる場合が多い（安田，1997）。[1]

▷1　構造同値の関係にある2者を結ぶ組織や企業は，第三者戦略により利益を得ることができる。第三者戦略とは，例えば，同じ製品を生産している2つの企業に対し，互いに競わせてよりよい条件を引き出す戦略である。

AとB，AとCは直接結合，BとCは構造同値関係にある。

図IX-3　直接結合と構造同値

3 構造的空隙（Structural Hole）

　バートは，ある企業が競争をし，利益を上げる際に有利なポジションにいるのか不利なポジションにいるのかは，ネットワークの中でどのような位置にいるのかによって決まると

した（バート，1992＝2006）。

　その際に重要になるのが，構造的空隙という考え方である。構造的空隙とは，ネットワーク上での関係性の欠損部分とされ，自分と相手の関係を見たときに，自分の側に構造的空隙が無く，相手の側に構造的空隙が豊富に存在する場合に，構造的自立性が高くなるとされる。

　この考え方に基づくと，ある企業が，高い利益をあげられるかどうかは構造的空隙の存在と，それに基づく構造的自立性の高さによって決まる。

　あるメーカーの利益率は，メーカー間での構造的空隙が少ないほど高くなり，逆に，部品供給者と顧客間の構造的空隙が少なくなるほど低くなると考えられる（バート，1992＝2006）。

4　埋め込まれた紐帯

　企業間のネットワークといった場合にも，異なるタイプのつながり方が見られることがある。

　ウズィは，ニューヨークのアパレル産業を対象とした調査を行い，そこでの企業同士の取引関係の中で，二つのタイプの紐帯があることを明らかにしている（Uzzi, 1997）。

　一つは，市場関係としての紐帯である。これは，経済的な利害関係を中心としたもので，互いにコストや利益といったビジネス上の問題にのみ関心をもち，その場限りの取引に基づく関係である。

　もう一つは，埋め込まれた紐帯である。これはより個人的で，経済的な利害関係というよりも信頼や仲間意識といった社会的な関係である。

　埋め込まれた紐帯は，信頼，決め細かい情報のやり取り，協同での問題解決という面で有利であり，パートナーと埋め込まれた紐帯に基づく関係を築いているほうが，企業の生き残りには有利となる（Uzzi, 1996）。

　このように，埋め込まれた紐帯に基づく関係は企業にとってメリットをもたらす。しかし，この関係は，現状の環境に対する適合度を高める一方で，企業の適応力をなくしてしまう可能性がある。現在のパートナーとの関係が強くなるために，新たな情報やチャンスに触れる機会が少なくなってしまうためである。

　現在の社会では，多くの組織が複雑な様々なつながりを持ち，その中で活動している。そのため，個別の組織だけに注目していては理解することのできない現象も数多く生じている。

　それらの出来事を理解するためには，個別の組織だけに注目するのではなく，どの組織とどの組織がつながりを持っているのかといった，つながり方に注目する視点も重要である。その複雑なつながりを理解するためのアプローチとして，ネットワークに基づく考え方は有効である。

（佐藤秀典）

▷2　たとえば，複数の自動車メーカーが互いに協力関係にあり，部品メーカーや消費者は互いに結びついていない場合には，自動車メーカーは有利な立場になり，高い利益をあげることが出来るようになる。

参考文献

R.S.バート（1992＝2006）『競争の社会的構造：構造的空隙の理論』安田雪訳，新曜社．
Uzzi, B. (1996) "The Sources and Consequences of Embeddedness for the Economic Performance of Organizations: The Network Effect," *American Sociological Review*, 61, pp.674-698.
Uzzi, B. (1997) "Social Structure and Competition in Interfirm Networks: The Paradox of Embeddedness," *Administrative Science Quarterly*, 42, pp.35-67.
安田雪（1997）『ネットワーク分析：何が行為を決定するか』新曜社．

IX マクロ組織論

9 新制度派組織論

1 なぜ同じような組織が存在するのか

　組織はそれぞれ異なる条件のもとで活動している。にもかかわらず，同じような構造をもっていたり，同じような戦略をとる組織が多く存在したりするのはなぜなのだろうか。たとえば，同じようなカリキュラムを採用している大学，同じような経営手法を採用している企業が存在する。これはなぜ起こるのか。

　一つの説明の仕方は，最も良いやり方が広まるという考え方である。ある企業が優れた経営改善の方法を導入した場合に，それが優れているから合理的な判断の結果他社もその方法を導入し，広まるのだという考えである。

　しかし，組織が似てくるのはそれだけが理由ではない。それぞれの組織が置かれている状況は異なっているため，適切な組織構造や戦略は異なっていてもおかしくない。にもかかわらず，同じような行動をとるとすれば，それは技術的な効率性に基づいた合理的な判断の結果ではないと考えられる。新制度派組織論では，これを社会的・文化的影響力に基づく制度的環境への対応として説明する（佐藤・山田，2004）。

◁1　制度についての議論は，これ以前からも行われており，セルズニックなどを「旧制度派」と呼ぶこともある(DiMaggio & Powell, 1991)。旧制度派では，制度化の焦点が個々の組織に当てられる。そのため，それぞれの組織が変化し，多様になる面が注目される。新制度派では，制度化の焦点は複数の組織を含むセクターのレベルに当てられる。そのため，組織の同質性が注目される。

　たとえばマイヤーとローワンは，公式組織（官僚制）が広まった理由を，調整や管理を実際に効率的に行えるということよりも，制度的ルールが強い影響を及ぼしたからだと考える。

　彼らのいう制度的ルールとは，社会に組み込まれ，相互に共有されている見方で，当然のものと考えられる場合もあるし，世論や法によってサポートされている場合もある。近代社会では，合理的な公式構造の要素（ポジション，政策，プログラム，手続きなど）は広く共有され，制度的ルールとなっている。さらにこれが神話として機能することで公式組織が広まることになったとする。

　この合理化された神話の起源としては三つのプロセスが考えられるという。一つは，特定の組織の特定のコンテクストのなかで生まれた習慣が，効果的だと認識されることによって他の組織へと普及していくというプロセスである。二つ目は法の強制による公的な正統性の付与である。三つ目は，支配的な企業による主体的なルールの形成である。

　このような神話が存在する状況では，組織は制度に同型化することにより，正統性を得ることができる。また，外部からの儀礼的な評価基準を採用し，業績によって評価されなくなることで，パフォーマンスの変動から組織が守られ，

安定性を得ることができる。正統性を得ることで，組織は生存に必要なリソースを得やすくなる。

2 同型化のメカニズム

ディマジオとパウエルは同型化が生じるメカニズムを①強制的同型化，②模倣的同型化，③規範的同型化の三つに分けて説明している。

強制的同型化はその組織が依存している他の組織からの公式，非公式の圧力，あるいはその組織が属する社会における文化的期待によって同型化するものである。これにはたとえば，環境規制に伴って，多くのメーカーが同じ環境技術を導入するといったことが含まれる。

模倣的同型化は，不確実性が高い状況下で，他の組織を模倣することによって生じるものである。たとえば，不確実性が高いと，どのような戦略が成功に結びつくかわからない。つまり「正解」が分からない状況である。そういったときには，その戦略が自社にとって優れているかは分からなくても，成功している企業の戦略を真似しようとする。こういったものが模倣的同型化に含まれる。

規範的同型化は，専門家の集団によってもたらされる。大学において専門家としての類似の教育を受け，組織を超えた専門家としてのネットワークを形成することによって同型化が生じる。

3 制度的圧力への対応，新たな制度の創造

しかし組織は，制度的影響に常に従うだけの存在ではない。時には戦略的に影響を回避したり，無視したりすることもある。オリバーは，組織による制度的プレッシャーへの対処を黙従，妥協，回避，拒否，操作の大きく五つに分類している（Oliver, 1991）。黙従のように，制度的プレッシャーに従うだけでなく，規則や要求に異議を唱えることで拒否することもできる。

また，そもそも制度自体も全く変化しないというわけではない。新たな制度が生まれたり，それまでの制度が失われたりすることもある。このような，制度の変化を生み出す存在を，**制度的企業家**と呼ぶ。

それまでは普通ではなかった行為が制度化され，当たり前になるというのは，「ゲームのルール」が変わったということである。新たなルールを決める存在もいるのである。

さまざまな組織が同じような行動をとっていたとしても，それはその行動が優れているからだとは限らない。新しい経営手法が産業を問わず流行しているような場合でも，その手法が企業の経営を良くするから広まっているとは限らないのである。このようなことはしばしば見られる。そして，その理由を考えるための枠組みとして，新制度派組織論は役に立つのである。　（佐藤秀典）

▷2　制度的企業家
個人のこともあるし，さまざまなタイプの組織や集団であることもある。

参考文献
DiMaggio, P.J. & W.W. Powell (1983) "The Iron Cage Revisited: Institutional Isomorphism and Collective Rationality in Organizational Fields," *American Sociological Review*, 48(2), pp.147-160.
DiMaggio, P.J. & W.W. Powell (1991) "Introduction," In W.W. Powell & P.J. DiMaggio (Eds.), *The New Institutionalism in Organizational Analysis*, The University of Chicago Press.
Meyer, J.W. & B.Rowan (1977) "Institutionalized Organizations: Formal Structure as Myth and Ceremony," *American Journal of Sociology*, 83(2), pp.340-363.
Oliver, C. (1991) "Strategic responses to institutional processes," *Academy of Management Journal*, (16), pp.145-179.
佐藤郁哉・山田真茂留（2004）『制度と文化：組織を動かす見えない力』日本経済新聞社.

IX　マクロ組織論

10　組織文化論

1　組織文化とは？

　同じ産業の同じような規模の企業で，組織図でみてみると同じような構造をしている組織であっても，実際にはそれぞれの組織で考え方やものの見方，雰囲気などは違っている。組織文化論では，このような目にみえない組織の違いに注目する。

　組織文化は，1980年代に日本企業が世界で成功を収めたことから注目されるようになった。とりわけ，アメリカで日本企業が大きな成功を収め，日本企業に注目が集まり，日本企業の成功の要因を探る中で「再発見」された。それまでの組織に関する研究でも，組織ごとの考え方や価値観の違いが見過ごされてきたわけではない。しかし，組織文化が組織にとって決定的に重要であるとして議論の中心になったのは1980年代であった。

　組織文化の議論が盛んになった当初は，「強い文化」の重要性に注目が集まっていた。日本企業だけでなく，成功しているアメリカ企業でも，価値観や理念が共有され，一枚岩の組織になっていることが成功の理由だとされた。たとえばディールとケネディによる『シンボリック・マネジャー』では，理念，英雄，儀礼と儀式，文化を伝えるネットワークが強い文化を形作る要素であるとしている。このような要素をもっている企業が強い文化を持った強い企業だと考えたのである（ディール・ケネディ，1982＝1997）。

　こうして，組織文化に対する注目は広まったが，組織文化をどのように捉えるかについては曖昧さが残されていた。

2　組織文化を理解するには

　では，ある企業の組織文化を理解したというためには何がわかればいいのだろうか。組織文化は組織のさまざまなところに現れる。わかりやすいところでは，話し方や服装の違いといったところにも現れる。しかし，それだけでは組織文化を理解したことにはならない。シャインは，組織文化を三つのレベルに分けている（シャイン，1985＝1989；1999＝2004）。

　服装や話し方など，組織に入ったときにすぐに気づく目にみえるものが文物のレベルである。より深いレベルの組織文化の現れ方としては，標榜されている価値観がある。チームワークを大事にする，顧客を重視するといったように，

▷1　『シンボリック・マネジャー』
原題では，*CORPORATE CULTURES*，つまり企業文化というタイトルになっている。

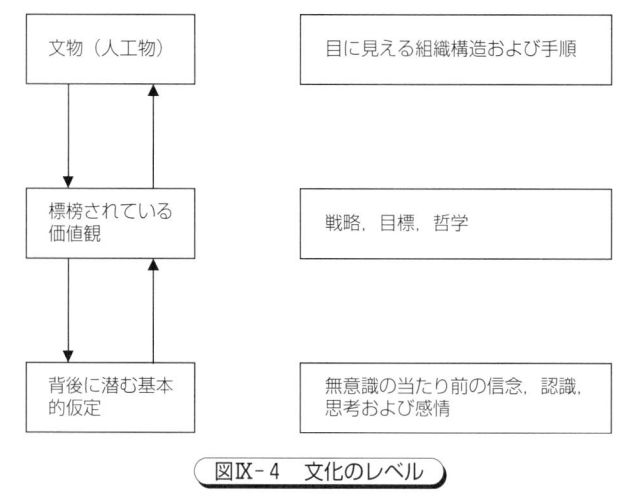

```
┌─────────────┐         ┌──────────────────────┐
│ 文物(人工物) │ ←──→   │ 目に見える組織構造および手順 │
└─────────────┘         └──────────────────────┘
      ↕
┌─────────────┐         ┌──────────────────────┐
│ 標榜されている │ ←──→   │ 戦略,目標,哲学         │
│ 価値観       │         │                      │
└─────────────┘         └──────────────────────┘
      ↕
┌─────────────┐         ┌──────────────────────┐
│ 背後に潜む基本│ ←──→   │ 無意識の当たり前の信念,認識,│
│ 的仮定       │         │ 思考および感情         │
└─────────────┘         └──────────────────────┘
```

図Ⅸ-4　文化のレベル

（出所）シャイン（1985＝1989）

組織の方針として標榜されるものである。最も深いレベルが，背後に潜む基本的仮定である。この基本的仮定は，当たり前のことになっていて，普段は意識されないかもしれない。しかし，目に見える文物のレベルでの違いがどのような意味をもつか，あるいは標榜されている価値観は似ているのに実際の行動に違いがみられるのはなぜかといったことを理解するためにはこのレベルまで理解しなければならない。

3　組織の中のさまざまな文化

当初は強い文化として，組織文化は組織全体で一貫しており，従業員はそれを共有しているという面が強調されていた。それが企業の強さにつながると考えられた。しかし，組織文化が常に組織にとって役に立つとは限らない。組織を取り巻く環境が変化した場合には，組織文化も変化しなければならない。しかし，組織文化は当たり前のものになっている基本的仮定であり，それを変えることは簡単ではない。そのため，時代遅れの考え方が根強く残ってしまうかもしれない。

また，実際には一つの組織のなかにも複数の下位文化がある。さらに組織文化が組織のメンバーの行動のすべてを決めるわけでもない。同じ文化の中でもどのように判断し，どのように行動するのかには自由度がある。そのため，組織のメンバーが文化を使いこなすという側面もある（出口，2004）。

組織文化は，組織のメンバーにとっては当たり前のものになってしまっているため，普段はなかなか意識されない。しかし，実際にはメンバーの行動に大きく影響しており，組織にとって役に立つ面も問題となる面もある。そのため，文化という目にみえないものを考えることも組織を理解するうえでは重要になる。

（佐藤秀典）

▷2　このほかにも，組織文化が強いと組織内に同じ考え方をする人ばかりが増え，異なる考え方をする人が居づらくなってしまう可能性もある。

参考文献

T.E.ディール・A.A.ケネディ（1982＝1997）『シンボリック・マネジャー』城山三郎訳，岩波書店．
出口将人（2004）『組織文化のマネジメント：行為の共有と文化』白桃書房．
E.H.シャイン（1985＝1989）『組織文化とリーダーシップ：リーダーは文化をどう変革するか』清水紀彦・浜田幸雄訳，ダイヤモンド社．
E.H.シャイン（1999＝2004）『企業文化：生き残りの指針』金井壽宏監訳，尾川丈一・片山佳代子訳，白桃書房．

コラム

組織アイデンティティ・組織イメージ

1　自分たちらしさとは

　組織に所属していると,「自分たちらしさ」にについて考えなければならない場合がある。例えば,新たな製品の開発で,複数のアイデアが有るとき,できるだけ成功しそうなアイデアを選ぼうとするが,実際に成功するかは開発してみなければ分からない。そのため,自分たちらしいアイデアが選ばれることになる。

　このような,組織の自分たちらしさを考えるのが組織アイデンティティである（Albert & Whetten, 1985）。組織アイデンティティは「われわれはどのような存在でありたいのか？」という問いへの答えであり,一言で表せるようなものとは限らない。しかし,組織が何かの行動をとるとき,「それはうちの組織らしい」とか「われわれらしくないやり方だ」とかを感じることが出来る。そのときの基準となるのが組織アイデンティティなのである。[1]

2　他者から見られる組織

　アイデンティティは,自分たちらしさを自らがどう考えるかということである。しかしそれは,他者からどのように見られるかということの影響をうけている。この「他者からどう見られているか」についての組織の認識を,組織イメージと呼ぶ（Dutton & Dukerich, 1991）。

　組織アイデンティティと組織イメージはお互いに影響を及ぼす（Hatch & Schultz, 2002）。アイデンティティは他者からどのように見られているのかという組織イメージを映し出す。一方,イメージは組織がアイデンティティに基づいてどのように行動したかによって変化する。

　ダットンらの研究では,ニューヨーク・ニュージャージー港湾管理委員会が,所管する施設の中で寝泊りするホームレスの数が増加しているという問題にいかに対処したのかというケースを分析している。そこでは,アイデンティティに基づいた行動が,イメージの悪化を招き,それが新たなアイデンティティに基づいた行動につながっている。

　このように,組織アイデンティティと組織イメージは互いに影響を与えながら,組織が何を重視し,何を問題と考えるかといった基本的な部分を決めていく。そのため,組織の戦略を考える上でも重要な考え方となっている。[2]

（佐藤秀典）

[1] アルバートとホウェットンは,①組織にとって本質的であり,②他の組織と比較して独自性があり,③時間がたっても維持される継続性があるという3つの基準を満たすような組織の特徴を組織アイデンティティであるとした。
[2] 例えば,高品質の製品を造ることに自分たちらしさを感じている企業にとっては,品質の向上を追及するという考え方をすることは難しくない。しかし,新興国市場などで,それなりの品質のものを手ごろな値段で造ろうとすると難しさを感じるだろう。

参考文献

Albert, S. & Whetten, D.A. (1985) "Organizational Identity," *Research in organizational behavior*, (7), pp. 263-295.

Dutton, J.E. & J.M. Dukerich (1991) "Keeping an Eye on the Mirror-Image and Identity in Organizational Adaptation," *Academy of Management Journal*, (34), pp. 517-554.

Hatch, M.J. & M.Schultz (2002) "The Dynamics of Organizational Identity," *Human Relations*, (55), pp. 989-1018.

第 X 章

ミクロ組織論

X　ミクロ組織論

1　ホーソン実験と人間関係論

1　ホーソン実験の背景

　1920年代のアメリカの工場では，テイラー的な科学的管理法（⇒Ⅷ-1）が広まりつつあった。科学的管理法によれば，生産性は物理的な作業条件によって変わってくることになる。そこで，このような時代を背景に，作業環境や条件などと生産性の関係を発見するために大規模な実験が行われた。実験の舞台は，アメリカのウェスタン・エレクトリック社のホーソン工場である。そこでは，1924年から1932年の長きにわたり，さまざまな実験が行われた。最初は，ウェスタン・エレクトリック社が実施していたが，その後，ハーバード大学の研究グループ（主なメンバーとしてはメイヨー，レスリスバーガーなど）が協力し，実施された。

2　ホーソン実験の結果

　最初の照明実験の目的は，照明の明るさが従業員の作業能率にどのような影響を及ぼすのかであった。しかしながら，明るさを上げても下げても，生産高は一貫して上昇したのだった。

　次に計画された継電器組立作業実験では，6名の熟練女子工員を選抜し，組立ラインから隔離した実験室で，さまざまな作業条件のもとで組立作業を行わせた。ここで導入された作業条件の変化には，休憩の回数・時間・タイミング，就業時間や就業日数の変化，軽食の提供などがあった。しかし，どのように作業条件を変化させても，実験対象となったグループの生産高は一貫して上昇した。また，職務満足や欠勤率に関しても大幅な改善が見られた。つまり，作業環境や条件と，職務満足や生産性の間に明確な関係を見いだすことができなかったのである。▷1

　そこで，この原因を明らかにするために，多数の従業員を対象とする面接調査が実施された。その結果，物理的環境や作業条件よりも，職場の人間関係や各人のキャリアをもとにした従業員の感情や態度などの方が，職務満足や生産性の向上に大きな影響を及ぼしていることが明らかになった。

　このように，ホーソン実験は当初の目的からすれば失敗であったが，作業者の生産能率は，物理的環境条件よりも，作業者の心理的・情緒的なものに依存するところが大きいことが発見された。とりわけ，インフォーマルな組織や社

▷1　実は，継電器組立作業実験において，レスリスバーガーたちは，被験者である女子工員から協力を得るために，物理的環境や作業条件を変えるたびに彼女たちの意見を聞き，同意を得るようにしていた。また，話し合いの場所には重役室が使われた。さらに，作業中は，監督者が置かれず，自由におしゃべりできる状況だった。このことは科学的管理法に基づいた運営が行われている当時の工場では考えられないことであった。

会的承認の存在が大きいことが明らかとなった。

3 人間関係論

テイラー的な科学的管理法では「作業条件→生産性」という直接的な関係があると考えていた。ところが，ホーソン実験で明らかにされたように，作業条件の変化にかかわらず生産性は上昇していた。そこで，人間関係論は，これを説明するために「作業条件→モラール（morale）→生産性」という関係を考えた。このモラールは，①その人個人の過去の経験と，②人間関係などの職場情況によって決まってくる。つまり，従業員は命令とそれに対する給与といった物理的条件だけで動くのではなく，友人や職場の仲間から認められたりすることで満足を得ており，こうした社会的承認がなければ従業員の協力は得られないと考えられたのである。

個々の個人の来歴はコントロールできないが，職場情況はある程度はコントロール可能だといえよう。その意味でインフォーマルな組織の影響力は大きいし，それに基づいた経営施策が取り入れられることになる。

こうして誕生した人間関係論の影響は絶大で，とくに第2次世界大戦後は，欧米だけでなく日本でも人間関係論に基づく新たな施策が盛んに取り入れられた。たとえば，カウンセリングや人事相談制度，人間関係訓練，提案制度や職場懇談制度の導入，苦情処理機関や福利厚生施設，レクリエーション活動の充実など枚挙にいとまがないほどである。そして，従業員の欲求満足を通じた生産性上昇を目指す一大ムーブメントといった状況になっていった。

4 人間関係論への批判

けれども，1950年代になると早くも人間関係論は批判にさらされることになる。人間関係論の影響を受けて，生産性や欠勤率といった職務遂行と職務満足との関係を分析する研究が多く行われるようになったのだが，それらの多くの研究の結果は，職務満足が職務遂行を生むという仮説に疑問を呈するものだった。とくに，職務満足と生産性を短絡的に結びつけることが疑問視されるようになった。

また，1960年代になると，ホーソン実験のプロセス自体に対しても疑問が呈されるようになる。たとえば，実のところ，実験の途中で反抗的な女子工員が解雇され，代わりに意欲的かつ生産的な女子工員が採用されていた。その結果，全体として見たときに，実験対象となる集団の生産能率が上昇したと考えられるのではないかというのである。

このようにして，人間関係論は，1960年頃になると，人間資源アプローチとそれを中核とした組織行動論に取って代わられることとなる。　　（稲水伸行）

▷2　モラール（morale）
生産性目的に協力しようとする意欲ないしは士気のこと。

▷3　動機づけの期待理論（→X-3）を体系化したヴルームは，ワークモチベーションに関する膨大な文献を整理し，欠勤・離職と職務満足との間の関係を説明するには有効だが，生産性と職務満足の間の関係を説明するには向いていないと述べている。

参考文献
F.J.レスリスバーガー（1941＝1954）『経営と勤労意欲』野田一夫・川村欣也訳，ダイヤモンド社．
藤田英樹（2009）『コア・テキスト　ミクロ組織論』新世社．

X ミクロ組織論

2 人間資源アプローチ

1 人間資源アプローチの誕生

1940年代にマズローによって提唱された欲求段階説によれば,人間には「生理的欲求」「安全に対する欲求」「社会的欲求」「自我の欲求」「自己実現欲求」の五つがあり,階層をなしているものとされる。そして,低次の欲求がある程度満たされると,高次の欲求が現れ,既に満たされた欲求は支配的ではなくなるという。これに沿って考えると,人間のモチベーションを喚起するには,生存の欲求(科学的管理法でいわれていたような課業設定と出来高給による管理方法)はもちろん,社会的欲求(人間関係の欲求)だけでは不十分で,人々の成長や自己実現の欲求に着目し,この欲求を満足させることを考えなければならない。

1960年頃になると,成長や自己実現に焦点を当てる人間資源アプローチと呼ばれる新しいモチベーション管理の理論が登場した。ここでは,代表的な理論であるハーズバーグの動機づけ―衛生理論,マグレガーのX理論・Y理論を見ていこう。

2 ハーズバーグの動機づけ――衛生理論

ハーズバーグらは,企業で働く数百名の人を対象に,彼らの職務について,「例外的によい感じを持ったとき」,あるいは「例外的に悪い感じを持ったとき」を思い出してもらい,そのときにどんな事象が起こったのかを詳細に話してもらうという面接調査を行った。その結果は次のようなものだった。

(1) 職務満足に関連する要因には,達成,達成に対する承認,仕事そのもの,責任,昇進が現れる頻度が高かった。けれども,これらの要因が職務不満足について述べるときに現れることは希だった。

(2) 職務不満足に関連する要因には,会社の方針と管理,監督,給与,対人関係,作業条件が現れる頻度が高かった。これらの要因が職務満足について述べるときに現れることは希だった。

このように,職務満足をもたらす要因(動機づけ要因)は,自分の行っている職務そのものと関係している。一方,職務不満足をもたらす要因(衛生要因)は,自分の職務ではなく,それを遂行する際の環境,条件と関係しているといえる。

この結果で興味深いのは,科学的管理法で重視されていた給与や作業条件な

どは，実は衛生要因に過ぎなかったということである。また人間関係論で重視された対人関係も衛生要因である。

これらの衛生要因に代わって見出された動機づけ要因が，自分の行っている職務そのものとの直接的な関係を表していることはさらに興味深い。ハーズバーグは，動機づけ要因は，仕事において自らの先天的潜在能力に応じて，現実の制限内で，創造的でユニークな個人として自分の資質を十分に発揮したいという自己実現の個人的欲求を満たすからこそ満足要因になるのだと解釈した。

3 マグレガーのＸ理論・Ｙ理論

人間の本性を知らなければ，管理者は人間の行動を管理することは難しい。マグレガーは，管理者が仮定する人間の本性には，従来からの古い仮定であるＸ理論と，新しい仮定であるＹ理論があると考えた。

テイラー的な考え方によれば，①人間は，生来働くことを好まない。②凡庸で，大志もなく，責任を回避したがるものである。そのため，組織メンバーを組織目標の達成に努力させるには，命令し，統制し，また強制し，処罰の脅威にさらさなければならない。これをマグレガーはＸ理論と呼んでいる。

一方，Ｙ理論と呼ばれるものは，①仕事で心身を使うのは人間性に則しており，遊びや休息と一緒である。②人間は自分が積極的に定めた目標のためには進んで努力をする。③目標達成に向けて努力するのは，自己実現の喜びを求めるためである。④人間は自ら責任を負うことを好む，というものである。このように人間には，高度な想像力および創造力が元来備わっているものである。残念ながら，現代の企業ではその能力の一部しか利用されているにすぎないのである。

Ｘ理論に基づくと，管理者は伝統的な命令と統制，つまり「アメとムチ」で従業員にやる気を起こさせようということになる。これに対し，Ｙ理論に基づくと，管理者は，組織メンバーが組織目的の達成に努力することによって，メンバー自身の満足も得られるような条件を作り出すことになる。これは，個人の目標と組織目標を統合する「統合の原則」と呼ばれる。具体的な方法としては，各自に目標設定させることによる自主統制と能力開発，職務拡大（担当する職務の範囲を拡大させること），参画的経営（意思決定に関与させること）などが挙げられる。

これまで，人間関係論，人間資源アプローチと見てきたが，これらの動機づけの理論は，どのような内容のものが動機づけの要因となっているのかを提示するものであった。それゆえ，動機づけの内容論と呼ばれることがある。けれども，動機づけの要因だけで，我々の行動を全て説明できるわけではない。行動に至るプロセスも見る必要がある。

（稲水伸行）

▷1 ただし，他人からの承認といった項目は動機づけ要因に含まれるし，仕事そのものの中にチームワークに近い項目が含まれる点には注意しよう。

参考文献

F. ハーズバーグ（1966＝1968）『仕事と人間性：動機づけ―衛生理論の新展開』北野利信訳，東洋経済新報社.
D. マグレガー（1960＝1970）『企業の人間的側面：統合と自己統制による経営』高橋達男訳，産業能率短期大学.

X　ミクロ組織論

3　外発的動機づけ

1　動機づけの期待理論

　これまでの動機づけ理論は，どのような内容によって動機づけられるのかというものだった。けれども，動機づけ要因が分かっただけでは，その人が目標達成のために特定の行動をなぜとるのかを理解する上では不十分である。具体的にどのようなプロセスを経て，その行動を起こし，持続するのかを考察する必要がある。こうした動機づけのプロセスを考える理論に期待理論がある。

　期待理論を比較的まとまった形で示したのがヴルームである。現在，ヴルーム期待理論には，「行為→成果（1次の結果）→報酬（2次の結果）」という関係，つまり仕事をすると何らかの成果を上げることができ，その成果次第で報酬も決まってくるという関係が基礎にあると一般的には解釈されている。ちなみに，得られた報酬に対する効用を「誘意性」という。

　ただし，同じように仕事をしたとしても同じ成果が得られるとは限らないし（努力が水の泡になることもある），同じような成果を上げたとしても同じ報酬が得られるとは限らない。言い換えると，「→」の部分は確率的に決まってくると考える。どのような成果が得られるのかに対する主観的確率を「期待」といい，どのような報酬が得られるのかに対する主観的確率を「手段性」という。

　そして，期待理論では，その人がある行為（仕事）をする動機づけの強さは「期待」，「手段性」，「誘意性」の積によって決まってくると考える。

2　具体的な例で考える

　図のように，「仕事に懸命に打ち込むと（行為），高い営業成績につながり（成果），昇進を果たすことができる（報酬）」という状況を考えよう。そして，仕事に打ち込むことで高い（もしくは低い）営業成績が得られる主観的確率（期待），高い（低い）営業成績が昇進につながる（つながらない）主観的確率（手段性）も図の通りだとしよう。また，Aさんが昇進にどれだけの価値を置いているか，すなわち「誘意性」についても図のように考えてみよう。◁1

　さて，この場合，Aさんの仕事に打ち込むことへの動機づけの強さは以下のようにして計算される。まず，高い業績への誘意性は，$100 \times 0.8 + 50 \times 0.2 = 90$である。次に，低い業績への誘意性は，$100 \times 0.2 + 50 \times 0.8 = 60$である。よって，動機づけの強さは，$90 \times 0.8 + 60 \times 0.2 = 84$となる。

▷1　昇進すれば稼ぎも良くなり，周囲の見る目もかわり，家族も羨望のまなざしで見てくれるようになる。現状維持を50とするならば，Aさんにとって昇進は100ぐらいの価値があるとAさんは考えているとしよう。

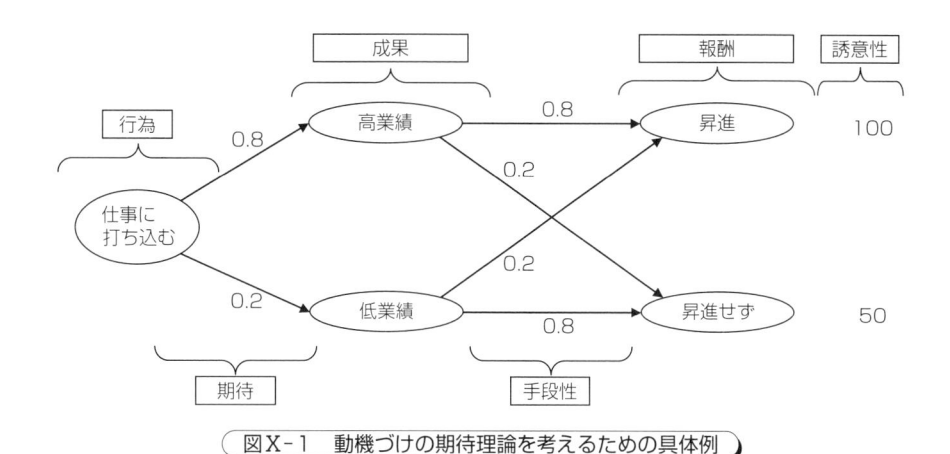

図X-1 動機づけの期待理論を考えるための具体例

　ここで、少し設定を変えて比較をしてみることにしよう。たとえば、「仕事に打ち込んでも高い業績にはなかなかつながらない場合」を考えてみよう。「期待」は図では0.8と0.2となっていたが、それを逆転させて考えてみよう（つまり、高業績へは0.2、低業績へは0.8）。このときに、上と同様に計算をしていくと、動機づけの強さは66になってしまう。次に、「高業績を挙げても必ずしも昇進するとは限らない場合」を考えてみよう（図X-1の「手段性」の部分で「高業績→昇進」を0.2、「高業績→昇進せず」を0.8にする）。この場合、動機づけの強さは60になる。最後に、「Aさん自身は昇進なんてどうでもいいと思っている場合」を考えてみよう（図で昇進の「誘意性」を50に変える）。この場合、計算をしていくと、動機づけの強さは50になる。[2]

　このように、期待理論モデルでは、
(1) 報酬（図では昇進）が個人にとって魅力的であるほど、
(2) 成果（図では高業績）が外的報酬に結び付く確率が高いほど、
(3) 行為（図では仕事への打ち込み）が成果につながる確率が高いほど、
その個人は動機づけられるということになる。

3 期待理論の限界

　動機づけの期待理論は納得のいく部分が多い。けれども、よくよく考えてみると、「成果につながりやすいもの」「すぐに報酬を得られそうなもの」といった易きに流されていく人のモデル、「目の前にニンジンをぶら下げて走らせる」というモデルとなっている。これは一面の真実を捉えているようだが、割り切れない部分もある。ヴルーム自身、期待理論によって、欠勤や離職に対する説明力は高いが、組織における高いレベルでの生産性を十分説明することはできないかもしれないと考えていた。この点についてどのように考えていけば良いのだろうか、次節で見ていこう。

（稲水伸行）

▷2　期待効用に基づく選択理論では、複数の代替案から期待効用の高いものを選ぶことを考える。モチベーションの期待理論では、1つの行為（代替案）を考え、その行為のモチベーションが高まるかどうかを期待効用から考える。代替案が1つでも成り立つというところにヴルームの理論の特徴がある。

参考文献
V.H. ヴルーム（1964＝1982）『仕事とモティベーション』坂下昭宣・榊原清則・小松陽一・木戸康彰訳, 千倉書房.
藤田英樹（2009）『コア・テキスト　ミクロ組織論』新世社.
高橋伸夫（1997）『日本企業の意思決定原理』東京大学出版会.

X　ミクロ組織論

4　内発的動機づけ

1　仕事に熱中した経験

「思わず仕事（部活や勉強でもよい）に熱中して時間を経つのも忘れるほどだった」という経験は誰しもしたことがあるだろう。なぜそんなにも熱中したか思い返してもらいたい。それはお金（勝利や合格）が欲しいからだろうか。そう言われるとしっくりと来ないのではないだろうか。逆に，楽しくてやっていたのに，「お金をやるからやってくれよ」と言われると何となくやる気が削がれてしまった経験はないだろうか。

2　ヴルームの予想

動機づけの期待理論を定式化・体系化したヴルームは，期待理論は離職や欠勤と職務満足の関係は説明できるが，高いレベルでの職務遂行に関しては十分に説明できないかもしれないとしていた（→X-3）。そして，次のような予想をしていた。「職務遂行（行為）そのものが目的達成の手段であると同時に，目的そのものである。だから，個人は職務遂行（行為）に対する外的に媒介された結果とは無関係に，効率的遂行からは満足を引き出し，非効率的遂行からは不満足を引き出す」と。ただし，これらは当時では研究が緒についたばかりであり，今後の研究に託された課題となった。

3　デシの内発的動機づけ理論

ヴルームの指導を受けて内発的動機づけの理論を展開し，体系化したのがデシである。内発的に動機づけられた行動とは，平たくいえば，「見た目には何の報酬もないのに，その人がその行為そのものから喜びや満足を引き出し，その行為に従事している状態」のことをいう。デシの定義によると，「人がそれに従事することにより，自己を有能で自己決定的であると感知することのできるような行動」のことである。

「有能さ（competence）」とは心理学の用語である。一般的に，「有能さ」というと「成績がよい」といったことを思い浮かべそうだが，必ずしもそうではない。「何かを上手くできる」だけでは単にその人のスキルを示しているに過ぎない。「有能さ」を感じることができるのは，自分の置かれた環境を処理し，効果的な変化を生み出すことができたときである。つまり，自分の置かれた環

▷1　有能感を得たいという感覚は生来備わっているものだという。たとえば，赤ちゃんがテレビのリモコンに興味を持つことがある。

境（世界）との相互作用の中で上手く生きられるという感覚である。

デシは，有能感のある種の前提条件となっているものが「自己決定」であると考えている。自己決定的であるとは，誰かに命令されて行動したり，外的報酬などを得たりするために行動していないことである。チェスや将棋で言えば，駒ではなく指し手であるという感覚と考えて良いだろう。

デシによれば，有能さや自己決定の感覚を経験したいという欲求は，人間が生来的に持っているものであり，次のような行動を導くものだという。①自分が有能で自己決定的であることを感じさせてくれるような機会，つまり自分にとって適度なチャレンジを提供するような状況を追求する。②自分が出会ったり，作り出しているチャレンジを征服しようとする。

チャレンジしているときには，環境からの何らかの刺激を得ている。それを効果的に処理できるのであれば，自分が有能で自己決定的だと感じるだろう。そうでなければつまらないと感じることになってしまう（一方，厳しすぎるチャレンジだと，効果的に処理できない場面も現れる）。つまり，個人は最適なチャレンジを求めるのであって，決して易きに流れるものではない。デシの理論によれば，自己決定の感覚が高くなれば，その人の満足感は増加し，逆に，自己決定の感覚が低ければ満足感は減少すると考えられるのである。このことについては，いくつもの調査・実験が行われているが，日本企業の従業員についても，個人の自己決定の感覚が高いほど，職務満足感が高くなるということが確かめられている（高橋，1997）。

4 外的報酬と内発的動機づけ

デシは，外的報酬が内発的動機づけに与える影響について興味深い実験を行っている。その実験は，実験室に大学生を1人だけ入れてパズルを解かせるというものである。ある大学生（Aとしよう）には解いたパズルに応じた報酬を，別の大学生（Bとしよう）には無報酬であった。そして，実験の休憩時間に何をするのかを観察した。その結果，本当は面白いはずのパズルであっても，Bに比べてAは休憩時間にパズルを解く時間が減ってしまった。報酬をもらうと，休憩時間はパズルをせずに，休憩をするようになってしまったのである。

内発的に動機づけられていると，職務遂行と職務満足は一体不可分のものである。ところが，金銭的報酬を与えてしまうと，職務遂行を行った結果，その善し悪しに応じて，金銭的報酬（外的報酬）が与えられ，その多寡によって職務満足が得られるという構図にすり替わってしまう（⇒ X-3 ）。そして，金銭的報酬が得られないのであれば，満足感も得られなくなるので，職務遂行をやめてしまう。特に金銭は外的報酬としてインパクトの強いものであるし，すり替わってしまう可能性が高い。デシの指摘は，成果主義をめぐる議論に一石を投じるものであり，現代的な意義は大きいといえるだろう。　　　（稲水伸行）

▷1 それは，テレビ番組そのものに関心があるのではなく，自分がボタンを押すと，番組が替わるというところに楽しさを感じているからだと思われる。また，ボタンを押せるかどうかではなく，ボタンを押すことで，番組が替わるという環境の効果的な変化を生み出せることを感じたいと考えているといえるだろう。

▷2 デシ（1975＝1980）は次のようなエピソードも紹介している。あるユダヤ人の洋服屋に不良少年たちがやってきて悪態をついていた。そこで店主は一計を案じて，悪態をつくごとに1ダイム（10セント硬貨）を不良少年たちにあげることにした。これに気をよくした不良少年たちは，次の日もやってきて悪態をついた。それに対して，店主は1ニッケル（5セント硬貨）しかあげられないと言って，1ニッケルを少年たちに渡した。その次の日もまた不良少年たちがやってきて悪態をついた。けれども店主は「今日は1ペニー（1セント硬貨）しかあげられない」といった。これに対して，不良少年たちは「あんまりだ」と言って，二度と来なくなってしまった。まさしく「金の切れ目が縁の切れ目」である。

参考文献

E.L. デシ（1975＝1980）『内発的動機づけ：実験社会心理学的アプローチ』安藤延男・石田梅男訳，誠信書房．

高橋伸夫（1997）『日本企業の意思決定原理』東京大学出版会．

高橋伸夫（2004）『虚妄の成果主義：日本型年功制復活のススメ』日経BP社．

藤田英樹（2009）『コア・テキスト　ミクロ組織論』新世社．

X ミクロ組織論

5 リーダーシップの二つの次元

1 リーダーシップとは？

　従業員のモチベーションを高めたりする際にリーダーの役割は大きい。ここではリーダーシップについて考えていこう。リーダーシップには様々な定義があるが，全般的に，部下が目標に向けて行動したり動機づけられたりするよう，リーダーが自らの行動を通じて行使する対人的な影響力のことを指している。

　1940年代まで，リーダーシップの源泉は，リーダー個人の資質（肉体的特徴や知性，性格など）にあると考えられてきた。けれども，豊臣秀吉やナポレオンを思い浮かべるとわかるように，古今東西の歴史的英雄・リーダーの誰もが美丈夫だとは限らない。リーダーシップをリーダー個人の資質のみに帰するのは困難である。

　そこで，1950年代に入ると，優れたリーダーはどのような行動をとるのか，すなわちリーダーシップ・スタイルに関する研究が行われるようになる。これらの研究の背景には，優れたリーダーはある一定のリーダーシップ・スタイルをとるはずだという考え方があった。これらの研究では，尺度を開発してリーダーの行動を測定し，測定されたリーダー行動と部下の満足や集団の業績といった成果との関係を探ることで，リーダーシップの有効性を解明してきた。その考え方のもと，数多くの研究（たとえば，米国のミシガン大学の研究やオハイオ州立大学の研究など）が生み出されてきた。

2 ミシガン大学の研究──「従業員中心的監督」と「職務中心的監督」

　ミシガン研究では，高業績を挙げている部門のリーダー行動とそうでない部門のリーダー行動の比較が行われ，高業績部門のリーダーは，(1)従業員中心的な監督行動（部下の人間的な問題に配慮しながら，効果的な作業集団を作るべく努力する），(2)全般的な（詳細な指示を伴わない）監督行動，(3)部下といっしょになって仕事するという行動は相対的に少ない（監督の役割に専念する），(4)部下の失敗誤りを学習の機会として生かすための支援的行動をとる，という行動をとっていた。そのようなリーダーに対して，部下は，仕事達成への圧力があったとしても，それを不当と感じていなかった。

　こうした事実を基礎として，(1)支持的関係の原則（人間としての部下への配慮），

(2)連結ピン組織（個人ではなく小集団が単位として重複的に重なり合った階層構造），(3)高い業績目標という3原則がリッカートによって提示されている。そしてこれら三つは，好意的態度や高い相互影響力，凝集性，優れたコミュニケーションを生み出し，高い生産性という結果をもたらすのだとされる。リッカートはこのような参加型の経営を唱えたのだった。

3 オハイオ州立大学の研究──「構造づくり」と「配慮」

ミシガン大学の研究では「従業員中心的監督」と「職務中心的監督」を一つの軸の両極として捉えていたと言えるが，オハイオ州立大学の研究では，「構造づくり」と「配慮」の2次元でリーダーシップ・スタイルを把握している。

「構造づくり」とは，部下が目標の達成に向けて効率的に職務を遂行するのに必要な環境を整える（構造化）行動のことである。具体的には，目標を明確にすること，その達成に向けて各メンバーにタスクを割り当てること，期限をしっかりと守らせること，といった行動が含まれる。「配慮」とは，仕事上の相互信頼，部下のアイデア・考え方の尊重，部下の気持ちへの心配りなどで特徴づけられる行動のことである。

それでは，「構造づくり」と「配慮」の2次元で把握されるリーダーシップ・スタイルのうちどのようなものが最も高い成果を上げることができるのだろうか。オハイオ州立大学の研究グループによる実証研究では，「構造づくり」と「配慮」の双方が高い（そのようなリーダーシップ行動をとっている）が有効なリーダーシップ・スタイルであるということが明らかとなった。◁1

4 不動の2次元──タスク志向と人間志向

「構造づくり」は課業（タスク）に関連するという意味で，「タスク志向」と言い換えることができるかもしれない。一方，「配慮」は人間に関連するという意味で「人間志向」と言い換えることができるかもしれない。

こう考えると，オハイオ州立大学研究以外の多くの研究でも，「タスク志向」と「人間志向」の二つの次元が確認されている。三隅のPM理論では，「タスク」に関するものは「遂行（performance）」，「人間」に関するものは「維持（maintenance）」である。細かく見ると，微妙な点で違いはあるのだが，基本的には「タスク」と「人間」の二つの次元に分けることができるといえる。◁2

しかし，これらの研究にも多くの批判がある。そのうちの一番大きなものが，「どんな状況でも有効な唯一最善のリーダーシップ・スタイルがあるというのは本当だろうか」ということである。そこで，1970年代にリーダーシップのコンティンジェンシー（条件適合）理論が生まれることになる。　　　（稲水伸行）

▷1 「構造づくり」と「配慮」の両方が高いタイプをHiHi型と言い，オハイオ州立大学研究のリーダーシップ理論はHiHiパラダイムと呼ばれることが多い。

▷2 金井（1991）は，有効なリーダーシップ・スタイルが「タスク志向」と「人間志向」の2次元に集約されてしまうことで，かえってリーダーの多様な行動を見落としてしまう可能性を指摘している。そして，変革を起こすミドルの行動を明らかにするため，管理者行動論（⇒X-10）の知見を取り入れながら大規模な調査を行い，「戦略的課題の提示」と「連動性の創出・活用」という次元の有効性を確認している。

参考文献

三隅二不二（1978）『リーダーシップ行動の科学』有斐閣.

金井壽宏（1991）『変革型ミドルの探求：戦略・革新指向の管理者行動』白桃書房.

R. リッカート（1961＝1964）『経営の行動科学：新しいマネジメントの探究』三隅二不二訳，ダイヤモンド社.

X　ミクロ組織論

6　リーダーシップのコンティンジェンシー理論

1　唯一最善のリーダーシップはあるのか？

　オハイオ州立大学研究のように，「構造づくり」と「配慮」の両方が上手くできているリーダーシップが優れていると考えられる向きがある。けれども，ある職場でまったく冴えなかった管理者が，職場を移った途端に，「水を得た魚」のように生き生きとし始め，高い業績を上げ始めるということもよく聞く話ではある。もしかすると，適切なリーダーシップは，その時々の状況で変わってくるかもしれない。こう考えたのがリーダーシップのコンティンジェンシー（条件適合）理論である。

2　フィードラーのコンティンジェンシー理論

　状況に応じて有効なリーダーシップのあり方が変わってくることを提唱したのはフィードラーである。彼が，状況要因として挙げたのは，①リーダーとメンバーの間の人間関係，②タスクが構造化されている程度，③リーダーの職位に基づく権限の強さ，の三つである。

　これらの状況要因の組み合わせによって，リーダーとして脅威を感じることなく，思うままに振る舞うことができるのかが決まってくる。彼は，その程度のことを状況好意性と呼んでいる。つまり，リーダーの置かれた状況がそのリーダーにとってどの程度好意的（好ましいのか）なのかが変わってくることになるというわけである。

　状況好意性が高いのは以下のときである。①集団成員の間でのリーダーに対する信用度が高く，成員とリーダーの間の信頼関係が良好であること。②目標が明確であり，その目標に至る経路（方法）の数が絞られており，意思決定状況での解決案が多数存在するわけではなく，少数の解決案を論理的に提示できるという意味で，仕事や課題が構造化されている（決まった枠組みにはまり込んでいる）こと。③集団成員を思う通りに動かすのに必要な公式の権限や職位に基づくパワーが強力であること。

　次に，リーダーシップのあり方について見ていこう。フィードラーは，人間関係志向のリーダーシップ・スタイルとタスク志向のリーダーシップ・スタイルの2つを想定した。リーダーシップ・スタイルは，彼自身の開発したLPC尺度によって測定された。LPCとは"least prefered co-worker"の略で，

X-6 リーダーシップのコンティンジェンシー理論

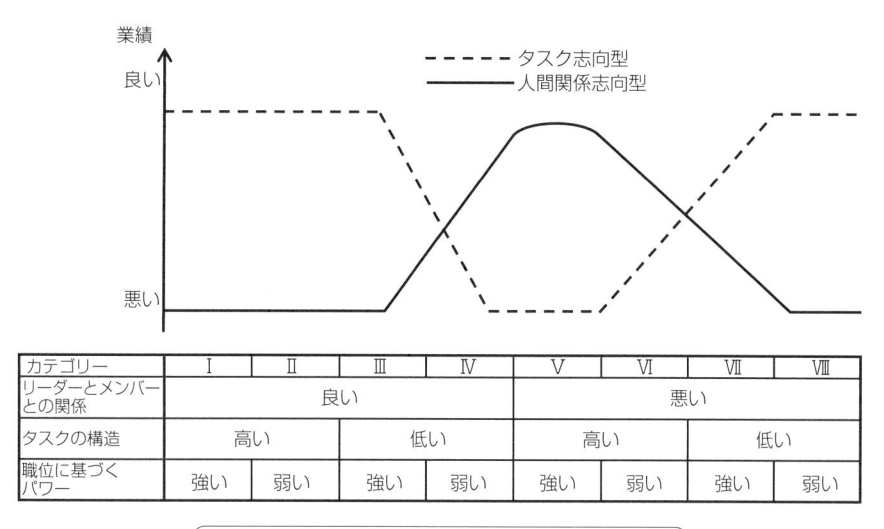

カテゴリー	I	II	III	IV	V	VI	VII	VIII
リーダーとメンバーとの関係	良い				悪い			
タスクの構造	高い		低い		高い		低い	
職位に基づくパワー	強い	弱い	強い	弱い	強い	弱い	強い	弱い

図X-2 状況好意性とリーダーシップ・スタイル

（出所） ロビンス（2005＝2009）をもとに作成

「最も一緒に仕事をしたくない同僚」を意味する。この尺度では，リーダーに，これまでで最も一緒に仕事をしたくなかった同僚を挙げてもらい，その人物に関して「愉快・不愉快」「効率的・非効率的」「友好的・敵対的」といった16項目で評価した結果がLPC得点となる。LPC得点が高いと，最も仕事をしたくない同僚でも好意的・寛大に評価していることになる。こういうタイプのリーダーは，人間関係志向のリーダーシップをとると想定される。一方で，LPC得点の低いリーダーは，タスク志向のリーダーシップをとると想定される。▷1

それでは，先ほどの状況好意性とリーダーシップ・スタイル，および集団成果の関係はどのようになっているのだろうか。フィードラーによる，スポーツ・チームから軍隊，営業組織などの幅広いチームや組織を対象とした実証研究の結果，図X-2のように，状況好意性が高いときと低いときではタスク志向のリーダーの成果が高く，中ぐらいのときに人間関係志向のリーダーの成果が高いことが明らかとなった。▷2

このように，あらゆる状況で普遍的に有効なリーダーシップ・スタイルはないといえる。良いリーダーか悪いリーダーかを決めつけるのは良くなく，ある状況で上手くいくリーダーは他の状況ではうまくいかない場合もあると考えた方がいい。

このことは，リーダーは状況にあわせて適合的なリーダーシップ・スタイルを取るべきだと思われるかもしれない。けれども，実際にはリーダーシップ・スタイルは容易には変えられないので（「性格を変える」のは非常に難しい），むしろ状況をそのリーダーに合わせて変える方がリーダーシップの有効性をあげることになると考えた方が自然である。

（稲水伸行）

▷1 リーダーシップについて直接計測するというよりも，LPC尺度を読み替えることでリーダーシップを規定している点には注意しよう。

▷2 ただし，カテゴリーの配列には気をつける必要がある。本当に，「リーダーとメンバーの関係」「タスクの構造」「職位に基づくパワー」の順に，状況好意性に与える影響が下がっていくかどうかは検討の余地がある。仮に，このカテゴリーの順番が異なっていると，図中のグラフの形状は全く異なったものになってしまう。

参考文献

F.E.フィードラー（1967＝1970）『新しい管理者像の探究』山田雄一監訳，産業能率短期大学出版部.
S.P.ロビンス（2005＝2009）『組織行動のマネジメント：入門から実践へ（新版）』髙木晴夫訳，ダイヤモンド社.

Ⅹ　ミクロ組織論

7　グループダイナミクス

1　集団の形成

　人は，ひとりでは出来ないことも，複数の人が集まって集団を作ることで出来るようになる。しかし，ただ多くの人が集まっただけでは意味が無い。例えば教室で何人かが隣り合って座っているだけでは集団ではない。それがもし，その人たちで協力し，一つの授業の課題をこなすとしたらそれは集団と見ることが出来る。

　つまり，集団はただ人が集まっただけのものではない。目的を共有し，互いにコミュニケーションをとることで影響を与え合いながら行動する複数の人の集まりを集団と呼ぶ。

　このように，集団に所属する個人は互いに影響を与え合う。そのため，個人で考えたり行動したりしていた場合には起こらなかったことが，集団では起きる。この集団ならではの現象を考えるのがグループダイナミクスの研究である。

▷1　この考え方は，1930年代にレヴィンらによって始められたアプローチである。

2　集団の凝集性

　集団には，まとまりが良いと感じる集団も，バラバラだと感じる集団もある。これは，メンバーを集団に引き付けるように働く力が強いか弱いかが違うために起こる。この，メンバーを集団に留まらせるように働く力がどの程度あるかを，凝集性と呼んでいる。

　凝集性は，以下のようなときに高くなると考えられる（古川，1988）。
①集団の持つ目標や活動の魅力が高いとき
②集団に所属していることで社会的に高い評価が得られるなどの価値があるとき
③集団の規模が小さいとき
④集団の意思決定においてメンバーの意見が取り入れられるようなリーダーシップが存在するとき
⑤メンバーが他の集団へ移れる可能性が低いとき
⑥敵対するような集団があるとき

　凝集性が高い集団では，まとまって一つの目標のために行動することが容易になる。その集団で，組織全体の目標と一致するような業績に関する規範があ

図X-3 アッシュの実験

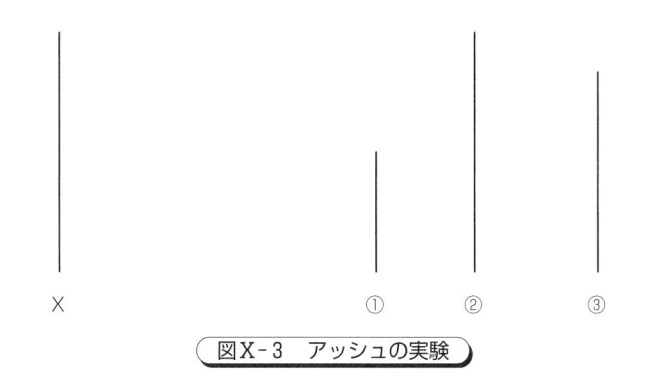

るとき，生産性が高くなる。しかし，凝集性が高いが，組織の目標と集団の規範が一致しないとき，生産性は低くなる（ロビンス，2005＝2009）。

3 同調への圧力

集団では，複数の人が互いに影響を与え合うため，1人でいるときとは違う行動をとることがある。ホーソン実験でも明らかにされたように（ホーソン実験についてはX-1を参照），集団の中では規範が生まれ，それに従うことが求められる。従わない場合には制裁を加えられる場合もある。特に，まとまりのある集団では，1人だけ違うことをするのが難しくなる。

集団の中で自分だけ違う意見を言うことの難しさを分かりやすく示したものとして，アッシュの実験がある（Asch, 1951）。

アッシュは，図のような線分の描かれたカードを学生に渡し，Xと同じ長さの線分を①，②，③から選ばせた。

線分の長さはさほど微妙な差ではなく，正しく選ぶのは難しくないはずであった。実際，個人で選んだ場合には，ほとんど間違う人はいなかった。

しかし，同じことを集団の圧力が生じている状況で行うと，驚くほど間違える人が増えたのである。まず，学生をいくつかの集団に分け，その中で1人以外は実験の協力者とし，意図的に誤った答えを選ばせる。そうすると，この単純な選択でも，正しい答えを選べなくなる。実験を繰り返し行った結果，75％の人が一度は間違えてしまったのである。

では，同じような状況で，1人でも自分以外に正しい答えを選んでいる人がいる場合にはどうなるか。この場合には，誤った答えを選ぶ確率が格段に低くなる。自分が多数派でなくても，多数派と異なる答えをする仲間がいれば，正しい答えを選ぶことが出来るようになるのである。

集団にとってまとまりがあることは重要である。しかし，まとまりがあるということは，集団の中で一つの意見が大きな影響力を持つということにつながりやすい。そのため，それが少数派の意見をかき消すことにならないよう注意しなければならない。

（佐藤秀典）

▷2 たとえば，組織が大きな変革を行うとき，凝集性が高い集団がそれに反対だと，まとまりがあるために，強い抵抗勢力になる可能性がある。

▷3 面白いことに，同様の実験で，自分とは違う意見でも多数派とは違う意見を持っている人がいると，正しい答えを選ぶ確率が上がる。多数派に同調していない人が他にもいることで，自分の意見を維持することができるようになるのである。

参考文献

Asch, S. (1951) "Effects of Group Pressure upon the Modification and Distortion of Judgement," In M. H. Guetzkow (Ed.), *Goups, leadership and men*, Carnegie Press, pp. 177-190.
古川久敬（1988）『組織デザイン論：社会心理学的アプローチ』誠信書房．
S.P. ロビンス（2005＝2009）『組織行動のマネジメント：入門から実践へ（新版）』高木晴夫訳，ダイヤモンド社．

X ミクロ組織論

8 集団の意思決定

1 一人より大勢？

組織で何かを決めるとき,会議を行い話し合って決めるということはよくある。ではなぜ会議が行われるのかを考えると,一人で考えるよりも複数の人で議論したほうが良いアイデアが出て,正しい決定ができると思われているからである。

しかし,実際には,集団で議論をし,意見を出し合ったために間違った決定をしてしまうこともある。なぜそのようなことが起きてしまうのだろうか。それを考えるのが,一人ではなく集団での意思決定を扱う研究である。

▷1 企業の不祥事は,個人が暴走した結果ということもあるが,社内会議を経て承認された活動がもたらすことも多い。

2 選択シフト

何かについての意思決定を行わなければならないとき,個人で決めるのと,集団で話しあってから決めるのとでは決めた内容に違いが生まれることがある。たとえば,成功すれば利益は大きいが,失敗の可能性の高い投資を行うべきかといった,不確実さを伴う意思決定をしなければならない時に,個人で決めた場合と集団で話しあってから決めた場合では,集団で決めた場合のほうがリスクを取りがちになるといったことが見られる。これをリスキー・シフトと呼ぶ(長瀬,1999)。その反対に,個人で決めた場合よりも集団で決めた場合に慎重な判断がなされる傾向が見られることもある。これはコーシャス・シフトと呼ばれる。これらを合わせて,選択シフトと呼ぶ(長瀬,1999)。

意思決定が,リスクを取る方向に偏ったり,逆に慎重な判断に偏ったりすることが,常に失敗につながるわけではない。大胆な判断が大きな成功につながることもあるだろうし,安全策が組織を守ることにつながることもあるだろう。

しかし,集団で決めることで極端な判断がされ,それが大きな失敗につながることもある。特に,集団で決めることによってそれぞれ個人が感じる責任が弱くなり,無責任にリスクの高い判断を主張したり,反対に,責任を取ることを恐れてだれもが慎重すぎる判断しかできなくなっていたりするとすれば,それは失敗につながる可能性が高い。

3 グループシンク

集団による意思決定の失敗は,様々な実験によって確かめられている。しか

し，これは実験だけでなく実際の事例としても起こっている。

ジャニスは，キューバ侵攻，北朝鮮侵攻，真珠湾攻撃，ベトナム戦争における政府の意思決定を事例に，ある条件を持つ集団においては意思決定における欠陥が生じ，誤った決定を下す可能性が高くなることを示している（Janis, 1982）。

ジャニスはこれらの事例を検討する中で，凝集性（凝集性については X-7 を参照）の高い集団において，そのメンバーが，代替的な行動案を現実的に評価するよりも全会一致を優先してしまうときに人々が取る思考様式としてグループシンクという考えを提示している。

グループシンクに陥っている集団では，都合のよい情報のみが出やすくなり，反対意見は取り入れられなくなる。グループシンクの兆候としては以下のようなものがある。

〇タイプ1：集団の過大評価
　①自分たちは負けるはずが無いという幻想を抱き，楽観的になりすぎて極端なリスクをとる。
　②自分たちのすることの正しさに確信を持ち，倫理的，道徳的な結果を無視するようになる。
〇タイプ2：排他的精神
　③不都合な警告や情報を無視するように理屈をつける。
　④自分たち以外の人に対して紋切り型の判断をする。
〇タイプ3：全会一致への圧力
　⑤集団の意見から外れないように自分の意見を検閲し，疑念や反対意見を出来るだけ出さないようにする。
　⑥全会一致に関する幻想が共有され，多数意見へ同調するようになる。
　⑦反対意見を述べるのは望ましくないと考えられ，直接圧力がかけられる。
　⑧集団にとって不都合な情報から集団を守ることを自認するマインドガードが現れる。

このような兆候が見られるとき，その集団は代替案や反対意見を正しく考慮しなくなる。また，新たな情報を探索しなくなり，自分たちの決定のもつリスクについても正しく考えなくなる。さらに，問題が生じたときの対応策も考えなくなる。その結果，誤った意思決定をする可能性が高くなる。

人が集まって議論することで，よいアイデアが出て，個人でするよりもよい意思決定ができることももちろんある。しかし，複数の人が集まれば自動的によりよい意思決定ができるわけではない。集団で決めるからこそ生じる問題もあることを理解したうえで，会議を活用しなければならない。　　（佐藤秀典）

▷2　キューバ侵攻を計画したケネディ大統領のスタッフ・チームのなかでは，大統領の弟であるロバート・ケネディがマインドガードであった。

▷3　集団での意思決定には，上手く活用すれば，多くの情報や知識を利用でき，決定が受け入れられやすくなるといったメリットもある。

参考文献
Janis, I.L. (1982) *Groupthink*, 2nd. ed., Houghton Mifflin.
長瀬勝彦（1999）『意思決定のストラテジー：実験経営学の構築に向けて』中央経済社.

X　ミクロ組織論

9　組織化とセンスメーキング

1　「組織」ではなく「組織化」

　組織が何か問題を起こしたとき，あるいは組織が新たな活躍の場を求めて活動を広げようとするとき，組織は変わる必要に迫られる。このような場合，「組織変革が必要」といった言われ方をする。

　この場合，組織は変化すると考えられている。しかし，この場合の前提は，「ある状態」から「別の状態」に変わるということである。

　これに対して，そもそも組織を安定した状態として考えるのではなく，常に動きのある「組織化」というプロセスとして捉えようと考えたのがワイクである。ワイクは組織を，「崩壊するのをどうにか抑え，常に再建を余儀なくされている」もの，「すぐにバラバラになり，つねに構成しつづけていなければならない」ものとして捉えている（ワイク，1979＝1997）。

2　多義性を減らす

　私たちは，一つの物事に様々な意味を見出す。例えば，頭を下げるという行為は，ある場面ではお礼の意味であり，ある場面では謝罪を意味するかもしれない。もちろん全く別の意味を持つこともあり得る。

　このような場合，その行為には多義性があると考えることが出来る。しかし組織で，1つの物事に対して常にバラバラの見方がとられていたのでは一緒に働くことも出来ない。そこで組織は，活動に支障が出ないレベルにまで多義性を減らそうとする。多義性を削減し，事柄の解釈について合意された妥当性を生成すること，つまり様々な見方の出来る事柄について意味を確定させていくことをワイクは組織化と呼んでいる（ワイク，1979＝1997）。多義性を削減し，安定した解釈を与えることが，組織の主な存在理由や目標であると考えるのである。

　ワイクは，組織化の過程を自然淘汰の過程と類似のものとして，四つの要素で捉えている（ワイク，1979＝1997）。
①生態学的変化
　人は，物事がスムースに進んでいるときには気がつかないことにも，変化が生じれば気がつく。この変化が，次のイナクトメントの前提となる。
②イナクトメント

図X-4 組織化のプロセス

```
生態学的変化 → イナクトメント → 淘汰 → 保持
```
（フィードバック矢印：保持→淘汰、保持→イナクトメント、淘汰→イナクトメント）

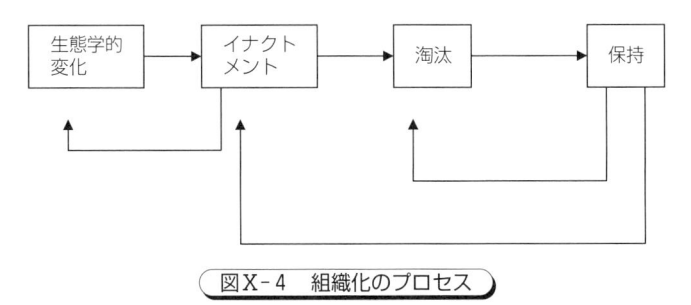

（出所）ワイク（1979＝1997）

イナクトメントは，自然淘汰の過程で言えば変異に当たるものである。ただし，組織メンバーが環境を創造する上で果たしている積極的な役割を捉えるため，ワイクは変異ではなくイナクトメントという言葉を用いている。

③淘汰

淘汰は，イナクトされた多義的な状況に対して，多義性を削減するためにさまざまな構造をあてがい，解釈することである。

④保持

保持は，淘汰により選択された解釈が蓄えられることである。

また，ワイクは，組織化を「秩序を押し付け，逸脱を減じ，単純化し，結びつけること」とも言っている（ワイク，1995＝2002）。これは，組織における**センスメーキング**▷1と多くの共通点を持つ。組織が行っているのはセンスメーキングであり，組織が一貫性と規則性を持って何事かをしているとすれば，それはセンスメーキングをしているのだと考えられる。

このワイクの組織化のモデルでは，環境は組織の行動を決めるインプットではなく，組織の解釈に基づくアウトプットであると考えるところに大きな特徴がある。環境に対処して組織が行動するのではなく，組織が行動した後になぜそのように行動したのかをもっともらしく説明し，意味が確定されたものが環境であるとする。この環境に対する考え方は，コンティンジェンシー理論などの環境の考え方とは対照的である▷2（⇒IX-2, IX-3）。

私たちは，組織を安定した状態として考えがちである。しかし，実際の組織は常に変化していると見ることもできるのである。

また，組織と環境の関係というと，与えられた環境に組織がどのように対処するかということを考えがちになる。しかし，組織が環境をどう認識するのか，つまり環境にどういう意味を見出すかが組織の中で作り出されるという側面を考えることも重要である。

同じ産業に属している組織であれば，同じ環境に直面していると考えがちになるが，それぞれの組織がどのような意味を見出すかによって，それが「脅威」になるのか「機会」になるのかも異なってくる。であれば，組織のその後の戦略にも影響を与えることになるのである。

（佐藤秀典）

▷1　センスメーキング
直面した出来事を理解し，納得するために，後から振り返って意味を与えることで，解釈とは異なり，意味を創造することも含む。

▷2　ワイクは，組織と環境が明確に独立したものであると考えると，「自分が見ていると思っていることを発見するというよりも発明するという側面がある」ことが見過ごされてしまうと考え，組織が環境を創造する側面を重視している。

参考文献

K.ワイク（1979＝1997）『組織化の社会心理学（第2版）』遠田雄志訳，文眞堂．
K.ワイク（1995＝2002）『センスメーキング・イン・オーガニゼーションズ』遠田雄志・西本直人訳，文眞堂．

X　ミクロ組織論

10 管理者行動論

1 マネジャーの仕事とは

「マネジャーの仕事」と言われたとき，どのような仕事を想像するだろうか。オフィスでデスクに座り，静かに計画を練る姿だろうか。あるいは，部下から上がってくる資料をもとに，大きな決断を下す姿だろうか。

組織においてマネジャーの果す役割は大きいだけに，実際のところマネジャーは何をしているのか，という疑問に答えようと研究が行われてきた。それが管理者行動論と呼ばれる分野である。

2 マネジャーの仕事の現実

では，実際のマネジャーはどのように行動しているのだろうか。実はマネジャーはオフィスでひとりじっくりと計画を練っていたりはしない。マネジャーは，人と会ってコミュニケーションを取ることに多く時間を費やしている。しかも，相手から話かけられることで始まるコミュニケーションが多く，自分の時間を自由に使うことも難しいのである（金井，1991）。

ミンツバーグは，コンサルティング会社，学校制度，技術系会社，消費財製造会社，病院のマネジャー5人をそれぞれ1週間にわたり詳細に観察し，その行動を明らかにしている（ミンツバーグ，1973＝1993；1975＝2007）。

マネジャーの仕事の明らかな特徴は，多様な仕事を短時間で多数こなしているということである。一つの仕事にかけられる時間は短い。デスクワークは平均16分で次の仕事に移る。電話は平均6分，予定外のミーティングは平均12分でこなし，現場観察も平均11分で次の仕事に移る。

3 10の役割セット

この調査からミンツバーグは，マネジャーの仕事として重視されてこなかったものも含め，仕事を三つの対人関係の役割，三つの情報伝達の役割，四つの意思決定の役割の10の役割に分類している。

○対人関係の役割
　①フィギュアヘッド：組織の顔としての象徴的な役割。
　②リーダー：組織をリードし，動機づける役割。

▷1　マネジャーの仕事を理解するための方法はいくつかある。1つは，あらかじめ用意された様式に従って，マネジャー自身に行動を記録してもらう方法である。これに対して，マネジャーに記録してもらうための様式を準備するためには，そもそもマネジャーの仕事が分かっていなければならないと考えて，マネジャーの仕事を直接観察するという方法を取ることもできる。

▷2　ミンツバーグは，戦略論の研究者としては，事前の分析や計画に基づく戦略とは異なる戦略の考え方を提示している。これは，マネジャーの行動を観察し，実際にはデスクで分析や計画に多くの時間を費やすのではなく，多様な作業を短時間でこなしていることを見てきたことが影響している。

③リエゾン：組織の外部の人とのネットワークを構築・維持する役割。
○情報伝達の役割
　④モニター：情報を探索し，自分の組織と環境に何が起きているのかを把握する役割。
　⑤周知伝達役：部下へ情報を伝える役割。
　⑥スポークスマン：組織の外部へ情報を伝える役割。
○意思決定の役割
　⑦企業家：組織の計画的な変革を開始し，それを推し進める役割。
　⑧障害処理者：組織に生じた問題を取り除く役割。
　⑨資源配分者：資金や時間，設備やマンパワーといった資源の配分を監督する役割。
　⑩交渉者：組織を代表して他の組織と交渉する役割。

4 アジェンダ設定とネットワークづくり

　コッターは，事業部長レベルを中心としたマネジャー15人の活動を調査した（コッター，1982＝2009）。そこでもやはり，マネジャーたちは人と会って会話をすることに多くの時間を費やしていた。

　会話をする相手も幅広かった。直接仕事をする上司や部下だけではなく，部下の部下や上司の上司，顧客や供給業者，さらに会社とは直接関係の無い部外者までもが含まれていた。

　会話の内容も，自分の仕事に関するものだけではなかった。自分が関わる事業に関する計画などの話題のほか，他の事業や組織に関する話題，さらに仕事とは関係の無い冗談や趣味の話題もあった。

　また，日常の会話の中で，マネジャーたちは命令を下すことはほとんどなかった。頼み込む，説得するといった方法で影響を及ぼしていた。

　こういった日常の活動を通じて，マネジャーたちはアジェンダ設定とネットワークづくりを行っていた。アジェンダとは，公式の目標と矛盾するわけではないがそれとは違う，マネジャー自身による短期から長期に渡る目的である。このアジェンダを達成するために，公式の組織とは別に，様々な人とつながりを持ち，ネットワークを構築している。マネジャーの構築したネットワークには，数百から数千の人が含まれていた。

　このように，現実のマネジャーの姿を見ると，それまではマネジャーの仕事として考えられていなかった多くのことを，マネジャーが日常的にこなしていることが明らかになる。

　マネジャーの仕事に関して誤った考え方をしていては，マネジャーの仕事を改善することはできない。現実のマネジャーの仕事を正しく理解した上で，よりよいマネジャーを目指すことが重要になる。

（佐藤秀典）

参考文献
金井壽宏（1991）『変革型ミドルの探求：戦略・革新指向の管理者行動』白桃書房．
J.P.コッター（1982＝2009）『J.P.コッター ビジネス・リーダー論』金井壽宏他訳，ダイヤモンド社．
H.ミンツバーグ（1973＝1993）『マネジャーの仕事』奥村哲史・須貝栄訳，白桃書房．
H.ミンツバーグ（1975＝2007）「マネジャーの職務：その神話と事実との隔たり」DIAMONDハーバード・ビジネス・レビュー編集部編訳『H.ミンツバーグ経営論』ダイヤモンド社，pp.3-47．

コラム

アリソンの決定の本質

1 組織の行動をどのように見るか

組織の行動を考える場合，どのような「見方」を採用するかによって，見え方が大きく変わってくる。それを明らかにしたのがアリソンの研究である（アリソン，1971 = 1977）。

アリソンは，キューバ・ミサイル危機を対象に，なぜそのような問題が起こり，なぜ解決されたのかについて分析している。その際に彼は，三つの分析モデルを用い，それによってどのように見え方が違うのかを明らかにしている。

2 アリソンの三つの分析モデル

分析の枠組みとして最も一般的に用いられているのは，アリソンが「合理的行為者モデル」と呼ぶものである。これは，組織（アリソンの事例で言えばアメリカやソ連といった国家）がまとまって一つの合理的な意思決定をすると考えるものである。この考え方によれば，組織がある行動を取るのは，それが組織の目的を達成する為に役に立つからであるとされる。

しかしアリソンは，この分析モデルだけでは十分ではないとする。そこで提示されるのが，第2，第3のモデルである。

第2のモデルは，アリソンが「組織過程モデル」と呼ぶものである。ここでは，大きな組織も，指導者を頂点とした複数の組織の集まりであるとする。そこの考え方では，作業手続きはあらかじめ確立されており，指導者の調整をうけながら，組織はそれに従って行動すると見る。

第3のモデルは，アリソンが「政府内政治モデル」と呼ぶものである。この分析枠組では，一つの大きな組織の中に多数のプレーヤーがおり，それぞれの利害や関心に従って駆け引きのゲームを行い，その結果が組織の行動に反映されると考える。

3 分析枠組によって組織の見え方は異なる

このように，どの分析枠組みを用いるかによって，同じ事例でも何を疑問に思い，何に焦点を当てるのかは異なる。そのため，何がわかれば組織の行動を説明できたかと考えるかも違ってくる。第1のモデルで見れば合理的として説明できる事例も，第3のモデルで見ればゲームの結果の妥協の産物かもしれないのである。

実際に組織の行動を考える際にも，今自分はどの見方を採用して組織を見ているのかを考え，時には意識して異なる見方を採用してみることで，より理解が深まるかもしれない。

（佐藤秀典）

▷1 キューバ・ミサイル危機とは，1962年10月，当時のソ連がキューバにミサイル基地を建設し，アメリカを直接攻撃できるミサイルを持ち込もうとしたことをきっかけに，アメリカとソ連の間で緊張が高まり，核戦争の危機に陥った事件である。

参考文献

G.T. アリソン（1971 = 1977）『決定の本質：キューバ・ミサイル危機の分析』宮里政玄訳，中央公論社.

あとがき

■よくわかる経営管理

　本書の特色を挙げれば，4単位の「経営管理」以外の2単位科目の授業「経営戦略」「マーケティング」「製品開発」「国際経営」「経営組織」でもテキストとして使うことを想定していることだろう。そのため，従来のテキストにはない新機軸として，2単位科目の場合には，どのトピックスを取り上げればいいのかについてのモデル対応表（→p.234）を用意した。このモデル対応表を参照すれば，科目間の関係や経営学全体の体系がどのような構造になっているのかについても容易に知ることができる。

　また，執筆陣が，東京大学大学院経済学研究科附属経営教育研究センター内に置かれた日本に2箇所しかない経営学系のグローバルCOE「ものづくり経営研究センター」（MMRC）の研究チームのメンバーでもあることも特色である。ここで「COE」とは，センター・オブ・エクセレンス（卓越した拠点）の略で，大学に世界最高水準の研究拠点をつくるために文部科学省が始めた制度である。そのため，研究のフロンティアに直結し，それを見渡せるようなつくりのテキストになっている。

　だがしかし，第一線の研究者にとって，テキストを書くことは難しい仕事の一つである。たとえば，研究のフロンティアで飛び交っている用語は，一部の専門家にとっては説明の必要すらない常識に属するものだが，そうではない一般の社会人や学生にとっては，イメージすら全く湧かない難解な概念であることが多い。

　難解なことを難解なまま並べて書くことは簡単だが，それではチンプンカンプンでテキストにならない。逆に，誰でも知っているような簡単なことを並べてみても，そこからは何も学べない。研究のフロンティアで飛び交っている難解なモデル，概念，用語が，いかに平易に，かつ体系的に，わかりやすく説明されているか。そこにテキストの真価がある。

　本書『よくわかる経営管理』は，文字通り，経営学に最初に触れる初学者が，読めばよくわかることを目的としており，その執筆の難しさは格別である。そこで編者は，あるプログラムに目をつけた。それはCOE以前に，東京大学大学院経済学研究科経営専攻の教員有志が設立したNPO法人，特定非営利活動法人グローバルビジネスリサーチセンター（GBRC）がずっと取り組んできた「社内大学」プログラムである。

　これは，同研究科経営専攻の博士課程の大学院生がチームを組んで講師陣となり，ある会社の社内研修を請け負うというプログラムである。学生役は経営学を初めて学ぶ社会人。その社会人を相手に，博士課程の大学院生が，講義の

カリキュラムを工夫し，質疑やディスカッションを通して疑問点に答え，補足説明をしながら理解を深めてもらう。そんなプログラムである。

　編者自身も若かりし頃には経験があるが，若い大学院生が講師役だからこそ気楽に出てくる素朴な疑問や質問そして意見というものがある。そうしたものに揉まれながら，本当の意味で噛み砕かれてきた教材と講師陣，そこに目をつけたのである。その中から，さらに教材と執筆者をセレクトし，本書の体系と執筆陣が編成された。

　その上でなお，草稿は私のゼミでテキストとして試用してみたし，執筆者と個別に議論も重ねた。丸一日をかけた全体コンファレンスも開催し，内容の精査・調整もした。彼らは，グローバルCOEの研究チームに参加する第一線の研究者であると同時に，既に大学院を修了して大学教員の職にあり，学生相手に「よくわかる」講義を実践しなくてはならない立場にもある。だからこその手ごたえは十分に感じた。そう遠くない将来，このテキストの編者を務めたことを誇りに思う日がきっとくるにちがいない。

　　　2011年4月25日

　　　　　　　　　　　　　　　　　　　　　　　　東京大学　髙橋　伸夫

モデル対応表

本書の大きな特色は，4単位の「経営管理」以外の2単位科目の授業「経営戦略」「マーケティング」「製品開発」「国際経営」「経営組織」でもテキストとして使うことを想定していることである。ここに，2単位科目の場合には，どのトピックスを取り上げればいいのかについてのモデル対応表を用意したので，対応する○印のところを順番に読み進んでいけば，より短時間で自己完結的に回ることができる。

	経営戦略	マーケティング	製品開発	国際経営	経営組織
Ⅰ 経営戦略論の基礎					
1 戦略計画	○				
2 戦略の階層性	○				
3 アンゾフの成長ベクトル	○				
4 シナジー効果（相乗効果）	○				
5 ルメルトの多角化戦略	○				
6 ドミナント・ロジック	○				
7 コア・コンピタンス	○		○		
8 創発的戦略	○				
9 戦略の形成プロセス	○				
10 組織能力	○		○		○
コラム 知的財産マネジメント	○		○		
Ⅱ 全社戦略論					
1 PPM（Product Portfolio Management）	○	○			
2 企業ドメイン	○				
3 バリューチェーン（価値連鎖）	○			○	
4 垂直的な事業範囲の選択／make or buy	○				
5 事業システム戦略	○				
6 統合化の優位	○		○		
7 オープン・モジュラー化の優位	○		○		
8 デファクト・スタンダード獲得における協調の戦略	○				
9 プラットフォーム戦略	○		○		
10 戦略的提携	○				
コラム サプライヤーとの長期的取引関係	○				
Ⅲ 国際経営論					
1 国際戦略	○		○	○	
2 グローバル市場での競争	○		○	○	
3 海外直接投資論				○	
4 プロダクトサイクル仮説と本国優位性の移転	○			○	
5 海外進出企業の組織形態				○	○
6 国際的な活動の配置と調整	○		○	○	
7 海外子会社の役割				○	
8 グローバル・イノベーション・マネジメント			○	○	
9 国際人的資源管理①：海外駐在員の問題				○	○
10 国際人的資源管理②：現地人材の活用				○	○
コラム ダイバーシティ・マネジメント				○	○
Ⅳ 事業戦略論					
1 SWOT分析	○				
2 ポジショニング戦略／ファイブ・フォース分析	○				
3 RBV（Resource Based View）	○				
4 VRIO フレームワーク	○				
5 競争戦略の基本型	○				
6 基本型①：コスト・リーダーシップ戦略	○	○			
7 基本型②：差別化戦略	○	○			
8 業界標準の獲得競争	○		○		
9 製品ライフサイクルに応じた戦略	○	○			
10 後発企業の戦略	○				
コラム 普及理論（イノベーションの普及）	○	○	○		
Ⅴ マーケティング論					
1 STP マーケティング		○			
2 マーケティング・ミックス	○	○	○		
3 製品		○			
4 製品の価格設定		○			
5 流通チャネル		○			
6 マーケティング・コミュニケーション戦略		○			
7 消費者行動モデル		○			
8 CRM（Customer Relationship Management）		○			
9 インターネット・マーケティング		○			
10 ブランド		○			
コラム マーケティング・リサーチ		○			

モデル対応表

	経営戦略	マーケティング	製品開発	国際経営	経営組織
Ⅵ　製品開発論					
1　製品開発とは			○		
2　コンカレント・エンジニアリング			○		
3　フロント・ローディング			○		
4　研究と開発のベクトル合わせ			○		
5　製品アーキテクチャ	○		○	○	
6　アーキテクチャと組織能力			○	○	
7　製品開発組織の構造			○		○
8　アーキテクチャの位置取り戦略	○		○	○	
9　アーキテクチャのダイナミズム	○		○		
10　業界標準とコンセンサス標準	○		○		
コラム　深層の競争力／競争力の階層性	○		○		
Ⅶ　イノベーション論					
1　イノベーションとそのタイプ	○		○		
2　ドミナント・デザイン	○		○		
3　生産性のジレンマ	○		○		
4　イノベーションの誘因と源泉			○		
5　ゲートキーパー			○		○
6　NIH症候群			○		○
7　イノベーターのジレンマ	○		○		
8　イノベーションと企業間分業	○		○		
9　オープン・イノベーション	○		○		
10　技術の社会的構成（SCOT）			○		
コラム　機能的価値と意味的価値			○		
Ⅷ　経営組織論の基礎					
1　テイラーの科学的管理法					○
2　ファヨールと管理過程論					○
3　官僚制とその逆機能					○
4　組織の定義					○
5　組織均衡					○
6　限定された合理性と組織					○
7　一体化と権威					○
8　組織ルーチン					○
9　組織学習					○
10　ゴミ箱モデル					○
コラム　囚人のジレンマと未来傾斜原理					○
Ⅸ　マクロ組織論					
1　組織デザイン			○	○	○
2　コンティンジェンシー理論①			○		○
3　コンティンジェンシー理論②					○
4　不確実性に対応する組織の理論					○
5　資源依存理論					○
6　取引コスト理論				○	○
7　組織の個体群生態学					○
8　社会ネットワーク理論					○
9　新制度派組織論					○
10　組織文化論				○	○
コラム　組織アイデンティティ・組織イメージ					○
Ⅹ　ミクロ組織論					
1　ホーソン実験と人間関係論					○
2　人間資源アプローチ					○
3　外発的動機づけ					○
4　内発的動機づけ					○
5　リーダーシップの二つの次元					○
6　リーダーシップのコンティンジェンシー理論					○
7　グループダイナミクス			○		○
8　集団の意思決定			○		○
9　組織化とセンスメーキング					○
10　管理者行動論					○
コラム　アリソンの決定の本質					○

さくいん （＊は人名）

アルファベット

ABC分析　115
AIDMA（アイドマ）　111
AISAS（アイサス）　111
CRM（Customer Relationship Management）　114, 117
DRAM（Dynamic Random Access Memory）　137
EC（electronic commerce，電子商取引）　116
Ethnocentric（本国志向型）　74
IE（Industrial Engineering）　167
IMC（Integrated Marketing Communications，統合型マーケティング）　116
I-Rフレームワーク　58
LPC　220, 221
　──尺度　220
M&A　52
MPU（Micro Processing Unit）　136
NIH（Not Invented Here）症候群　151, 154
OEM（Original Equipment Manufacturer）　159
OJT（on-the-job training）　2
Plan→Do→Check→Action　169
PPM（Product Portfolio Management）　34
　──マトリックス　34
PR活動　110
RBV（Resource Based View）　79, 82, 84
SCOT→技術の社会的構成
S-C-Pパラダイム　80
SNS　103
STPマーケティング　100
SWOT分析　78
TQC　24
Twitter（ツイッター）　103
VRIO（ブリオ）フレームワーク　84
X理論　212, 213
Y理論　212, 213

あ

アーキテクチャ　136, 156, 161
　──の逆シフト　47
　──知識　132, 138
　オープン・モジュラー・──　46
　製品──　130, 132, 138
アジェンダ設定　229
アンゾフ，H.I.＊　13, 16
　──の成長ベクトル（製品・市場マトリックス）　17
アンラーニング　182, 183
委員会設置会社　4
意思決定　176-181, 184-186
意思決定前提　177, 178, 180
依存関係　197
一次データ　120
一体化　178-180
意図せざる結果　171
イナクトメント　227
イノベーション　2, 138, 144, 148, 150, 155, 156, 158
　──の普及モデル　98
　アーキテクチャル・──　145, 159
　インクリメンタル・──　145
　グローバル・──　70
　グローバル・フォー・グローバル型──　71
　製品──　146, 162
　センター・フォー・グローバル型──　70
　ラディカル・──　145
　ローカル・フォー・グローバル型──　70
　ローカル・フォー・ローカル型──　70
イノベーターのジレンマ　151, 156
意味的価値　164
インターナショナル型　65
インタフェース　130, 132
インテグラル化　130
インテグラル型　41, 136, 138, 163
インフラストラクチャー（インフラ）　3
ウェーバー，M.＊　9
ウェハサイズ　140
ウェルズ，L.T.＊　64
内なる国際化　75

か

埋め込まれた紐帯　203
裏（深層）の競争力　142
衛生要因　212, 213
エートス　9
大きな株式会社　4
オープン・イノベーション　160
オープン・ポリシー　49
オープン化　130
オハイオ研究　219
オハイオ州立大学　219
表（表層）の競争力　142
卸売業者　109

海外進出形態　56
海外駐在員　72
　──の失敗　73
会社法　4
外製のメリット　41
外的情報検索　112
開発コスト　123
開発リードタイム　123
下位文化　207
買回品　105
価格　106
　──設定　107
科学的管理法　166, 172, 179, 210, 212
課業（タスク）　166
限られた合理性　177
学習のための学習　183
加護野忠男＊　42
カスタマイズ　137
価値ネットワーク　156
活性化　179
株式会社　4
株主　4
ガワー，A.＊　51
環境　16, 190-195, 200, 201, 227
　──の不確実性　129
環境適応　182
監査役会設置会社　4
関与度　112
管理過程論　169, 172
管理原則　169
管理的職能　168, 169

さくいん

官僚制　170, 172
関連比率　20
機会主義　198
企業　6
企業ドメイン　36
企業の境界　175
技術的ゲートキーパー　152, 155
技術の社会的構成（SCOT）　162
期待理論　214-216
機能的価値　164
機能別戦略　15
機能別組織　134, 188, 189
規模の経済　56, 88
『逆転の競争戦略』　96
業界標準　140
凝集性　222, 223, 225
競争戦略　15
　　――の基本型　86
共通目的　173, 174, 176
協働　172-174
協働システム　173
近代組織論　8, 176, 179
金のなる木　35
金融活動　108
クスマノ，M.A.＊　51
組込みソフトウェア　133, 149
グリッド構造　64
クリティカル・マス　93
グループシンク　225
クローズ化　130
クローズド・ポリシー　49
グローバル型　65
経営人　177
経営政策論　78
経験効果　34, 88
経験財　119
経済人　177
ゲーム理論　186
欠勤　215, 216
欠勤率　211
結合ターゲットアプローチ　101
権威　178-180
研究・技術開発活動　128
現地化　58
現地人材　74
限定された合理性　180, 198
現場　136
コア・コンピタンス　24, 25, 30, 31, 82

　　――の三条件　25
貢献　174, 175
貢献意欲　173, 174
貢献者　68
広告　110
公式組織　173
構造づくり　219, 220
構造的空隙　203
構造同値　202
工程イノベーション　146
工程設計　123
公的標準　140
小売業者　109
合理的行為者モデル　230
コーシャス・シフト　224
顧客価値　107
顧客生涯価値　114
顧客ニーズ　123
顧客の支払意志額　164
国際戦略　56
ゴシャール，S.＊　65
コスト　107
コスト・リーダーシップ戦略　88
ゴミ箱モデル　184, 185
コミュニケーション　135, 152, 154, 173, 174
コモディティ化　45
コンカレント・エンジニアリング　124, 126
コングロマリット　21, 36
コンセプト創造　123
コンセンサス標準　140
コンソーシアム（企業連合）　49
コンティンジェンシー理論　190, 191, 227
コンピューター・シミュレーション　185, 186
コンフリクト　163
コンプリメント　19
コンポーネント　145
コンメンダ　5

さ

サイモン，H.A.＊　7
サプライチェーン・マネジメント　42, 108
差別化　37
差別化戦略　90
差別的出来高給制度　166, 167
参画的経営　213

参加者　175, 185
三次元CAD　127
時間研究　166, 167
事業システム　31, 42
事業システム戦略　43
事業戦略　14, 15
事業の共喰化　97
事業部制組織　188, 189
資源依存理論　196, 197
自己決定　216, 217
自己実現　212, 213
自己資本　4
支持的関係の原則　218
市場開拓　17
市場浸透　17
市場セグメント　149
市場導入期　94
市場の組織化　7
システム　7
自然人　7
実行者　68
執行役員　5
しっぺ返し　186
シナジー効果　13, 19
社会的承認　210, 211
ジャスト・イン・タイム　24, 148
従業員中心的監督　218, 219
囚人のジレンマ　186
集団　222-225
重量級プロジェクト・マネジャー　135, 153, 164
受諾圏　179
ジョイント・ベンチャー　53
状況好意性　220, 221
状況定義　177, 180
承認図方式　54
消費財　105
消費者の購買プロセス　112
少品種大量生産　87
情報検索　112
情報処理　195
情報流　108
商流　108
職務拡大　213
職務遂行　211, 216, 217
職務中心監査　219
職務満足　210-212, 216, 217
新規事業開発　28, 29
シングル・ループ学習　182

237

人工物　*162*
新制度派組織論　*204, 205*
人的販売　*110*
浸透価格戦略　*93*
信頼財　*119*
衰退期　*95*
垂直統合　*40, 158*
垂直比率　*20*
スイッチング・コスト　*91*
水平分業型　*40*
スタック・イン・ザ・ミドル　*87*
ストップフォード, J.M.＊　*64*
すりあわせ　*131*
生産財　*105*
生産性のジレンマ　*147, 148*
成熟期　*95*
成長期　*94*
制度　*204, 205*
正統性　*204, 205*
制度的企業家　*205*
製品　*104, 122, 144*
製品開発　*17, 122, 134, 157, 158, 160*
　　――活動　*128*
　　――パフォーマンス　*134*
製品計画　*123*
製品コンセプト　*129, 135*
製品―市場ポートフォリオ　*13*
製品仕様　*135*
製品設計　*123*
製品ライフサイクル　*34, 94*
政府内政治モデル　*230*
セグメンテーション　*100*
設計→試作→テスト　*123*
設計情報　*122, 124*
折衷理論　*61*
先行開発　*129*
全社戦略　*14, 15, 18, 28*
センスメーキング　*227*
選択機会　*184*
選択シフト　*224*
専門化　*134, 170*
専門比率　*20*
専門品　*105*
戦略計画学派　*26*
戦略スキーマ　*29*
戦略的意思決定　*17*
戦略的提携　*52*
戦略的リーダー　*68*
相互依存　*145*

相互依存関係　*130*
相互依存性　*132*
創発的戦略　*27*
ソーシャル・キャピタル　*3*
ソーシャルメディア　*103, 116*
組織　*6, 7*
　　――の境界　*158*
　　――への介入　*183*
組織アイデンティティ　*208*
組織イメージ　*208*
組織化　*226, 227*
組織学習　*182*
組織化された無政府状態　*184*
組織過程モデル　*230*
組織均衡　*175*
組織群　*200, 201*
組織形態　*201*
組織構造　*125, 181*
組織的怠業　*166*
組織能力　*30, 31, 133, 142*
組織文化　*183, 206, 207*
組織ルーティン　*30*

た

ターゲット・コスティング　*107*
ターゲティング　*101*
耐久財　*105*
ダイナミック・ケイパビリティ　*31*
ダイナミック・シナジー　*19*
ダイバーシティ　*76*
多角化　*14, 16, 17, 20*
多義性　*226, 227*
多義的　*227*
多機能化　*133*
タスク分割　*138*
脱成熟　*149*
ダニング, J.H.＊　*61*
他人資本　*4*
多能工　*133*
多品種少量生産　*87*
ダブル・ループ学習　*182, 183*
単一ターゲットアプローチ　*101*
短期的インセンティブ　*110*
探索財　*119*
「探索」と「活用」　*181*
チームワーク　*133*
知覚品質　*119*
チャネル・ミックス　*103*
中期経営計画　*12*
超企業・組織　*6, 42*

長期的取引関係　*54*
調整　*66, 134*
直接結合　*202*
直接投資　*57*
強い文化　*206, 207*
データベース　*114, 117*
テクニカル・コア　*194, 195*
テクノロジー・プッシュ　*150*
デジタル化　*149*
デファクト・スタンダード　*48, 53, 92, 140*
天職　*9*
動機づけ―衛生理論　*212*
動機づけの内容論　*213*
動機づけ要因　*212, 213*
同型化　*205*
統合　*192, 193*
統合型企業の優位　*44*
統合化のデメリット　*45*
統合化のメリット　*44*
統合の原則　*213*
動作研究　*166, 167*
ドミナント・デザイン　*146, 148, 162*
ドミナント・ロジック　*22, 23, 30*
ドメイン　*36*
トランスナショナル型　*65*
取締役　*4*
　　代表――　*4*
取引コスト　*45, 60, 198, 199*
取引数単純化の原理（Hallの第一法則）　*109*
取引特殊的資産　*199*
問屋　*109*

な

内製のメリット　*41*
内的情報検索　*112*
内発的動機づけ　*216, 217*
内部化理論　*60*
ニーズ　*100*
二次データ　*120*
ニッチ　*201*
日本的経営　*63*
日本的生産システム　*63*
人間関係論　*179, 211, 213*
人間資源アプローチ　*211-213*
ネットワーク　*202, 203, 205, 229*
ネットワーク外部性　*48, 92*
ネットワーク型の取引関係　*54*
能率　*174*

は

延岡健太郎＊ 25
バーキンショー, J.＊ 69
バートレット, C.A.＊ 65
バーナード, C.I.＊ 7, 8
バーニー, J.B.＊ 83, 84, 91
バーノン, R.＊ 62
パールミュッター, H.＊ 74
配置 66
配当 4
ハイブリッド型 63
ハイマー, S.＊ 60
配慮 219, 220
花形 35
ハメル, G.＊ 24
バリューチェーン 38, 39, 66
範囲の経済 18, 39, 57
販売促進 110
ヒエラルキー 170
非耐久財 105
標準化 58
ファイブ・フォース分析 80
ファンクショナル組織 166, 167
フォーカス・グループ・インタビュー 120
不確実性 192-195, 197, 198, 205
複雑性 129
複数ターゲットアプローチ 101
プッシュ戦略 110
フッド, N.＊ 69
部門間調整 131
プライベートブランド 103
ブラックホール 68
プラットフォーム 50, 125
　——・リーダー 50
　——・リーダーシップ 51
　——戦略 50
プラハラッド, C.K.＊ 24
ブランド 104
　——・アイデンティティ 119
　——・エクイティ 119
　——・ロイヤリティ 119
　——認知 119
フリークエント・ショッパーズ・プログラム（FSP） 114
プル戦略 110
ブログ 103
プログラム 180
プロジェクト・マネジャー 135
プロジェクト組織 134
プロジェクトチーム 134
プロセス 125
プロダクトサイクル仮説 62
プロモーション 106
プロモーション・ミックス 110
フロント・ローディング 126
分化 192, 193
分業化 170
分断的技術 156
ポイントカード 114
法人格 7
ホーソン実験 167, 211, 223
ポーター, M.E.＊ 80, 86, 88, 90-92
　——の五つの競争要因図 81
ポジショニング 101
ポジショニング・アプローチ 78-80
ホフステッド, G.＊ 76

ま

マーケット・プル 150
マーケティング
　——・ミックス 101, 102, 104, 106, 118
　——・リサーチ 120
　——近視眼 37
　製品多様化—— 100
　マス・—— 100
　リレーションシップ（関係性）・—— 113
負け犬 35
マトリックス組織 189
マネジャー 228, 229
マルチナショナル型 65
マルチプロジェクト戦略 125
満足化基準 177
見えざる資産 18
ミシガン研究 218
見過ごし 185
三隅のPM理論 219
未来の重さ 186
無関心圏 179
無限責任 4
メディア・ミックス 103
モジュール 141
モジュール化 130
モジュラー化 139, 159, 161
モジュラー型 41, 138
ものづくり 164
模倣困難性 83
最寄品 105
モラール 211
問題解決 127
問題児 35
問題認識 113

や

やり過ごし 185
誘因 174, 175
有限責任 4
有限責任制 7
有効性 174
有能感 217
有能さ 216, 217
　——の罠 181, 216
要素技術 128, 157
欲求段階説 212
4P 102, 104

ら

ライセンシング 52
ライフライン 3
リーダーシップ 9
　——のコンティンジェンシー（条件適合）理論 219, 220
リード・ユーザー 151
離職 215, 216
リスキー・シフト 224
流通 108
流通チャネル 106
ルーチン 180-182
　——ワーク 12
ルメルト, R.P.＊ 20
　——の多角化分類 21
連結ピン組織 219
ロジスティクス 3, 108
ロックイン効果 97

執筆者紹介 (氏名／よみがな／現職／主著／経営管理を学ぶ読者へのメッセージ) ＊執筆順

高橋伸夫（たかはし のぶお）＊編者
東京理科大学経営学部教授
東京大学名誉教授
『虚妄の成果主義』（ちくま文庫）
ほとんどのニュースに企業や組織がかかわっている現代。今を読み解くには，経営学や経営管理の知識は必須といっていいほど。まさに現代人にとっての基本的なリテラシーです。

中野剛治（なかの こうじ）
東洋大学経営学部准教授
『ライセンシング戦略』（共編著，有斐閣）
経営学は皆さんの周りにある企業や組織で起こる様々な現象を取り扱う学問です。この経営学を楽しく学んでいくための「きっかけ」として，本書を手に取っていただければ幸いです。

和田剛明（わだ たけあき）
福岡大学商学部准教授
「家庭用ゲームソフト市場における流通段階での新製品の市場機会遺失」『組織科学』40(3)
己を磨き，それが活かせる，やりがいのある仕事を選ぶ。人におけるライフプランの企業・組織版が戦略であり，この戦略について考える戦略論は，基礎的かつ不可欠な学問です。

大木清弘（おおき きよひろ）
東京大学大学院経済学研究科講師
『多国籍企業の量産知識』（有斐閣）
現代企業にとって国際化はもはや当たり前であり，皆さんが海外ビジネスと関わる機会も増えています。国際経営を学ぶことで，海外でビジネスを行う際のヒントを見つけてみてください。

桑島由芙（くわしま ゆふ）
大妻女子大学社会情報学部准教授
「消費者間ネットワークと購買行動：スノップ効果とバンドワゴン効果」『赤門マネジメントレビュー』7(4)
私達は普段の生活の中で企業のマーケティングに触れています。マーケティングの考え方を学ぶことで，何気なく見ていたテレビが，何気なく見ていた街並が変わって見えてくるでしょう。

福澤光啓（ふくざわ みつひろ）
成蹊大学経営学部教授
「製品アーキテクチャの選択プロセス：デジタル複合機におけるファームウェアの開発事例」『組織科学』41(3)
経営の現場で起こる色々な出来事に対して，本書で学ぶ基本的な概念を通じて，しつこく「なぜ」と問いかけながら，自分なりの答えを見つけましょう。

稲水伸行（いなみず のぶゆき）
東京大学大学院経済学研究科准教授
「未分化な組織構造と問題解決・意思決定：ゴミ箱モデルのシミュレーション分析」『組織科学』43(3)
多くの人の営みである組織現象は複雑で曖昧に映るかもしれませんが，確かな事実を元に築かれた叡智を学び，組織を見るためのぶれない視点，さらには哲学を身につけていってください。

佐藤秀典（さとう ひでのり）
筑波大学ビジネスサイエンス系准教授
「正当性獲得行動のジレンマ：損害保険業における近視眼的問題対応」『組織科学』44(1)
私たちが生活していくうえで，組織とかかわりを持たずにすごすことは困難です。身の周りに多く存在する組織について関心を持ち，理解を深めてください。

やわらかアカデミズム・〈わかる〉シリーズ
よくわかる経営管理

| 2011年10月30日 | 初版第1刷発行 | 〈検印省略〉 |
| 2025年4月30日 | 初版第12刷発行 | |

定価はカバーに
表示しています

編著者	高 橋 伸 夫
発行者	杉 田 啓 三
印刷者	藤 森 英 夫

発行所　株式会社　ミネルヴァ書房
607-8494 京都市山科区日ノ岡堤谷町1
電話代表（075）581-5191
振替口座 01020-0-8076

©高橋伸夫ほか，2011　　亜細亜印刷・新生製本

ISBN978-4-623-06104-4
Printed in Japan

やわらかアカデミズム・〈わかる〉シリーズ

よくわかる経営戦略論	井上善海・佐久間信夫編	本体 2500円
よくわかる現代経営［第7版］	「よくわかる現代経営」編集委員会編	本体 2700円
よくわかる企業論［第3版］	佐久間信夫ほか編	本体 2800円
よくわかる現代マーケティング	陶山計介ほか編	本体 2200円
よくわかるスポーツマーケティング	仲澤　眞・吉田政幸編	本体 2400円
よくわかるスポーツマネジメント	柳沢和雄ほか編	本体 2400円
よくわかる行政学［第2版］	村上　弘・佐藤　満編	本体 2800円
よくわかる組織論	田尾雅夫編	本体 2800円
よくわかる産業・組織心理学	山口裕幸・金井篤子編	本体 2600円
よくわかるコミュニティ心理学［第3版］	植村勝彦ほか編	本体 2500円
よくわかる社会心理学	山田一成・北村英哉・結城雅樹編	本体 2500円
よくわかる社会学［第3版］	宇都宮京子・西澤晃彦編	本体 2500円
よくわかる統計学Ⅰ　基礎編［第2版］	金子治平・上藤一郎編	本体 2600円
よくわかる統計学Ⅱ　経済統計編［第2版］	御園謙吉・良永康平編	本体 2600円
よくわかる質的社会調査　プロセス編	谷　富夫・山本　努編	本体 2500円
よくわかる質的社会調査　技法編	谷　富夫・芦田徹郎編	本体 2500円
よくわかる労働法［第3版］	小畑史子著	本体 2800円
よくわかる会社法［第3版］	永井和之編	本体 2500円
よくわかる学びの技法［第3版］	田中共子編	本体 2200円
よくわかる卒論の書き方［第2版］	白井利明・高橋一郎著	本体 2500円

ミネルヴァ書房

https://www.minervashobo.co.jp/